1
Sprachbrücke

Deutsch als Fremdsprache

Von
Gudula Mebus, Andreas Pauldrach,
Marlene Rall, Dietmar Rösler

in Zusammenarbeit mit
Heinke Behal-Thomsen,
Jürgen Genuneit

unter Leitung und Mitwirkung
der Verlagsredaktion
Deutsch als Fremdsprache

Visuelle Gestaltung: Harald Stetzer

Ernst Klett Verlag – Edition Deutsch
Stuttgart München Düsseldorf Leipzig

Sprachbrücke 1

von
Gudula Mebus, Lehrerin, Dozentin für Deutsch als
  Fremdsprache in Hamburg, ehemalige DAAD-Lektorin
  für deutsche Sprache und Kultur an der Ain-Shams-Uni-
  versität in Kairo/Ägypten,
Dr. Andreas Pauldrach, Dozent für Deutsch als Fremd-
  sprache und Fachreferent für Unterrichtsmethodik,
  Ausbildung und Fortbildung am Goethe-Institut in
  Rothenburg ob der Tauber,
Dr. Marlene Rall, Professorin für Angewandte Linguistik/
  Deutsch als Fremdsprache an der Universität von
  Mexiko (UNAM),
Dr. Dietmar Rösler, Dozent für Angewandte Linguistik/
  Deutsch als Fremdsprache am King's College, University
  of London, England,

unter Leitung und Mitwirkung
der Verlagsredaktion Deutsch als Fremdsprache;
Mitarbeit an diesem Werk:
Heinke Behal-Thomsen, Verlagsredakteurin,
Jürgen Genuneit, Verlagsredakteur.

Verantwortlich für die Grammatikkonzeption
Dr. Marlene Rall

Visuelle Gestaltung
Harald Stetzer, Professor an der Fachhochschule für
Gestaltung in Schwäbisch Gmünd

Gedruckt auf Papier aus
chlorfrei gebleichtem Zellstoff,
säurefrei.

1. Auflage 1 ^{9} ^{8} ^{7} | 1999 98

Alle Drucke dieser Auflage können im Unterricht nebeneinander
benutzt werden, sie sind untereinander unverändert.
Die letzte Zahl bezeichnet das Jahr dieses Druckes.
© Ernst Klett Verlag GmbH, Stuttgart 1987, 1992
Alle Rechte vorbehalten.
Druck: Druckerei Appl, Wemding · Printed in Germany

ISBN 3-12-557100-6

Inhaltsverzeichnis

Themen	Grammatik	Phonetik

Themen	Grammatik	Phonetik

Erklärung der Symbole

 Einsatz der Toncassette

 a) Aufgabe, bei der etwas geschrieben oder markiert werden muß, oder
b) Übung, die auch schriftlich gemacht werden kann.

 Rollenspiel

 Einsatz eines Wörterbuchs ist erforderlich.

Projekt

Übung zum Leseverständnis (LV)

Übung zum Hörverständnis (HV)

(Hinweis: Der HV-Text wird nicht im Lehrbuch, sondern im Handbuch für den Unterricht abgedruckt.)

♪ Phonetik

Das Berufe-Alphabet

Astronaut

Bademeister

Clown

A 1

Guten Morgen!

Guten Tag!

Guten Abend!

A 2 Anmeldung im Sprachinstitut „Lila"

 Hören Sie bitte!   Lesen Sie bitte!

| Wie ist Ihr Name? | Mein Name ist … |
| Wie heißen Sie? | Ich heiße … |

Kurs A

Familienname	Vorname
Boto	Bina
Alga	Alli

◌ Guten Tag.   ● Guten Tag.
◌ Wie ist Ihr Name?   ● Ich heiße Alga.
◌ Wie bitte? Wie heißen Sie?   ● Alga.
◌ Ist das Ihr Familienname?   ● Ja.
◌ Und wie ist Ihr Vorname?   ● Alli.
◌ Danke.

Spielen Sie bitte!

◌ Guten Tag.   ● Guten Tag.
◌ Wie ist Ihr Name?   ● …

A 3 Guten Tag!

Was ist denn hier los?

Bachmann, Ingeborg
Böll, Heinrich
Goethe, J. W. v.
Lasker-Schüler, Else
Zweig, Stefan
Suttner, Bertha von
Wolf, Christa

Unterstreichen Sie bitte den Familiennamen!

Stefanie <u>Müller</u>   Heinrich <u>Schmidt</u>   Christian von <u>Seelen</u>
<u>Groß</u>, Karl-Heinz   Susanne <u>Schmidt-Riembach</u>   <u>Richter</u>, Michaela
<u>Klinger</u>, Gerda   Thomas <u>Schwarz</u>   <u>Böhlmann</u>, Maria
Michael <u>Klein</u>   Anna-Maria <u>Vierth</u>   Jens Uwe <u>Fischer</u>

Anrede A 5

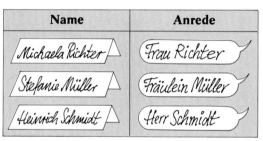

Name	Anrede
Michaela Richter	Frau Richter
Stefanie Müller	Fräulein Müller
Heinrich Schmidt	Herr Schmidt

Beispiele:
a) ☞ Guten Tag,   ☛ Guten Tag,
   Fräulein Müller.   Herr Alga.
b) ☞ Guten Tag,   ☛ Guten Tag,
   Frau Richter.   Herr Schmidt.

Und nun Sie! Sprechen Sie bitte!
☞ Guten Tag, Fräulein/Frau/Herr … ☛ …

Lesen Sie bitte!   ## Herr Groß und Herr Klein A 6

Komisch …
Herr Groß ist klein.
Herr Klein ist groß.
Was ist denn mit den Namen los?

	Ja	Nein
Antworten Sie bitte! Ist Herr Klein klein?	☐	☐
Ist Herr Groß groß?	☐	☐

Auf Wiedersehen! A 7

Und nun Sie bitte!
☞ Auf Wiedersehen, …
☛ Auf Wiedersehen, …

B 1 Wie heißt das auf deutsch?

 Lesen Sie bitte! Hören Sie bitte!

Wie heißt das auf deutsch? B 2

Fragen und antworten Sie bitte!

Beispiel:
◌ Wie heißt das auf deutsch?

● Buch.

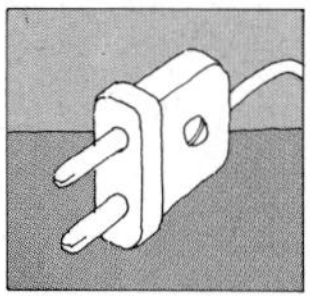

Und nun Sie bitte!

Was ist der Artikel von ...? B 3

Fragen und antworten Sie bitte!

Beispiel:
◌ Was ist der Artikel von Buch? ● „das".

◌ Was ist der Artikel von Stecker? ● ...
◌ Was ist der Artikel von Fenster? ● ...
◌ Was ist der Artikel von Tür? ● ...

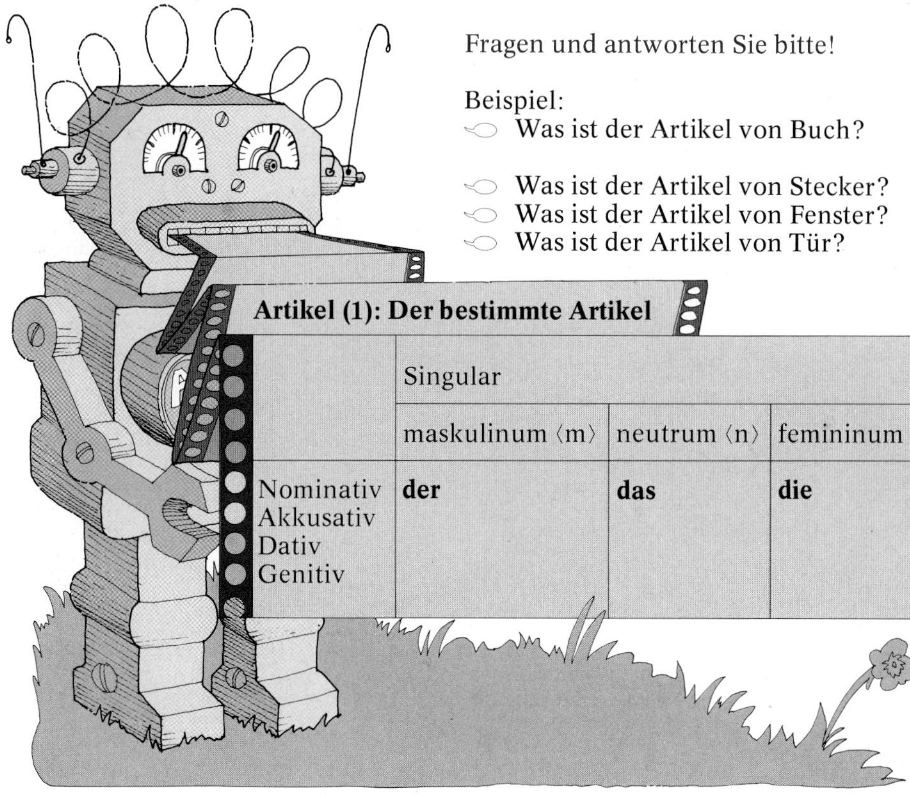

Artikel (1): Der bestimmte Artikel

	Singular			Plural
	maskulinum ⟨m⟩	neutrum ⟨n⟩	femininum ⟨f⟩	
Nominativ Akkusativ Dativ Genitiv	**der**	**das**	**die**	

Übung B 4

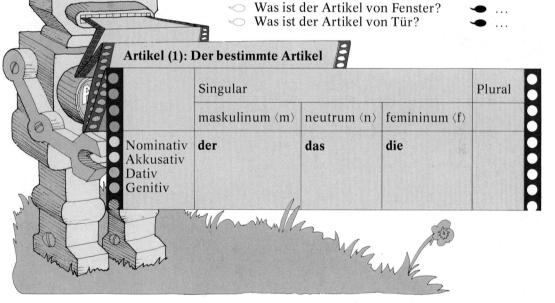

Fragen Sie bitte Ihre Lehrerin/Ihren Lehrer!

Beispiel:
◌ Wie heißt das auf deutsch?
● Tisch.
◌ Was ist der Artikel von Tisch?
● „der".

Und nun Sie bitte!

◌ Wie ... ● ...
◌ Was ... ● ...

Artikel (2): Der unbestimmte Artikel

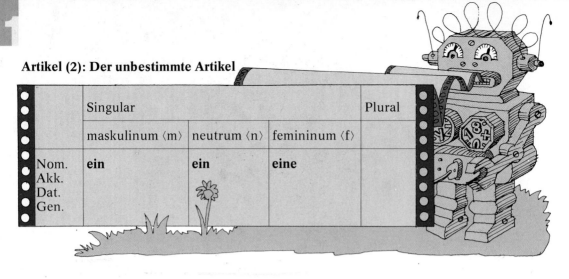

	Singular			Plural
	maskulinum ⟨m⟩	neutrum ⟨n⟩	femininum ⟨f⟩	
Nom. Akk. Dat. Gen.	ein	ein	eine	

B5 Was ist das?

Was ist das? — Eine Tasche. — Ja, richtig. Und das? — Ein Heft.

Spielen Sie bitte!

B6 Ein Baum ist ein Baum ...

```
        BBBBB              A                 U              MMM      MMM
        BBBBBBB            AAA               UUU            MMMMM   MMMMM
        BBBBBBBBB          AAAAA             UUUUU          M   MM MM   M
        BBBBBBBBBB         AAAAAAA           UUUUUUU          MMMMMMMMM
        BBBBBBBBBBBBB      AAAAAAAAA         UUUUUUUUU        MMMMMMMMMM
        BBBBBBBBBBBBB      AAAAA             UUUUUUUUUUU     MM  MMM  MM
        BBBBBBBBBBBBB      AAAAAAA           UUUUUUUUUUUU    M MMMMMMMM M
        BBBBBBBBBBB        AAAAAAAAA         UUUUUUUUUUUUU    MM  MMM  MM
        BBBBBBBBB          AAAAAAAAAA        UUUUUUUUUUUUU    MM   MMM   MM
        BBBBBBB            AAAAAAA           UUUUUUUUUUUUU    M    MMM    M
        BBB                AAAAAAAAA         UUUUUUUUUUUUU    M    MMM    M
        BBB                AAAAAAAAAA        UU UUU UU        MMM
        BBB                AAAAAAAAAAAA      UUU              MMM
        BBB                AAA               UUU              MMM
        BBB                AAA               UUU              MMM
  Ein   BBB    ist ein     AAA    ist ein    UUU    ist ein   MMM   !?
```

Das Alphabet oder das ABC

groß:

**A B C D E F G H I J K L M N
O P Q R S T U V W X Y Z**

klein:

**a b c d e f g h i j k l m n
o p q r s t u v w x y z – ß**

Ä ä (A Umlaut)   **Ö ö** (O Umlaut)   **Ü ü** (U Umlaut)

Hören Sie bitte! Lesen Sie bitte!

○ Wie heißt das auf deutsch?
○ Und wie schreibt man das?
Buchstabieren Sie bitte!
○ Groß oder klein?

Wie schreibt man das? B 8

● Bleistift, der Bleistift.

● B _ _ _ _ _ _ _ _ .
● Groß. Bleistift ist ein Substantiv.

Substantive schreibt man groß.
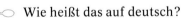

Namen auch!

Und nun Sie bitte!   ○ Wie heißt das auf deutsch?   ● ....
○ Wie schreibt man das?   ● ....

Fragen Sie bitte Ihre   ○ Wie ist Ihr Familienname?   ● ....
Nachbarin/Ihren   ○ Wie schreibt man das?   ● ....
Nachbarn!   Buchstabieren Sie bitte!

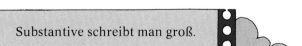

C 1 Berufe im Sprachinstitut „Lila". Wer macht was?

 Ein Interview

A: Herr Dr. Dadu, Sie sind hier der Direktor. Was machen Sie?

B: Ja, also, ich leite das Sprachinstitut.

A: Und Sie, Fräulein Müller?

C: Ich bin Sekretärin. Ich schreibe und telefoniere viel.

A: Und was machen Sie, Frau Mito?

D: Ich bin Dozentin, ich unterrichte. Und das ist mein Kollege, Herr Schmidt. Er gibt Kurse für Techniker. Herr und Frau Richter sind auch Dozenten. Sie unterrichten Anfänger. Zwei Assistenten aus Deutschland geben Konversationskurse. Und dann ist da noch Frau Larsen. Sie leitet das Sprachlabor.

A: Und wer ist der Hausmeister?

B: Das ist Herr Zara.

A: Und Sie, wer sind Sie?

E: Ich heiße Alli Alga. Ich bin Student. Ich studiere Biologie. Ich lerne hier Deutsch.

C 2 Richtig? Falsch?

	Das ist richtig.	Das ist falsch.
Herr Alga lernt Deutsch.	☑	☐
Herr Dr. Dadu leitet das Sprachlabor.	☐	☑
Herr Schmidt ist Dozent.	☐	☑
Frau Mito ist Sekretärin.	☐	☐
Herr Zara gibt Kurse für Techniker.	☐	☐
Die Sekretärin schreibt viel.	☐	☐
Frau Richter studiert Deutsch.	☐	☐
Zwei Assistenten geben Konversationskurse.	☐	☐

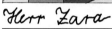

Herr Zara

C 4 Artikel (3) und Personalpronomen (1)

Vergleichen Sie bitte!

Ja, zum Beispiel: der Student die Studenten

	Singular			Plural
	m	n	f	m = n = f
Der bestimmte Artikel	der	das	die	die
Das Personalpronomen	er	es	sie	sie

Ergänzen Sie bitte das Personalpronomen!

Ergänzen Sie das bitte!

1. Das ist Fräulein Müller, ___ ist Sekretärin.
2. Das sind Herr Schmidt und Frau Mito, ___ sind Dozenten.
3. Was lernt Herr Alga? ___ lernt Deutsch.
4. Wie heißt das Buch? ___ heißt „Sprachbrücke".
5. Wie heißt der Direktor? ___ heißt Dr. Dadu.
6. Ist das Sprachlabor groß? Ja, ___ ist groß.
7. Was machen die Assistenten? ___ geben Konversationskurse.
8. Was macht Fräulein Müller? ___ schreibt viel.
9. Was machen die Dozenten? ___ unterrichten Deutsch.

C 5 Berufe

Fragen Sie bitte Ihre Lehrerin/Ihren Lehrer! Oder benutzen Sie ein Wörterbuch!

a) Wie heißt mein Beruf auf deutsch? Ich bin …

b) Ich studiere … Wie heißt das auf deutsch?

Ärztin

Landwirt

Fotografin

Geschäftsmann

Verkäuferin

Architekt

Sprechen Sie bitte miteinander!

Beispiele:
⟨m⟩   ⟨f⟩
a) ⌣ Was sind Sie von Beruf?   ➤ Ich bin Fotograf/Fotografin.
b) ⌣ Was studieren Sie?   ➤ Ich studiere Biologie.

Vorstellen   **C 7**

Das ist Frau Boto.
Frau Boto ist
Fotografin.

Guten Tag,
Frau Boto.

Und nun Sie bitte!

⌣ Das ist Fräulein/Frau/
Herr …
Fräulein/Frau/Herr …
ist …
➤ Guten Tag, …

Präsens (1)   Wie heißt die Endung: -e oder -t oder -en?   **C 8**

	1. Person	ich	lerne	antworte	spreche	lese	bin
Singular	2. Person						
	3. Person	er/es/sie	lernt	antwortet	spricht	liest	ist
	1. Person						
Plural	2. Person						
	3. Person	(Sie) sie	lernen	antworten	sprechen	lesen	sind
	Infinitiv		lernen	antworten	sprechen*	lesen*	sein*

* unregelmäßige Verben

Ergänzen Sie bitte das Verb!   **Infinitiv**

1. Herr Dr. Dadu _leitet_ das Institut.   leiten
   Er _ist_ der Direktor.   sein*
2. Die Sekretärin _heißt_ Fräulein Müller.   heißen
   Sie _schreibt_ und _telefoniert_ viel.   schreiben, telefonieren
3. Herr und Frau Richter _sind_ Dozenten.   sein*
   Sie _unterrichten_ Anfänger.   unterrichten
4. Herr Schmidt _ist_ auch Dozent.   sein*
   Er _gibt_ Kurse für Techniker.   geben*
5. Frau Mito _ist_ auch Dozentin.   sein*
   Sie _unterrichtet_ Deutsch.   unterrichten
6. Herr Alga _lernt_ Deutsch.   lernen
   Er _liest_ und _schreibt_.   lesen*, schreiben
7. _Spricht_ der Hausmeister Deutsch?   sprechen*
8. Die Assistenten _geben_ Konversationskurse.   geben*

D 1 Entscheidungsfragen

Entscheidungsfragen

Frage	Antwort
+ Sind Sie Herr Wunder?	+ **Ja**, mein Name ist Wunder.
+ Sind Sie Herr Wunder?	− **Nein**, ich heiße Wander.
− Sind Sie nicht Herr Wunder?	+ **Doch**, ich bin Ralf Wunder.
− Sind Sie nicht Herr Wunder?	− **Nein**, mein Name ist Wander.

D 2 Übung

Fragen Sie bitte!
Antworten Sie bitte!

Beispiel:
Lernt Herr Alga Deutsch?   Ja, er lernt Deutsch.

1. Heißt die Grammatik-
   lehrerin Emma Regula? _____
2. Leitet Frau Larsen nicht
   das Sprachlabor? _____
3. Ist Frau Mito nicht
   Sekretärin? _____
4. Ist Herr Groß groß? _____
5. Ist der Artikel von Tür
   nicht „die"? _____
6. Schreibt man Namen groß? _____

D 3 Übung

Fragen und antworten Sie
bitte schnell!

1. ⌣ Heißen Sie …?
   Heißen Sie nicht …?

2. ⌣ Sind Sie Student/Studentin?
   Sind Sie nicht Student/Studentin?

{ Ja, …
  Nein, …
  Doch, … }

Intonation: Satzmelodie ♪1

Sprechen Sie bitte nach!
- ● Sind Sie Herr \Wun/der?
- ○ Nein\. Mein Name ist/Wan\der.
- ● Wan\der?Wie /schreibt\ man das?

Intonation: Silben/Wortakzent ♪2

Markieren Sie bitte den Wortakzent!

Beispiel: wie-der-hó-len

Wunder, Name, Wander, Direktor,
Sekretärin, komisch, fragen, heiße, Fräulein,
unterrichten, buchstabieren

Intonation: Satzakzent ♪3

Sprechen Sie bitte nach!
- ● Sind Sie Herr Wúnder?
- ○ Neín. Mein Name ist Wánder.
- ● Wánder? Wie schreíbt man das?

Intonation: Satzakzent/Satzmelodie ♪4

Sprechen Sie bitte nach!
- ● Sind Sie hier \Léh/rerin?
- ○ Ích/? Neîn\. Ich bin Stu/dén\tin.
  Ich /lér\ne hier Deutsch.

Akkusativ E

Ergänzen Sie bitte
die Tabelle!

Nom. 1. Der Hausmeister spricht nicht
Deutsch.
Akk. 2. Ich verstehe den Hausmeister
nicht.
3. Das Buch heißt „Sprachbrücke".
4. Herr Alga liest das Buch.
5. Die Sekretärin spricht Deutsch.
6. Verstehen Sie die Sekretärin?
7. Die Namen sind kompliziert.
8. Die Sekretärin schreibt die Namen.

Artikel (4): Deklination

	Singular			Plural
	m	n	f	m = n = f
Nom.	der	das	die	die
Akk.	den	das	die	die

F 1   Namen, Namen, Namen …

Hören Sie bitte!
Was ist richtig?

Die Visitenkarte

| Bel ist | ☐ | der Familienname. |
| | ☐ | der Vorname. |

Das sind	☐	3
	☐	4 Namen.
	☐	5

die Mutter   der Vater

die Eltern

die Kinder

F 2   Vornamen in Deutschland

Lesen Sie bitte! Ergänzen Sie bitte die Tabelle!

Vornamen für Jungen	Vornamen für Mädchen
1. *Daniel*	1.
2.	2.
3.	3.

In der Bundesrepublik Deutschland sind
<u>Daniel</u> und Anna die Vornamen Nummer 1.
Bei den Jungen folgen Christian und Alexander.
Bei den Mädchen stehen Christine und
Katharina auf Platz 2 und 3.

F 3   Projekt   Suchen Sie bitte deutsche Vornamen und Familiennamen!

Lektion 2

oben
unten
unten
oben
unten
oben
unten
oben
unten
oben

oben?
unten?

Glückszahlen?
Unglückszahlen?

3 2 6 4 5 1 0 9 8 8

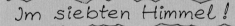

Im siebten Himmel!

im vierten (4.) Stock
im dritten (3.) Stock
im zweiten (2.) Stock
im ersten (1.) Stock
im Erdgeschoß

im Keller

WO BIN ICH?

3 2

Wo ist was im Sprachinstitut „Lila"?

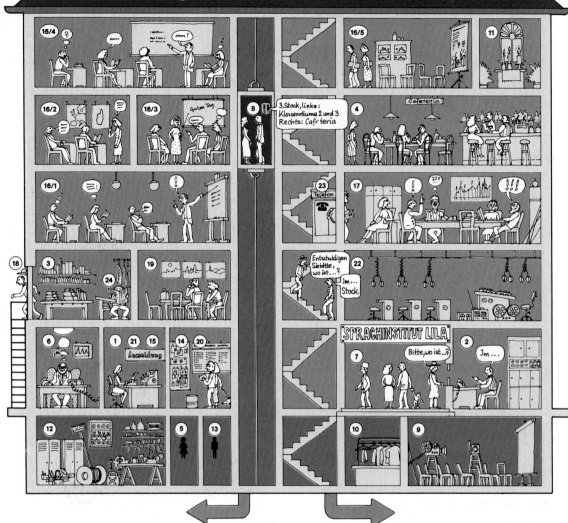

Das Sprachinstitut „Lila" von A–Z

Anmeldung	1	Gebetsraum	11	Klassenraum 4	16/4
Auskunft	2	Hausmeister	12	Klassenraum 5	16/5
Bibliothek	3	Herrentoilette	13	Lehrerzimmer	17
Cafeteria	4	Informationsbrett	14	Notausgang	18
Damentoilette	5	Institutsleitung	6	Pausenraum	19
Direktor	6	Kasse	15	Raumplan	20
Eingang	7	Klassenräume	16	Sekretariat	21
Fahrstuhl	8	Klassenraum 1	16/1	Sprachlabor	22
Filmraum	9	Klassenraum 2	16/2	Telefon	23
Garderobe	10	Klassenraum 3	16/3	WC	5,13
				Zeitungsecke	24

Im Fahrstuhl A 2

Keller	– links:	Hausmeister, Damentoilette, Herrentoilette
	rechts:	Garderobe, Filmraum
Erdgeschoß	– links:	Institutsleitung, Sekretariat mit Anmeldung und Kasse, Informationsbrett
	rechts:	Eingang, Auskunft
1. Stock	– links:	Notausgang, Bibliothek mit Zeitungsecke, Pausenraum
	rechts:	Sprachlabor
2. Stock	– links:	Klassenraum 1
	rechts:	Telefon, Lehrerzimmer
3. Stock	– links:	Klassenräume 2 und 3
	rechts:	Cafeteria
4. Stock	– links:	Klassenraum 4
	rechts:	Klassenraum 5, Gebetsraum

Auskunft A 3

Entschuldigen Sie bitte, wo ist das Telefon?

Im zweiten Stock rechts.

Danke.

Im siebten Himmel!

im vierten (4.) Stock
im dritten (3.) Stock
im zweiten (2.) Stock
im ersten (1.) Stock
im Erdgeschoß

im Keller

Und nun Sie bitte!

Entschuldigen Sie bitte,
wo ist

… das Sprachlabor?
… die Damentoilette?
… die Herrentoilette?
… die Bibliothek?
… der Klassenraum 3?
… das Sekretariat?
… der Klassenraum 5?
… das Informationsbrett?
… die Cafeteria?
… das Lehrerzimmer?

A4 Information

(handwritten top right: unfortunately ↗)

Gibt es hier keinen Pausenraum?

Das weiß ich leider nicht.

Doch, der Pausenraum ist im 1. Stock.

Gibt es hier keine Garderobe?

Doch, die Garderobe ist im Keller.

Und nun Sie bitte! Gibt es hier …?

Artikel (5) *(handwritten: the)* *(handwritten: cs)* Vergleichen Sie bitte! *(handwritten: no)*

	bestimmt				unbestimmt				unbestimmt negativ			
	m	n	f	Pl.	m	n	f	Pl.	m	n	f	Pl.
Nom.	der	das	die	die	ein	ein	eine	–	kein	kein	keine	keine
Akk.	den	das	die	die	einen	ein	eine	–	keinen	kein	keine	keine
Dat.												
Gen.												

Achtung, „ein" hat keinen Plural, aber „kein" hat einen Plural.

A5 Ein – kein

Fragen und antworten Sie bitte!

Beispiele:

Ist im 2. Stock | ein | Telefon?
Sind im 1. Stock | | Klassenräume?

Ja.
Nein.
Das weiß ich leider nicht.

Ist im Erdgeschoß | keine | Garderobe?
Sind im Keller | keine | Toiletten?

Nein.
Doch.

Und nun Sie bitte!

A6 Das Sprachinstitut „Lila" und Ihr Institut

Vergleichen Sie bitte!

Beispiele:

a)
Im Sprachinstitut „Lila" gibt es einen/ein/eine …
Bei uns gibt es auch einen/ein/eine …
Hier keinen/kein/keine …

b)
Im Sprachinstitut „Lila" ist die Bibliothek im 1. Stock.
Bei uns ist/sind …
Hier …

Hören und lesen Sie bitte!

Im Sprachinstitut „Lila" im 1. Stock　A 7

○ Entschuldigen Sie bitte,
　wo ist das Lehrerzimmer?
○ Wo oben?
○ Und das Sekretariat?
○ Ach so, und wo ist die Bibliothek?
○ Danke.

● Oben!
● Oben im zweiten Stock.
● Unten im Erdgeschoß.
● Hier im ersten Stock rechts.

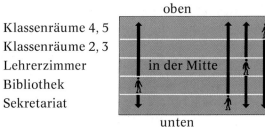

	oben	
Klassenräume 4, 5		4. Stock
Klassenräume 2, 3		3. Stock
Lehrerzimmer	in der Mitte	2. Stock
Bibliothek		1. Stock
Sekretariat		Erdgeschoß
	unten	

Und nun Sie! Spielen Sie bitte!

Sie sind im ⎰ Erdgeschoß.
　　　　　 ⎱ 2. Stock.
　　　　　　 4. Stock.

○ Entschuldigen Sie bitte, wo ...?
● ...

Im Sprachinstitut „Schwarz": Auskunft/Information　A 8

Hören Sie bitte die Fragen und Antworten!
Was ist die Hauptinformation?
Tragen Sie bitte die richtige Zahl ein!

Hauptinformationen:

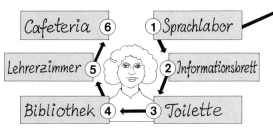

5	im dritten Stock rechts
1	im ersten Stock rechts
3	im Keller, im zweiten Stock und im vierten Stock links
6	im Erdgeschoß
2	im zweiten Stock rechts
4	im dritten Stock links

Zeichnen Sie bitte ein Sprachinstitut!
Stellen Sie es in der Klasse vor!

Architektenwettbewerb　A 9

Im 2. Stock ist ...

B 1 Die Kardinalzahlen

0 null	10 zehn	20 zwanzig	100 (ein)hundert
1 eins	11 elf	21 einundzwanzig	200 zweihundert
2 zwei	12 zwölf	...	⋮
3 drei	13 dreizehn	30 dreißig	Zählen Sie bitte weiter!
4 vier	14 vierzehn	40 vierzig	⋮
5 fünf	15 fünfzehn	50 fünfzig	1000 (ein)tausend
6 sechs	16 **sech**zehn	60 **sech**zig	2000 zweitausend
7 sieben	17 **sieb**zehn	70 **sieb**zig	⋮
8 acht	18 achtzehn	80 achtzig	Zählen Sie bitte weiter!
9 neun	19 neunzehn	90 neunzig	⋮

384
dreihundertvierundachtzig

1000000 eine Million
2000000 zwei Millionen

Römische Zahlen:	I	II	III	IV	V	VI	VII	VIII	IX	X	XI	XII
Arabische Zahlen:	1	2	3	4	5	6	7	8	9	10	11	12

B 2 Auskunft zur Person

Ich bin
die Hausnummer 74
die Telefonnummer 4 44 32
die Paßnummer E6872831

Ich bin
die Zimmernummer 13
die Personalnummer 420914
die Steuernummer 5.0100.161100.20001

Ich bin
die Kontonummer 120-039144
die Kursnummer 37
die Bibliotheksnummer 443

Ich bin eine Nummer.
Eine Nummer bin ich.
Bin ich nur eine Nummer?

Nach Fritz Werf

Und nun Sie bitte!   Ich bin ...

B 3 Die Ordinalzahlen $1^{st} = 1.$

der ⌐ erste ...	1.	Zählen Sie bitte weiter!
das │ zweite ...	2.	dreißigste ... 30.
die └ dritte ...	3.	Zählen Sie bitte weiter!
vierte ...	4.	hundertste ... 100.
fünfte ...	5.	
sechste ...	6.	
siebte ...	7.	
achte ...	8.	
neunte ...	9.	
zehnte ...	10.	
elfte ...	11.	
zwölfte ...	12.	
dreizehnte ...	13.	

Zählen Sie bitte weiter!

neunzehnte ...	19.
zwanzigste ...	20.
einundzwan-zigste ...	21.

Zum Beispiel:
der erste Stock,
das erste Zimmer,
die erste Zeile.

sonett

erste strophe erste zeile
erste strophe zweite zeile
erste strophe dritte zeile
erste strophe vierte zeile

zweite strophe erste zeile
zweite strophe zweite zeile
zweite strophe dritte zeile
zweite strophe vierte zeile

dritte strophe erste zeile
dritte strophe zweite zeile
dritte strophe dritte zeile

vierte strophe erste zeile
vierte strophe zweite zeile
vierte strophe dritte zeile

Gerhard Rühm

Lesen Sie bitte laut! **Zahlen, Zahlen, Zahlen …** **B 4**

1; 5; I; 40; IV; die 1.; 300; X; 8; der 20.; 57; IX; 285; 1000; 2 000 000; 1536; 83; 105; XI

Fragen und antworten Sie bitte! **Wie viele …?** **B 5**

Beispiel: ⟻ Wie viele Klassenräume hat das Sprachinstitut „Lila"? ➤ Fünf.

Und nun Sie bitte!
1. Wie viele Seiten hat die Lektion 5? …
2. Wie viele Zeilen hat das Sonett?
3. Wie viele …

Die Zahl 13 **B 6**

Lesen Sie bitte!

> Frage: Im Sprachinstitut „Schwarz" gibt es die Räume 12, 12 A und 14. Es gibt aber keinen Raum 13. Warum?
>
> Antwort: In Deutschland ist 13 eine Unglückszahl. Viele Deutsche sind abergläubisch. Sie glauben, die Zahl 13 bringt Unglück. Sie haben deshalb keine Zimmer mit der Nummer 13.

Ergänzen Sie bitte!

	Glückszahlen	Unglückszahlen
In Deutschland	3 7	
Bei uns		

Das bringt Glück. Das bringt Unglück.

Komisch! Bei uns ist **13** eine Glückszahl und **7** eine Unglückszahl.

Im Unterricht **B 7**

Arbeiten Sie bitte zu zweit!

Können wir auch zu dritt arbeiten?

Und nun Sie bitte!

1.
2.
3.

1 – allein –
2 – zu zweit –
3 – zu dritt –
4 – zu viert –

C 1 Klassenräume

Vergleichen Sie bitte die Bilder!

Beispiele: Auf Bild 1 steht der Lehrer hinter dem Tisch.
Auf Bild 2 steht die Lehrerin auf dem Stuhl.
Auf Bild 1 hängt .../sitzt .../liegt ...

Und nun Sie bitte!

Präpositionen (1): lokal

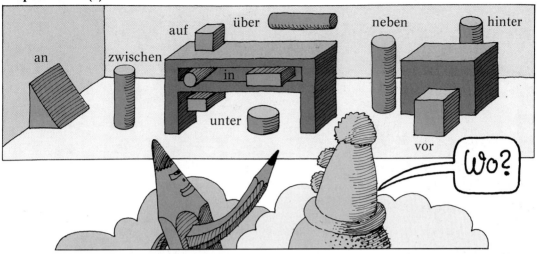

Verben mit Lokalergänzung (1): Wo? → Präposition + Dativ

			Singular			Plural	Tisch ⟨m⟩
stehen	an auf		m	n	f	m = n = f	Stuhl ⟨m⟩ Schrank ⟨m⟩ Cassetten-recorder ⟨m⟩
sitzen	hinter	Nom.	der ein	das ein	die eine	die –	Lichtschalter ⟨m⟩ Lehrer ⟨m⟩
liegen	in neben	Akk.	den einen	das ein	die eine	die –	Fußboden ⟨m⟩ Bild ⟨n⟩ Lehrerin ⟨f⟩ Tafel ⟨f⟩
hängen	über	**Dativ**	**dem einem**	**dem einem**	**der einer**	**den –**	Lampe ⟨f⟩ Landkarte ⟨f⟩ Cassette ⟨f⟩
sein	unter vor	Gen.					Steckdose ⟨f⟩ Wand ⟨f⟩ Tür ⟨f⟩ Ecke ⟨f⟩

im = in dem
am = an dem

Oh weh! Ich sitze zwischen den Stühlen.

Beschreiben Sie bitte Ihren Klassenraum!

Ihr Klassenraum **C 2**

Beispiel: Die Stühle stehen vor dem Tisch/vor den Tischen. Die Lampe hängt an der Decke.

Ein Bild im Bild ... **C 3**

Hören Sie bitte! Zeichnen Sie bitte!

C 4 Im Unterricht

Hören und sprechen Sie bitte!

Und nun Sie bitte!

Wer kann mir helfen?
Ich finde den Namen nicht.
      das Bild
      die Übung
      die Fragen

Ach so, vielen Dank!

– Der steht hier unten.
– Das   oben.
– Die   rechts.
– Die stehen links.
             auf Seite ....
             in der ersten/...
             Zeile.

C 5 Was steht wo im Buch?

Beispiel:
Das Grammatikregister steht auf Seite ...,
vor/hinter der Wortliste.

Suchen Sie bitte: das Grammatikregister;
                   das Inhaltsverzeichnis;
                   die Wortliste;
                   (die) Lektion 8;
                   den Verlag;
                   die Autoren.

C 6 Suchen – finden

Beispiel: Man findet

Und nun Sie bitte!

Sie suchen		
unbekannte Wörter	im	Glossar
Präpositionen	in d..	Grammatikregister
Übungen	auf d..	Lektion ...
die Zahlen	unter d..	Arbeitsbuch
das Alphabet	vor d..	Wortliste
das Wort „Antwort"	hinter d ...	Seite ...
...	...	...

Hören Sie! Sprechen Sie! Spielen Sie bitte!

Laute: Vokale – kurz/lang ♪1

a) Sprechen Sie bitte nach!	b) Lesen Sie bitte!	
kurz: acht lang: Zāhl	danke Name	Platz Sprache
kurz: elf lang: zēhn	denn neben	sprechen Lehrer
kurz: bitte lang: sīeben	immer liegen	hinter viele
kurz: Stock lang: ōben	folgen komisch	Morgen Person
kurz: unten lang: gūt	benutzen Beruf	Nummer Stuhl
kurz: Wörter lang: hȫren	können Böhlmann	zwölf römisch
kurz: fünf lang: Tür	Unglück Übung	Müller Stühle

c) Markieren Sie bitte die langen Vokale!

Beispiele:
frāgen, finden, lēsen

haben, spielen, liegen, antworten, wiederholen, benutzen, suchen, hören, lachen

Intonation: Wortmelodie ♪2

a) Sprechen Sie bitte nach!   b) Markieren Sie bitte die Melodie!

Beispiele: Ā\bend, Sprá\che, Insti/túts\leitung

frágen, dánke, ántworten, Wórter, Léhrer, benútzen, Übung, Únglück, hínten, kómisch, Studéntin, Mórgen

Sprechen Sie bitte nach!   **Intonation: Wortmelodie/Satzmelodie** ♪3

Án\meldung   Léh\rerzimmer   Insti/túts\leitung.

Die /Ānmeldung ist \línks.

Die Anmeldung ist /línks neben dem \Léhrerzimmer.

Die Anmeldung ist /línks neben dem /Lèhrerzimmer über der Insti\tútsleitung.

`` ` `` = Nebenakzent   ´ = Hauptakzent

2

D 1 Satzgliedstellung

(1): Aussagesatz und W-Frage

	I	II	
	Das Buch	liegt	auf dem Tisch.
	Nun	liegt	das Buch auf dem Tisch.
	Wo	liegt	das Buch?
	Auf dem Bild	liegt	das Buch unter dem Tisch.

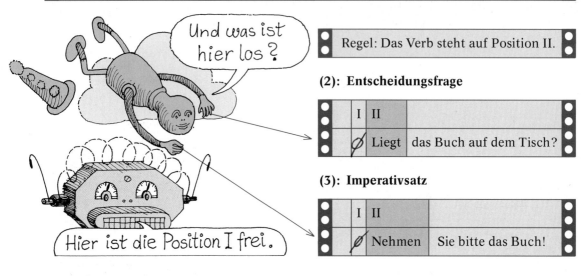

Und was ist hier los?

Hier ist die Position I frei.

Regel: Das Verb steht auf Position II.

(2): Entscheidungsfrage

I	II	
Ø	Liegt	das Buch auf dem Tisch?

(3): Imperativsatz

I	II	
Ø	Nehmen	Sie bitte das Buch!

D 2 Unordnung

① Klein. ist Herr Groß

② ist Telefon rechts. 2. Stock im Das

③ hier Bibliothek? keine es Gibt

④ von Sie sind Beruf? Was

⑤ Lehrerzimmer uns das Bei Stock. 3. im ist

⑥ verstehe das. ich Jetzt

⑦ ist dem Neben die Eingang Anmeldung.

⑧ Bilder! Vergleichen bitte Sie die

Ordnen Sie bitte!

	I	II	
1.	Herr Groß	ist	klein.
2.	Das Telefon	ist	im 2. Stock rechts
3.	Ø	Gibt	es hier keine Bibliothek?
4.	Was	sind	sie von Beruf?
5.	Bei uns	ist	das Lehrerzimmer im 3. Stock.
6.	Jetzt	verstehe	ich das.
7.	Neben dem Eingang	ist	die Anmeldung
8.	Ø	Vergleichen	Sie bitte die Bilder

to compare

du? Sie?

```
DUDUDU      DUDUDU      DU      DU
   DU          DU       DU      DU
   DU          DU       DU      DU
   DU          DU       DUDUDUDU
   DU          DU       DU      DU
   DU          DU       DU      DU
DUDUDU      DUDUDU      DU      DU
```

Jean Hannawald

ihr/wir

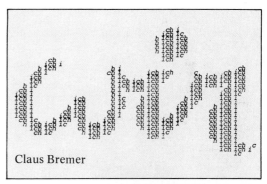

Claus Bremer

ich

wir

du (Sie)

ihr (Sie)

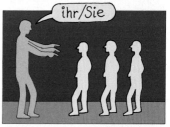

er-es-sie

sie

Präsens (2): Personalpronomen (2) + Verb

			lernen	reden	nehmen	wissen	haben	sein
Sg.	1. Person	ich	lerne	rede	nehme	**weiß**	habe	bin
	2. Person	du	lern**st**	red**est**	ni**mm**st	**weißt**	**hast**	**bist**
	3. Person	er/es/sie	lernt	red**e**t	ni**mm**t	**weiß**	**hat**	ist
Pl.	1. Person	wir	lern**en**	red**en**	nehm**en**	wissen	hab**en**	**sind**
	2. Person	ihr	lernt	red**e**t	nehmt	wi**ß**t	habt	**seid**
	3. Person	sie	lernen	reden	nehmen	wissen	haben	sind
Infinitiv			lernen	reden	nehmen*	wissen*	haben*	sein*

E 2 Übung

Ergänzen Sie bitte das Personalpronomen!

1. Suchst _____ das Buch? – Nein, _____ habe es hier.
2. Macht _____ jetzt Übung 5? – Nein, _____ hören eine Cassette.
3. Was macht die Sekretärin? – _____ glaube, _____ telefoniert.
4. Fragt _____ Frau Regula? – Nein, _____ verstehen die Grammatik.
5. Benutzt _____ das Wörterbuch? – Ja, _____ verstehe ein Wort nicht.
6. Unterrichtet Herr Alga Deutsch? – Nein, _____ lernt Deutsch.
7. Lernst _____ Deutsch? – Ja, _____ lerne Deutsch.
8. Was machen die Assistenten? – _____ geben Kurse.

E 3 Frage

Machen Sie auch ein Gedicht!

ich rede
du redest
wir reden
sie reden
Und wer hört zu?

Roswitha Fröhlich

1. Ich frage
   du fragst
   er _____
   wir _____
   ihr _____
   sie _____
   Und wer
   antwortet?

2. Ich bin unten
   du _____
   _____
   _____
   _____
   Und wer
   _____?

3. geben* – nehmen*
4. lesen* – sprechen*

E 4 Komisch

Ich lache.
Du lachst.
Er lacht.
Sie lacht.
Es lacht.
Warum?
Wir lachen.
Ihr lacht.
Sie lachen.
Warum?
Was
ist
so komisch?
Die Grammatik?

Leon Leszek Szkutnik

Lektion 3

Mach es wie die Sonnenuhr!
Zähl die heit'ren Stunden nur!

SONNTAG

1987

	Januar	Februar	März	April	Mai	Juni
Mo	5 12 19 26	2 9 16 23	2 9 16 23 30	6 13 **20** 27	4 11 18 25	1 **8** 15 22 29
Di	**6** 13 20 27	3 10 17 24	3 10 17 24 31	7 14 21 28	5 12 19 26	2 9 16 23 30
Mi	7 14 21 28	4 11 18 25	4 11 18 25	1 8 15 22 29	6 13 20 27	3 10 **17** 24
Do	**1** 8 15 22 29	5 12 19 26	5 12 19 26	2 9 16 23 30	7 14 21 28	4 11 **18** 25
Fr	2 9 16 23 30	6 13 20 27	6 13 20 27	3 10 **17** 24	**1** 8 15 22 29	5 12 19 26
Sa	3 10 17 24 31	7 14 21 28	7 14 21 28	4 11 18 **25**	2 9 16 23 30	6 13 20 27
So	**4** 11 18 **25**	**1** 8 15 22	**1** 8 15 **22** 29	5 12 19 26	**3** 10 **17** 24 31	**7** 14 21 28

	Juli	August	September	Oktober	November	Dezember
Mo	6 13 20 27	3 10 17 24 31	7 14 21 28	5 12 19 26	2 9 16 23 30	7 14 21 28
Di	7 14 21 28	4 11 18 25	1 8 15 22 29	6 13 20 27	3 10 17 24	1 8 15 22 29
Mi	**1** 8 15 22 29	5 12 19 26	2 9 16 23 30	7 14 21 28	4 11 18 **25**	2 9 16 23 30
Do	2 9 16 23 30	6 13 20 27	3 10 17 24	**1** 8 15 22 29	5 12 19 26	3 10 17 24 31
Fr	3 10 17 24 31	7 14 21 28	4 11 18 25	2 9 16 23 30	6 13 20 27	4 11 18 25
Sa	4 11 18 25	**1** 8 15 22 29	5 12 19 26	3 10 17 24 31	7 14 21 28	5 12 19 26
So	**5** 12 19 26	**2** 9 16 23 30	**6** 13 20 27	**4** 11 18 **25**	**1** 8 15 22 29	**6** 13 20 **25**

Herzlichen Glückwunsch zum Namenstage

3

A 1 | Informationsbrett

Öffnungszeiten

Sekretariat

Montag–Freitag
 9.00–11.00 Uhr
15.00–17.00 Uhr

Bibliothek

Montag–Mittwoch
15.00–19.00 Uhr
Donnerstag
15.00–20.00 Uhr
Freitag
16.00–21.00 Uhr

Sprachlabor

Montag–Freitag
15.00–19.00 Uhr

Cafeteria

täglich von 11.00
bis 21.00 Uhr

Kasse

Dienstag
9.00–11.00 Uhr

Stundenplan

Zeit	Mo	Di	Mi	Do	Fr
8.30–10.00					
10.30–12.00					
14.00–15.30					
16.00–16.45					
17.00–19.00					

Veranstaltungen

Filmclub:
Montag, 20. Mai
19.30–22.00 Uhr
Film: Der blaue Engel

Konzerte:
Mozart,
Kleine Nachtmusik
Freitag, 24. 5., 20 Uhr
Jazz
Dienstag, 28. 5., 19 Uhr

Theater:
Mittwoch, 22. 5.
20.15–22.30 Uhr
Schiller: Die Räuber

Änderungen/Aktuelles

Achtung! Wichtig!
Freitag, 23. Juni, ab
15.00 Uhr Abschlußfest!
Der Unterricht fällt am
Nachmittag aus.

Der Literaturkurs
findet heute
im Filmraum statt!

Vortrag
Dienstag, 21. Mai
20.00–21.45 Uhr im Filmraum
Frau Gerda Klinger,
Nürnberg:
Das Fernweh der Deutschen

CHOR
dienstags 20–22 Uhr

Deutscher Stammtisch
jeden Mittwoch
ab 19.30 Uhr
im Café
International

Ich **suche** eine
Brieffreundin.
Beate Klinger
Bergstraße 5
D-8500 Nürnberg

Sport
Volleyball
Nürnberg-Lilastadt
Sonnabend, 29. August
17 Uhr

Deutsche Welle

EUROPA			
Sendezeit MESZ	Frequenz kHz	m	Haupt-zielgebiete
0800–0747	6075	49	Europa
0800–2155	9545	31	Südeuropa
2200–0747	3995	75	Europa

Frequenzen für:

Australien/Neuseeland			
0600–1000 UTC	9690 kHz	31 m	
	9735 kHz	31 m	
	11785 kHz	25 m	
	11795 kHz	25 m	
	17845 kHz	16 m	
	21560 kHz	13 m	
2000–2200 UTC	9585 kHz	31 m	
	11955 kHz	25 m	
0200–0400 UTC	9735 kHz	31 m	
	11795 kHz	25 m	
Japan/Ostasien			
1000–1400 UTC	15105 kHz	19 m	
	17845 kHz	16 m	
2200–0000 UTC	7235 kHz	41 m	
	9690 kHz	31 m	
	11795 kHz	25 m	

Süd- und Südostasien			
1400–1600 UTC	15275 kHz	19 m	
	17875 kHz	16 m	
1600–1800 UTC	11795 kHz	25 m	
	15275 kHz	19 m	
	17875 kHz	16 m	
Nahost			
1400–1800 UTC	1557 kHz	MW	
	9615 kHz	31 m	
	11795 kHz	25 m	
	15275 kHz	19 m	
1000–1200 UTC	17845 kHz	16 m	
Nordamerika			
0200–0547 UTC	6085 kHz	49 m	
	6145 kHz	49 m	
	9735 kHz	31 m	
1200–1400 UTC	17715 kHz	16 m	
	17845 kHz	16 m	
1400–1600 UTC	15275 kHz	19 m	
	17845 kHz	16 m	
1600–1800 UTC	15210 kHz	19 m	
1800–2000 UTC	15210 kHz	19 m	
	17860 kHz	16 m	

Programmheft kostenlos – Anschrift:
DEUTSCHE WELLE, Abt. Hörerpost,
Postfach 100444, D-5000 Köln 1

Südamerika			
2000–2200 UTC	11765 kHz	25 m	
	15275 kHz	19 m	
	17795 kHz	16 m	
	17810 kHz	16 m	
2200–0000 UTC	9735 kHz	31 m	
	11765 kHz	25 m	
	15410 kHz	19 m	
	17860 kHz	16 m	
0000–0200 UTC	9735 kHz	31 m	
	11765 kHz	25 m	
	11795 kHz	25 m	
	15270 kHz	19 m	
	15410 kHz	19 m	
1200–1400 UTC	15275 kHz	19 m	
	17715 kHz	16 m	
Mittelamerika			
2200–0400 UTC	6100 kHz	49 m	
	9735 kHz	31 m	
1200–1400 UTC	11705 kHz	25 m	
	17845 kHz	16 m	
Afrika			
1800–2200 UTC	7175 kHz	41 m	
	9735 kHz	31 m	
	11795 kHz	25 m	
	15275 kHz	19 m	
	17860 kHz	13 m	
0600–0800 UTC	17875 kHz	16 m	
1200–1400 UTC	9545 kHz	31 m	

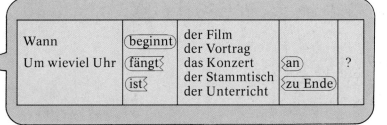

Wann?/Um wieviel Uhr?   A 2

○ Wann fängt der Unterricht heute an?   📼
● Um siebzehn Uhr.
○ Und um wieviel Uhr ist er zu Ende?
● Um neunzehn Uhr.
○ Und wann beginnt der Film?
● Um neunzehn Uhr dreißig.
○ Prima, dann kann ich den Film ja sehen.

17.00 Uhr/17 Uhr	19.30 Uhr
siebzehn Uhr	neunzehn Uhr dreißig

Fragen und antworten Sie bitte!   **Übung   A 3**

Wann Um wieviel Uhr	beginnt fängt ist	der Film der Vortrag das Konzert der Stammtisch der Unterricht	an zu Ende	?

Um ... Uhr.

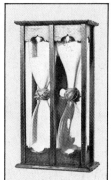

siebenunddreißig   37

A4 Wie spät ist es? / Wieviel Uhr ist es?

Wieviel Uhr ist es eigentlich?

Entschuldigen Sie bitte, Herr Alga. Wie spät ist es?

Moment bitte. Es ist Viertel nach neun.

Es ist einundzwanzig Uhr fünfzehn Weltzeit. Wir bringen den Bericht aus Bonn.

a)		Viertel vor zwölf (Tag und Nacht)	halb elf (Tag und Nacht)	Viertel nach neun (Tag und Nacht)
b)		11.45 Uhr (Tag) 23.45 Uhr (Nacht)	10.30 Uhr (Tag) 22.30 Uhr (Nacht)	9.15 Uhr (Tag) 21.15 Uhr (Nacht)

Und jetzt Sie bitte! Üben Sie bitte! a)   b)

Tag (Morgen) Nacht (Abend)

> Achtung! Wir sagen ei**n** Uhr, aber: halb ein**s**!

A5 Uhrzeiten

Es ist neunzehn Uhr zwanzig Weltzeit. Die Deutsche Welle sendet jetzt Musik von Wolfgang Amadeus Mozart.

Du, mach bitte schnell! Neunzehn Uhr zwanzig Weltzeit. Dann ist es hier ja schon zwanzig nach acht. Um halb neun müssen wir weggehen.

a)		zwanzig nach zehn	fünf vor fünf	fünf nach halb eins	zehn vor drei
b)		10.20 Uhr 22.20 Uhr	16.55 Uhr 4.55 Uhr	12.35 Uhr 0.35 Uhr	14.50 Uhr 2.50 Uhr

38 achtunddreißig

Fragen und antworten Sie bitte! **Übung A 6**
Beispiele:

a) ◠ Wie spät/Wieviel Uhr ist es eigentlich?
  ● Es ist zwanzig nach acht.

b) ◠ Es ist acht Uhr zwanzig.

Tag

Nacht

Meine Damen und Herren, es ist 5 nach 3, 3 Uhr und 5 Minuten – aber eigentlich ist es 5 vor 12 !

Beispiele: | schon – noch nicht – noch lange nicht – erst | **Ungeduld A 7**

a) ◠ Ist es schon elf Uhr?
  ● Nein, noch nicht. Es ist erst Viertel vor.

a)	11.00	b)	17.00
	10.45		15.30

b) ◠ Ist es schon fünf Uhr?
  ● Nein, noch lange nicht. Es ist erst
   halb vier.

Und jetzt Sie bitte!
Fragen und antworten Sie bitte!

10.00	07.00	16.00	08.00	12.00
09.45	05.00	15.50	07.30	10.15

Schnell! Schnell! Es ist höchste Zeit!

Eile mit Weile!

Mach schnell! Zeit ist Geld!

Ach was. Immer langsam voran!

PLUMPS!

A 8   Eine Verabredung?

Siebenmal in der Woche möcht' ich ausgeh'n. Siebenmal möcht' ich glücklich sein mit dir. Siebenmal, siebenmal, das ist meine Lieblingszahl...

Mittwoch
32
SANKT NIMMERLEINSTAG

st. never never day

K: Du Bina, wann gehen wir endlich mal zusammen aus?

B: Ich weiß nicht … Was schlägst du denn vor, Klaus?

K: Sieh mal hier! Heute abend um halb acht gibt es einen Film. Hast du dann Zeit?

B: Was heute? Montag? Montags habe ich immer Sport.

K: Schade! Aber morgen, am Dienstag, da gibt es einen Vortrag.

B: Das geht leider auch nicht. Dienstags gehe ich zum Chor.

K: Hm, und übermorgen, am Mittwoch? Können wir nicht am Mittwochabend ins Theater gehen?

B: Aber mittwochs ist doch Stammtisch!

K: Ach ja! Und am Donnerstag?

B: Da habe ich leider schon eine Verabredung.

K: Am Freitag gibt es ein Konzert. Kannst du dann mitkommen?

B: Ach, wie dumm! Am Freitag habe ich wieder keine Zeit.

K: Das finde ich aber wirklich schade! Und wie ist es am Wochenende?

B: Samstags und sonntags bin ich nie hier!

K: Na, dann bis zum Sankt Nimmerleinstag!

Mittwoch 13. Mai
Liebe Bina!
Hast Du am Freitagabend Zeit?
Klaus

1. Ergänzen Sie bitte die Tabelle!

Temporalangaben: Wann? → Adverb oder Präposition + Dativ

(an dem)

	Wochentage		Tageszeiten			
vorvorgestern vorgestern gestern	**am** Montag (Mo)	_____	**am** Morgen	morgens *(every... morning)*	**am** Montagmorgen	heute morgen
heute	**am** _____ (Di)	dienstags	**am** Vormittag	_____	**am** Montagvormittag	morgen vormittag
morgen	**am** _____ (Mi)	_____	*am mittag*		**am** Montagnachmittag	
übermorgen	**am** _____ (Do)	_____	**am** Nachmittag	_____	**am** Montagnachmittag	
überüber- morgen	**am** _____ (Fr)	_____	**am** Abend		**am** Montagabend	übermorgen abend
	am Samstag (Sa) Sonnabend	sonnabends	**in der** Nacht	_____		
	am Sonntag (So)	_____				

> Morgen, morgen, nur nicht heute, sagen alle faulen Leute.

> dienstags = immer am Dienstag = jeden Dienstag.

> Wochentage und Tageszeiten sind **maskulinum. Ausnahme: die Nacht.**

2. Was ist los?

a) Hat Bina wirklich keine Zeit?
b) Warum sagt sie nicht „nein"?
c) Finden Sie das richtig/falsch/komisch?

d) Versteht Klaus Bina richtig?
e) Warum schlägt er immer wieder eine Veranstaltung vor?
f) Finden Sie das richtig/falsch/komisch?

3. Variieren und spielen Sie bitte den Dialog A 8!

Beispiele: ◯ Morgen abend um acht gibt es ein Konzert.
Hast du dann Zeit?

● Was morgen? Freitag? Freitags habe ich immer …

● Nein! Morgen abend habe ich leider keine Zeit.

● Ja, am Freitag habe ich Zeit.

◯ Schade …

◯ Das finde ich aber wirklich schade!

◯ Prima! Dann gehen wir morgen ins Konzert.

3

B 1 Öffnungszeiten

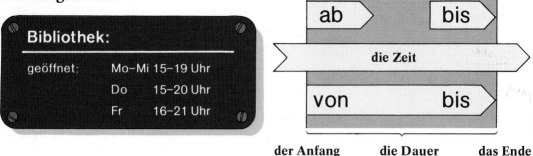

Bibliothek:

geöffnet: Mo–Mi 15–19 Uhr
Do 15–20 Uhr
Fr 16–21 Uhr

ab ▷ bis ▷
die Zeit
von bis ▷

der Anfang   die Dauer   das Ende

◌ Ab wann ist die Bibliothek am Montag geöffnet?
● Ab 15 Uhr.
◌ Bis wann ist die Bibliothek mittwochs geöffnet?
● Bis 19 Uhr.
◌ Von wann bis wann ist die Bibliothek freitags geöffnet?
● Von 16 bis 21 Uhr.

B 2 Übung

Fragen und antworten Sie bitte!

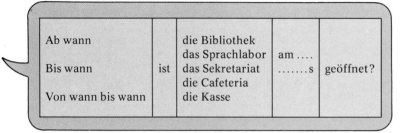

Ab wann		die Bibliothek das Sprachlabor	am		
Bis wann	ist	das Sekretariat	.......s	geöffnet?	
Von wann bis wann		die Cafeteria die Kasse			

Ab ...
Bis ...
Von ... bis ...

Wie sind die Öffnungs-
zeiten in Ihrem Institut?

B 3 Wie lange?

◌ Wann fängt der Film an?   ● Um halb acht.
◌ Und wie lange dauert er?   ● Zweieinhalb Stunden.
◌ Und wieviel Uhr ist es jetzt? ● Fünf vor halb acht.

Und jetzt Sie bitte!
Lesen Sie das Informationsbrett, und variieren Sie den Dialog!

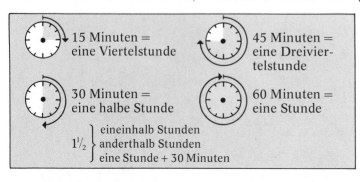

15 Minuten =
eine Viertelstunde

45 Minuten =
eine Dreivier-
telstunde

30 Minuten =
eine halbe Stunde

60 Minuten =
eine Stunde

1½ } eineinhalb Stunden
anderthalb Stunden
eine Stunde + 30 Minuten

Achtung:
Es ist ein Uhr.
Das ist eine Uhr.

Stunde ≠ Uhr: Wie heißt „eine Stunde", „ein Uhr", „eine Uhr" in Ihrer Muttersprache?

Hören Sie bitte! Lesen Sie bitte!

Im Unterricht B 4

Deutschstunde

Ding, dong, ding!
Ruhe, Konzentration!
Der Lehrer:
Hören Sie! Lesen Sie! Sprechen Sie nach!
Noch 40 Minuten.
Noch 35 Minuten.
Noch 30 Minuten.
Zahlen, Daten, Termine …
Hören, Lesen, Sprechen …
Noch 25 Minuten.
Noch 20 Minuten.
Noch 15 Minuten.
Noch 10 Minuten.
Wann kommt nur das Ende?
Wie lange dauert die Stunde denn noch?
Noch 5 Minuten.
Noch 4 Minuten.
Noch 3 Minuten.
Noch 2 Minuten.
Noch eine Minute.
Ding, dong, ding!
Aahh!
Die nächste Deutschstunde
        beginnt …

Nach A. Deutscher

```
      Die Sanduhr

   Die Zeit verrinnt
   Die Zeit verrinnt
   Die Zeit verrinnt
   Die Zeit verrinnt
   Die Zeit verrinnt
   Die Zeit verrinnt
   Die Zeit verrinnt
   Die Zeit verrinnt
    Die Zeit verrin
     Die Zeit verr
      Die Zeit ve
      Die Zeit
       Die Zei
        Die Z
         Die
          D
          i
          e
          Z
          e
          i
          t
          v
          e
          r
          r
```

Oh, wie schade! Nur noch fünf Minuten.

B 5 Radiosendungen am Dienstag

Lesen Sie bitte! Hören Sie bitte!

Programm

vom 1. bis 30. September

Deutsche Welle

	DIENSTAG
	4.	11.	18.	25.	→Datum
00	Nachrichten 0600 1000 →Stunde 1400 1800 2200 0200 **UTC** UTC = Weltzeit
10	Kommentar
15	Weltpolitik aktuell
00	Nachrichten 0700 1100 1500 1900 2300 0300 **UTC**
10	Kommentar
25	Kulturspiegel
40	Konzert und Oper
00	Nachrichten 0800 1200 1600 2000 0000 0400 **UTC**
10	Kommentar
15	Wirtschaftspanorama
35	Sportreport
00	Nachrichten 0900 1300 1700 2100 0100 0500 **UTC**
10	Presseschau
15	Literaturmagazin
45	Volksmusik

└→Minuten

A: Das ist aber kompliziert!
B: Überhaupt nicht. Zum Beispiel: Die Deutsche Welle bringt um 6.15, 10.15, 14.15 Uhr und so weiter die Sendung „Weltpolitik aktuell".
C: Und um 11.00 Uhr gibt es zum Beispiel Nachrichten, um 11.10 Uhr den Kommentar, um 11.25 Uhr den Kulturspiegel und um 11.40 Uhr die Sendung „Konzert und Oper".
B: Welche Sendungen hörst du denn gern?
C: Den Sportreport, die Presseschau und das Literaturmagazin.
A: Das finde ich langweilig! Gibt es denn keine Volksmusik?

Aufgaben

1. Ergänzen Sie bitte!

Thema		
Wirtschaft	s	panorama schau magazin report spiegel

2. Fragen und antworten Sie bitte!

a) Wann bringt die Deutsche Welle …?
b) Von wann bis wann bringt die Deutsche Welle …?
c) Wie lange dauert/dauern …?

B 6 Programmvorschau für Mittwoch

Hören Sie bitte! Beantworten Sie bitte die Fragen!

1. Um wieviel Uhr beginnt die Programmvorschau?
2. Wann beginnen die Nachrichten und der Kommentar?
3. Von wann bis wann bringt die Lila Welle ein Konzert?
4. Wie lange dauert der Kulturspiegel?
5. Wann fängt die Sendung „Sportreport" an?
6. Wann ist die Sendung „Volksmusik" zu Ende?

B 7 Deutsche Welle

1. Wann bringt die Deutsche Welle bei Ihnen deutsche Sendungen?
2. Wann bringt die Deutsche Welle bei Ihnen Sendungen in Ihrer Muttersprache?
3. Hören Sie bitte die Deutsche Welle!

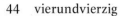

○ Wann ist das Abschlußfest? Weißt du das genaue Datum?
● Ja. Das findet am 23. 6. statt, an einem Freitag.
○ Beginnt das Fest am Nachmittag oder erst am Abend?
● Warte mal! Im Programm steht: am 23. Juni um 15 Uhr. Also schon am Nachmittag!
○ Ist das Abschlußfest hier eigentlich immer im Juni?
● Nein, es gibt hier im Frühling, im Sommer, im Herbst und im Winter ein Fest – immer am Kursende.

Das Abschlußfest **C 1**

Das Jahr

1. Die vier Jahreszeiten: Frühling, Sommer, Herbst, Winter
2. Die zwölf Monate:

□ Monate und Jahreszeiten sind maskulinum.

Fragen und antworten Sie bitte!

Datum **C 2**

Beispiel:

○ Welches Datum haben wir morgen?
● Morgen ist Freitag, der 2. 5.
○ Was? Schon der 2. Mai? Dann beginnt morgen ja schon der Sprachkurs!

2. 5.   Und jetzt Sie bitte: 15. 4., 10. 6., 8. 11., 23. 1., 1. 12., 7. 8.

hours, days, seasons, months, years

C 3 Am Wochenende

Ergänzen Sie bitte **um, am, im**! Lesen Sie dann den Dialog zu zweit!

○ Was machst du _am_ Wochenende?
● _am_ Samstag gibt es einen Film.
○ Ja, der fängt _um_ 21.15 Uhr an.
● Und _am_ Sonntag? Da ist doch morgens immer ein Konzert.
○ Aber nur _im_ Winter. _im_ Sommer fällt es aus.
● Morgen ist doch der erste Sonntag _am im_ Juli!
○ Richtig! Der fünfte Juli. Und _am_ fünften Juli ist das Sommerfest.
● Ach ja, es beginnt _um_ 16 Uhr.
○ Gut, dann gehen wir _um_ halb vier zum Sommerfest.

aus fallen
"
to cancel

Präpositionen (2): temporal

Uhrzeit	Datum/Tag/ Tageszeit	Monat/ Jahreszeit	Jahreszahl
um ein Uhr halb fünf	**am** zwanzigsten ersten Mai Wochenende Montag Abend	**im** März Frühling	– 1999
Aber:	**in der** Nacht		**im Jahr** 2000

Variieren und spielen Sie bitte die Dialoge C 1 und C 3!

C 4 Andere Länder – andere Sitten

A: Ich habe im Juni Geburtstag. Und du? Wann hast du Geburtstag?
B: Das weiß ich nicht genau. In meinem Paß steht der 1. 1. 1965. Aber das ist eigentlich nicht mein Geburtstag. Bei uns registriert man nämlich nicht das genaue Geburtsdatum.
C: Ich bin 1964 geboren, am 29. Februar.
A: Na, dann feierst du ja nicht oft Geburtstag!
C: Das ist nicht so schlimm. Bei uns ist der Geburtstag nicht so wichtig. Wir feiern nur den Namenstag. Und mein Namenstag ist am 3. September – jedes Jahr.

Namenstage im September

3 Gregor
11 Regula
13 Tobias
16 Edith
17 Hildegard
21 Jonas
22 Moritz
27 Vinzenz
29 Michael

Antworten Sie bitte!

Wer hat wann Geburtstag?
Wer hat wann Namenstag?

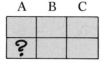

A B C

Was feiert man bei Ihnen?
Den Geburtstag oder den Namenstag oder ...?

C 5 Auskunft zur Person
Fragen Sie bitte Ihren Nachbarn/Ihre Nachbarin!

Beispiele:
○ Wann haben Sie Geburtstag?
● ← Im Juni.
    Am 6. Juni.
    Das möchte ich nicht sagen.

○ Wann sind Sie geboren?
● ← Am 6. Juni 1965.
    1965.

Glückwünsche C 6

Zum Ge-burts-tag viel Glück! Zum Ge-burts-tag viel Glück!
Zum Ge-burts-tag al-les Gu-te! Zum Ge-burts-tag viel Glück!

Wir gratulieren zum Geburtstag.

Zum Geburtstag herzliche Glückwünsche

Zum Geburtstag herzliche Glückwünsche
DOGUM GÜNÜNÜZ MÜNASEBETIYLE EN IYI DILEKLER
HAPPY BIRTHDAY
Τὰς καλυτέρας Εὐχὰς διὰ τὴν ὀνομαστικὴν Ἑορτὴν
NAJLEPSE ZELJE ZA RODJENDAN
BUON COMPLEANNO

Machen Sie bitte ein Informationsbrett für Ihre Klasse!

Informationsbrett C 7

Deutscher Kalender	Stundenplan	Veranstaltungen	Geburtstage	…

Intonation: Wortakzent/Satzakzent ♪1

a) Sprechen sie bitte nach!

drei   Es ist /drei\ Uhr.
dreizehn   Es ist /dreizehn\ Uhr.
dreiundzwanzig   Es ist /dreiundzwanzig\ Uhr.

b) Lesen Sie bitte!

Es ist /fünf Uhr \fünf.
Es ist /fünfzehn Uhr \fünfzehn.
Es ist /fünfundzwanzig Minuten nach \fünf.

Intonation: Wortakzent ♪2

a) Sprechen Sie bitte nach!   b) Markieren Sie bitte den Wortakzent!   c) Lesen Sie bitte!

Beispiele: Informationsbrett, Sprachlabor
Stundenplan, Öffnungszeiten, Literaturkurs, Weltzeit,
Filmclub, Brieffreundin, Viertelstunde, Volksmusik,
Wochentage, Tageszeiten, Weltpolitik, Geburtstag

Intonation: Satzakzent ♪3

a) Sprechen Sie bitte nach!   b) Markieren Sie bitte die Satzakzente!

Beispiel: Es ist zwanzig Uhr dreißig.
Jetzt beginnt die Sendung „Filmclub". Eine Stunde später um einundzwanzig Uhr dreißig
folgen die Nachrichten. Um einundzwanzig Uhr fünfunddreißig fängt der Sprachkurs an.

D 1 Wie findet man das im Wörterbuch?

D 2 Eine Verabredung

Ergänzen Sie bitte das Verb!

Am Dienstag **findet** kein Unterricht **statt**.
Sie **schlägt** einen Film **vor**.
Der Film **fängt** um 20 Uhr **an**.
kommt er **mit**?
Er **trägt** den Tag im Kalender **ein**.
Am Dienstag **gehen** sie zu zweit **aus**.
Viel Glück!

stattfinden* to take place
vorschlagen* to suggest
anfangen* to begin
mitkommen* to acompany
eintragen* writes in, inserts
ausgehen* go out

Ordnen Sie bitte!
Wie heißt der Infinitiv?

Trennbare Verben und Infinitiv   D 3

Beispiel:
Der Kurs fängt um 18 Uhr an.
Infinitiv: anfangen

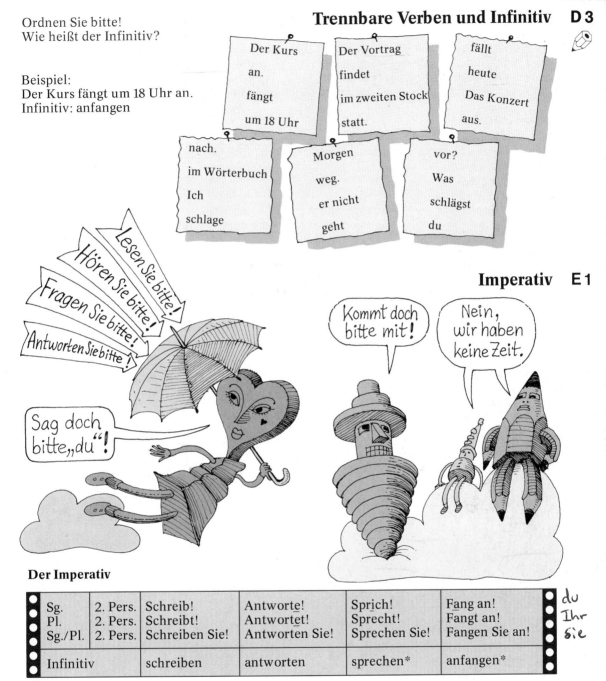

Der Kurs an. fängt um 18 Uhr

Der Vortrag findet im zweiten Stock statt.

fällt heute Das Konzert aus.

nach. im Wörterbuch Ich schlage

Morgen weg. er nicht geht

vor? Was schlägst du

Lesen Sie bitte!
Hören Sie bitte!
Fragen Sie bitte!
Antworten Sie bitte!

Sag doch bitte „du"!

Imperativ   E 1

Kommt doch bitte mit!

Nein, wir haben keine Zeit.

Der Imperativ

Sg.	2. Pers.	Schreib!	Antworte!	Sprich!	Fang an!	du
Pl.	2. Pers.	Schreibt!	Antwortet!	Sprecht!	Fangt an!	Ihr
Sg./Pl.	2. Pers.	Schreiben Sie!	Antworten Sie!	Sprechen Sie!	Fangen Sie an!	sie
Infinitiv		schreiben	antworten	sprechen*	anfangen*	

Suchen Sie bitte die Imperativsätze aus den Lektionen 1–3!
Üben Sie bitte! Ergänzen Sie bitte!

Imperativsätze   E 2

Beispiele:

1. Lesen Sie bitte!   Lies bitte!   *Lest bitte!*
2. Machen Sie bitte schnell   Mach bitte schnell!   *Macht bitte schnell.*
3. Kommen Sie bitte mit!   Komm bitte mit   Kommt bitte mit!

F 1 Im Unterricht

⌐ Entschuldigung, ich <u>möchte</u> heute schon um halb fünf weggehen. Denn ich <u>muß</u> um fünf beim Arzt sein.

⌐ Selbstverständlich!

● Ja, natürlich. Aber Moment. Warten Sie mal! <u>Können</u> Sie trotzdem die Aufgaben machen?

● Also, dann machen Sie bitte die Übungen im Arbeitsbuch!

Modalverben (1)

Sg.	1. Pers.	ich	kann	muß	möchte
	2. Pers.	du	kannst	mußt	möchtest
	3. Pers.	er/es/sie	kann	muß	möchte
Pl.	1. Pers.	wir	können	müssen	möchten
	2. Pers.	ihr	könnt	müßt	möchtet
	3. Pers.	sie	können	müssen	möchten
Infinitiv			können	müssen	*mögen*

can   must   want/would like

Hat „möchte" keinen Infinitiv?   Im Wörterbuch steht „mögen".

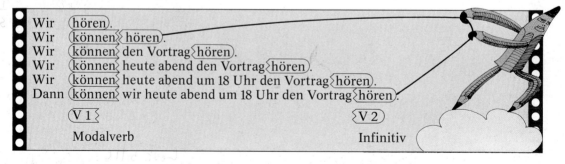

Achten Sie bitte auf die Endungen in der 1. und 3. Person Singular!

F 2 Übung

Beispiele:

a) ⌐ Können Sie ⎱
   Kannst du ⎰ lesen?
   ● Natürlich kann ich lesen!

   ⌐ Kann er/sie lesen?
   ● Natürlich kann er/sie lesen!

| schreiben; anfangen; buchstabieren; die Tabelle ergänzen; die Übung machen |

b) ⌐ Wir möchten den Direktor sprechen.
   ● Was ⎰ möchten Sie?
           ⎱ möchtet ihr?

| den Vortrag hören; das Buch lesen; den Dialog spielen; die Bilder vergleichen; den Film sehen |

c) ⌐ Kommst du mit?
   ● Nein, ich muß arbeiten.

   ⌐ Kommt er/sie denn mit?
   ● Nein, er/sie muß auch arbeiten.

| Deutsch lernen; um vier Uhr weggehen; die Deutsche Welle hören; um fünf beim Arzt sein; Modalverben üben |

G Verbrahmen

Satzgliedstellung (4): Verbrahmen

Wir (hören).
Wir (können) (hören).
Wir (können) den Vortrag (hören).
Wir (können) heute abend den Vortrag (hören).
Wir (können) heute abend um 18 Uhr den Vortrag (hören).
Dann (können) wir heute abend um 18 Uhr den Vortrag (hören).

(V 1)   (V 2)
Modalverb   Infinitiv

Und nun Sie bitte!

1. Sie arbeitet. (müssen – im Sprachlabor – von 15 bis 19 Uhr – immer – montags bis freitags)

2. Ich gehe. (mögen – zum Abschlußfest – natürlich – um 15 Uhr – am 23. Juni)

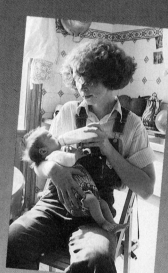

Lektion 4

4

A 1 Wie groß ist Ihre Familie?
Vier Interviews

I = Interviewerin;
B = Frau Boto; R = Herr Richter;
L = Frau Larsen; A = Herr Alga

Thema: Familie
Fragen:

I: Guten Tag! Die Deutsche Welle macht gerade
eine Sendung über die Familie. Kann ich Ihnen
ein paar Fragen auf deutsch stellen?
B: Ja, gern.
I: Wie groß ist Ihre Familie?
B: Meine Familie? Wir sind sechzehn Personen:
meine Eltern, meine Großmutter, mein Onkel,
meine Geschwister und ich. Ich habe einen Bruder und fünf Schwestern. Zwei Schwestern sind
verheiratet und haben Kinder. Ich habe zwei
Nichten und einen Neffen. Wir wohnen alle
unter einem Dach.
I: Interessant! Und Sie selbst? Sind Sie nicht verheiratet?
B: Nein, ich bin ledig.

I: Und Sie? Wie groß ist Ihre Familie?
R: Ich bin verheiratet und habe zwei Kinder, einen
Sohn und eine Tochter.
I: Wie alt sind Sie?
R: 38.
I: Leben Ihre Eltern noch?
R: Mein Vater ist schon tot. Meine Mutter lebt noch.
Aber sie wohnt nicht bei uns.

I: Und Sie? Wie groß ist Ihre Familie?
L: Wir sind zwei: meine Tochter und ich. Ich bin
geschieden.

I: Und Sie? Sind Sie verheiratet? Haben Sie Kinder?
A: Darüber möchte ich nicht sprechen.
I: Oh! Entschuldigen Sie bitte!

A 2 Aufgaben

1. Ergänzen Sie bitte die Tabelle!

Familienstand:	ledig	verheiratet	geschieden	verwitwet
				die Mutter von R.

2. Welche Familie ist für Sie eine große/kleine/normale
Familie? Welche Familie ist für Sie keine Familie?

Die erste Familie ist für mich …

3. Kann man bei Ihnen
diese Fragen stellen?

a) Wie groß ist Ihre Familie?
b) Sind Sie verheiratet?
c) Haben Sie Kinder?
d) Leben Ihre Eltern noch?
e) Wie alt sind Sie?

	Ja	Nein

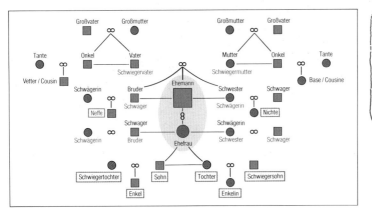

●: weiblich   ■: männlich
—: Geschwister, z. B. Bruder und Schwester
∞: verheiratet
Vater: Perspektive des Ehemannes
Schwiegervater: Perspektive der Ehefrau
Sohn : Perspektive des Ehemannes und der Ehefrau

1. Übersetzen Sie bitte die Verwandtschafts-
   bezeichnungen!
2. Zeichnen Sie bitte ein Schema für die Ver-
   wandtschaftsbezeichnungen in Ihrer
   Sprache! Vergleichen Sie bitte!

Nominalgruppe (1): Bestimmter Artikel und Substantiv   Genitiv   A 4

	Singular			Plural
	m	n	f	m = n = f
Nom.	de**r** Sohn	das Kind	die Tochter	die Kinder
Akk.	de**n** Sohn	das Kind	die Tochter	die Kinder
Dat.	de**m** Sohn	de**m** Kind	de**r** Tochter	den Kinde**n**
Gen.	**des** Sohne**s**	**des** Kinde**s**	**der** Tochter	**der** Kinder

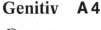

Üben Sie bitte!

Beispiele:

1. Auf deutsch heißt der Bruder der Mutter „Onkel".
   Bei uns heißt ...

2. Wer ist was?
   Schwager: Der Schwager ist der Bruder des Ehemannes. (Perspektive der Ehefrau)
   Der Schwager ist der Bruder der Ehefrau. (Perspektive des Ehemannes)

Und nun Sie bitte!   Tante, Großvater, Schwiegermutter, Nichte, ...

A 5 Plural der Substantive

Lesen Sie bitte laut!

Singular	Plural
Bruder ⟨m⟩	¨
Sohn ⟨m⟩	¨ e
Onkel ⟨m⟩	–
Kind ⟨n⟩	– er
Vetter ⟨m⟩	– n
Enkelin ⟨f⟩	– nen
Cousin ⟨m⟩	– s

Singular	Plural
der Bruder	die Brüder
der Sohn	die Söhne
der Onkel	die Onkel
das Kind	die Kinder
der Vetter	die Vettern
die Enkelin	die Enkelinnen
der Cousin	die Cousins

Lesen Sie bitte die Substantive im Singular und im Plural!

m	f	m	f
Vater, ¨	Mutter, ¨	Onkel, –	Tante, –n
Sohn, ¨ e	Tochter, ¨	Neffe, –n	Nichte, –n
Bruder, ¨	Schwester, –n	Cousin, –s	Cousine, –n
Enkel, –	Enkelin, –nen	Vetter, –n	Base, –n
		Schwager, –	Schwägerin, –nen

A 6 Was sind Sie?

Und nun Sie bitte!

Ich bin Sohn, Onkel und Cousin, aber noch nicht Großvater. Und du?

Ich bin Schwester, Tante und Schwägerin.

A 7 Auskunft zur Person

Wie groß ist Ihre Familie? Erzählen Sie bitte! Oder machen Sie Interviews!

Meine Familie
Wir sind 8 Personen in der Familie.
Ich habe 5 Geschwister, 3 Brüder und 2 Schwestern.

MEINE FAMILIE
WIR SIND FÜNF PERSONEN.
MEINE MUTTER, DREI BRÜDER UND ICH.

Meine Familie
Wir sind 8 Personen. Ich habe 5 Geschwister, 4 Brüder und 1 Schwester.

Ich bin mutterseelenallein!

Familie			
	Name	Vorname	Alter	Beruf
Vater			
Mutter			

Das Fotoalbum von Susanne Böhlmann **B 1**

◌ Fräulein Böhlmann, hier sind unsere Fotos. Haben Sie auch Familienfotos?

● Ja, hier ist mein Fotoalbum.

◌ Das Foto hier ist aber alt!

● Ja. Das ist eine Hochzeit im Jahr 1932. Da heiraten meine Großtante und mein Großonkel. Dort hinten in der zweiten Reihe links steht meine Großmutter. Sie kommt übrigens aus Frankreich.

◌ Interessant. Erzählen Sie bitte mehr!

● Hier ist eine Cassette. Da sprechen meine Großtante und meine Großmutter selbst.

Possessivpronomen (1): Nominativ

Personalpronomen	m	n	f	Plural
ich	mein	mein	meine	meine
du	dein	dein	deine	deine
er/es	sein	sein	seine	seine
sie	ihr	ihr	ihre	ihre
wir	unser	unser	unsere	unsere
ihr	euer	euer	eure	eure
sie/Sie	ihr/Ihr	ihr/Ihr	ihre/Ihre	ihre/Ihre

Meine Frau ist 39, meine Kinder sind 9 und 5.
Aber mein Wagen ist ganz neu.

Familien **B 2**

1. Hören Sie bitte!
   Ergänzen Sie bitte!

   Ich und _meine_ Familie!
   Du und _deine_ Familie!
   Er und _seine_ Familie!
   Sie und _ihre_ Familie!
   Wir und _unsere_ Familie!
   Ihr und _eure_ Familie!
   Sie und _Ihre_ Familie!

2. Und jetzt Sie bitte!
   Frau, Mann, Kinder, Eltern, …

Spielen Sie bitte zu zweit und zu dritt!

Wortwechsel **B 3**

Beispiele:
◌ Du und deine Fragen! ● Und du und deine Antworten!
◌ Sie und Ihre Grammatik! ● Und Sie und Ihre Gedichte!
◌ Ihr und eure Musik! ● Und ihr und euer Stammtisch!

B 4

Unsere Hochzeit 31. Mai 1932

Maria Böhlmann, geb. Gutjahr, erzählt. Susanne Böhlmann hört zu.

Das ist meine Hochzeit im Mai 1932. Hier vorn in der Mitte, das bin ich. Rechts neben mir auf dem Foto steht mein Mann Heinrich, dein Großonkel. Jetzt ist er ja schon lange tot. Rechts von meinem Mann siehst du seine Familie. Links auf dem Foto ist meine Familie. Hier neben mir sitzen meine Eltern und meine Schwester Ilse. Unseren Bruder kann man nicht sehen. Er fotografiert. Zwischen meiner Schwester Ilse und meinen Eltern steht meine Nichte Irene. Hier, direkt vor ihrer Mutter. Irene ist die Tochter meiner Schwester Elli. Elli steht mit ihrem Mann neben deiner Großmutter. Ganz links in der zweiten Reihe, das ist deine Großmutter Anne Dupont. 1937 hat sie meinen Schwager Karl geheiratet. Richtig, dein Großvater ist ein Bruder meines Mannes. Dort, ganz rechts in der zweiten Reihe, kannst du deinen Großvater sehen.

Aufgabe

Wer ist wer?
Nummer 1 ist …

Wir heiraten

Heinrich Böhlmann
Kiel

Maria Böhlmann
geb. Gutjahr
Rendsburg

Kirchliche Trauung
am 31. Mai 1932
in der
St.-Marien-Kirche
in Rendsburg
um 14.30 Uhr.

Artikel (6): Possessivpronomen (2) und unbestimmter Artikel: Deklination

Vergleichen Sie bitte!

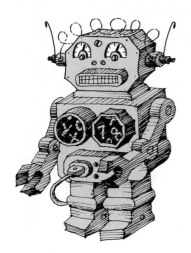

	m	n	f	Plural
Nom.	mein kein ein	mein kein ein	meine keine eine	meine keine –
Akk.	meinen keinen einen	mein kein ein	meine keine eine	meine keine –
Dat.	meinem keinem einem	meinem keinem einem	meiner keiner einer	meinen keinen –
Gen.	meines keines eines	meines keines eines	meiner keiner einer	meiner keiner –

Possessivpronomen (3): Deklination

1. Ergänzen Sie bitte die Tabellen!
2. Machen Sie bitte auch Tabellen für **sein, ihr, unser!**

	m	n	f	Pl.
Nom.		dein		deine
Akk.	deinen	*dein*	*deine*	
Dat.	*deinem*		*deiner*	deinen
Gen.		deines		*deiner*

Nom.		euer		eure
Akk.	euren	*euer*	*eure*	
Dat.	*eurem*		eurer	*euren*
Gen.		*eures*		*eurer*

Ergänzen Sie bitte die Possessivpronomen!

Beispiel:
Er registriert _deinen_ Namen. (du → Akk. ⟨m⟩)

1. Er registriert **sein** Geburtsdatum. (es → Akk. ⟨n⟩)
2. Er registriert ~~eure~~ Kursnummer. (wir → Akk. ⟨f⟩) *unsere*
3. Er registriert *meine* Eltern. (ich → Akk. ⟨Pl.⟩)
4. Er registriert die Zahl ~~ihrer~~ Kinder. (ihr → Gen. ⟨Pl.⟩)
   eurer

4

B 7 Kinder

Von *deinem* Vater,
_____ Mutter
bist du
das Kind.

Von _____ Großvätern,
_____ Großmüttern
sind _____ Eltern
die Kinder.

Hans Manz

1. Ergänzen Sie in dem Gedicht
   bitte das Possessivpronomen **dein** !

Von _____ Urgroßvätern,
_____ Urgroßmüttern
sind _____ Großeltern
die Kinder.

Also sind
_____ Großeltern,
_____ Eltern
und du allesamt Kinder.

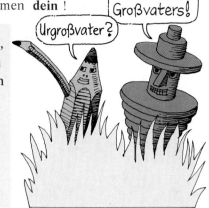

Urgroßvater?

Der Vater des Großvaters!

2. Schreiben Sie bitte das Gedicht mit anderen
   Possessivpronomen! Achten Sie auch auf das Personal-
   pronomen und das Verb!
   Beispiel: Von **meinem** Vater ... **bin ich** das Kind.

B 8 Auskunft zur Person

Beispiel:

Bringen Sie bitte Familienfotos mit
oder zeichnen Sie Ihre Familie!
Erklären Sie die Fotos/die Zeichnung.
Fragen und antworten Sie bitte!

Wer ist denn das	hier dort	ganz	oben unten vorn hinten	in der	ersten zweiten ...	Reihe	?

Das	bin	ich.	
	ist	mein meine	Schwager. Schwester.
	sind	meine	Eltern .

Und wer	steht sitzt	neben vor ...	deinem deiner ...	Onkel Tante ...	?

Familiengeschichten: Susanne Böhlmann fragt ihre Großmutter Anne Böhlmann, geborene Dupont.

C 1

Was? Hast du mit achtzehn Jahren schon in Deutschland gelebt?

Ja. Ich habe in Rendsburg Deutsch gelernt. Sprachen öffnen eine neue Welt. Das hat auch mein Vater immer gesagt. Deshalb hat er einen Brief an seinen Geschäftsfreund Paul Gutjahr in Deutschland geschrieben. Ich glaube, das war 1931. Ich habe dann von Januar bis Dezember 1932 bei der Familie Gutjahr in Rendsburg gewohnt. Ein Jahr im Ausland – das war damals ungewöhnlich. Paul Gutjahr war auch Kaufmann. Er hatte fünf Kinder. Eine Tochter hat im Mai 1932 geheiratet. Das hier ist ihr Hochzeitsfoto. Ich stehe dort oben ganz links. Bei der Hochzeit von Maria Gutjahr habe ich Karl kennengelernt. Er war ein Bruder ihres Mannes. Damals hat alles angefangen. Es war Liebe auf den ersten Blick. Wir haben die ganze Nacht getanzt. Es war herrlich! Im August 1932 haben wir dann schon Verlobung gefeiert. Karl war aber noch sehr jung und hatte noch keinen Beruf. Deshalb haben wir erst 1937 geheiratet. Hier ist ein Bild von meiner Hochzeit…

Wann war was?

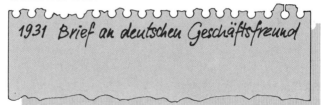

1931 Brief an deutschen Geschäftsfreund

Präsens – Präteritum – Perfekt

C 2

Beispiele:

Präsens: Sprachen (öffnen) eine neue Welt.
Präteritum: Das (war) 1931.
Perfekt: (Hast) du mit achtzehn Jahren schon in Deutschland (gelebt)?
    V 1   V 2

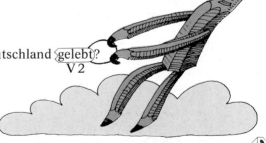

Suchen Sie bitte die Verben aus C1 und machen Sie eine Tabelle!

	Vergangenheit	
Präsens	Präteritum	Perfekt
Sprachen (öffnen)…	das (war)… er (hatte)…	(Hast) du … (gelebt) V 1 V 2

C3 Präteritum (1)

			sein	haben
Sg.	1. Pers.	ich	war	hatte
	2. Pers.	du	warst	hattest
	3. Pers.	er / es / sie	war	hatte
Pl.	1. Pers.	wir	waren	hatten
	2. Pers.	ihr	wart	hattet
	3. Pers.	sie	waren	hatten
Infinitiv			sein	haben

Üben Sie bitte!   Was war wann?

Beispiel:
Das Abschlußfest war am 23. Juni.

Abschlußfest	am Montag/Dienstag
Theater	am Wochenende
Vortrag	am 23. Juni/...
Konzert	im Mai
Sendung ...	1984/...
Hochzeit von ...	um 19 Uhr/...
Geburtstag von ...	...
Namenstag von ...	

C4 Partizip II (1): Regelmäßige Verben

Infinitiv		Partizip II	
lében	´ en	gelébt	ge ´ t
ántworten	´ – en	geántwortet	ge ´ – et
ergänzen	– ´ en	ergänzt	– ´ t
vórstellen	´ – en	vórgestellt	´ ge – t
studíeren	– ´ en	studíert	– ´ t

er, be, ver

Das ist ein trennbares Verb.

Achten Sie bitte auf den Wortakzent!

Üben Sie bitte! Wie heißt das Partizip II?

sagen/heiraten/öffnen/kennenlernen/
telefonieren/registrieren/wiederholen/
suchen/arbeiten/benutzen/feiern

C5 Partizip II (2): Unregelmäßige Verben

Infinitiv	Partizip II	
schreiben	geschrieben	ge~en
lesen	gelesen	ge – en
státtfinden	státtgefunden	´ge~en
vergléichen	verglíchen	– ~ en
sitzen	gesessen	ge~ʃen
wissen	gewußt	ge ~ t

~: Vokalwechsel

Achten Sie bitte
auf den Wortakzent!
ʃ: Konsonanten-
wechsel

Die unregelmäßigen Verben finden Sie hinten im Buch!

Perfekt (1)

Immer „haben"?

| Perfekt = haben + Partizip II |

Nein, aber das erkläre ich später.

Perfekt mit „haben" C 6

Beispiel:
Ich habe gelernt.

Gestern, vorgestern... C 7

Fragen und antworten Sie bitte!

Beispiel:

Arbeitest du }
Arbeiten Sie } heute noch?

Ich habe doch erst
gestern gearbeitet.

Und jetzt Sie bitte!

schreiben/lernen/telefonieren/
lesen/spielen/feiern...

Sonntag 5 Mai
heute

Samstag 4 Mai
gestern

Freitag 3 Mai
vorgestern

Die Sekretärin C 8

„Guten Morgen" gesagt
geschrieben
telefoniert
geantwortet
„Guten Tag" gesagt
Termine eingetragen
Briefe gelesen
Namen buchstabiert
„Guten Abend" gesagt
Tabellen verglichen
Zahlen unterstrichen
Veranstaltungen vorgeschlagen
„Auf Wiedersehen" gesagt

1. Wie heißen die Infinitive?
2. Was hat die Sekretärin gemacht?
   Schreiben Sie bitte ganze Sätze!
   Die Sekretärin hat „Guten Morgen"
   gesagt. Sie ...
3. Schreiben Sie bitte auch einen Text!
   „Im Unterricht" oder
   „Ein Glückstag" oder...

Zu zweit C 9

Erzählen Sie bitte die
Geschichte in der
Vergangenheit!
Wie hat alles angefangen?

Ina war 18 Jahre alt.
Sie hat am Sprachinstitut
„Schwarz" Deutsch gelernt ...

Ina ist 18 Jahre alt. Sie lernt am Sprachinstitut „Schwarz"
Deutsch. Jeden Tag übt sie im Sprachlabor.
Dort arbeitet auch Owi. Er versteht die Grammatik nicht.
Er fragt Ina. Sie erklärt die Grammatik. Es ist ganz
einfach. Owi lacht. Es ist Liebe auf den ersten Blick.
Sie lernen nicht mehr allein. Sie lesen zu zweit, sie üben
zu zweit, sie schreiben Gedichte zu zweit. Am Ende des
Kurses heiraten sie.

D 1   Projekt: Ein Kursporträt

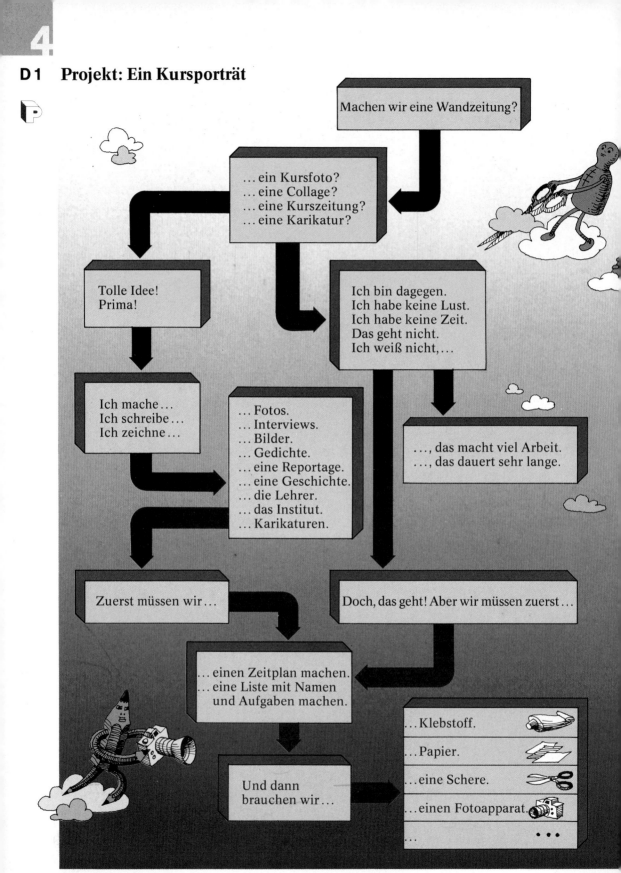

Machen wir eine Wandzeitung?

… ein Kursfoto?
… eine Collage?
… eine Kurszeitung?
… eine Karikatur?

Tolle Idee!
Prima!

Ich bin dagegen.
Ich habe keine Lust.
Ich habe keine Zeit.
Das geht nicht.
Ich weiß nicht,…

Ich mache…
Ich schreibe…
Ich zeichne…

… Fotos.
… Interviews.
… Bilder.
… Gedichte.
… eine Reportage.
… eine Geschichte.
… die Lehrer.
… das Institut.
… Karikaturen.

…, das macht viel Arbeit.
…, das dauert sehr lange.

Zuerst müssen wir…

Doch, das geht! Aber wir müssen zuerst…

… einen Zeitplan machen.
… eine Liste mit Namen
   und Aufgaben machen.

Und dann
brauchen wir…

…Klebstoff.

…Papier.

…eine Schere.

…einen Fotoapparat.

…   • • •

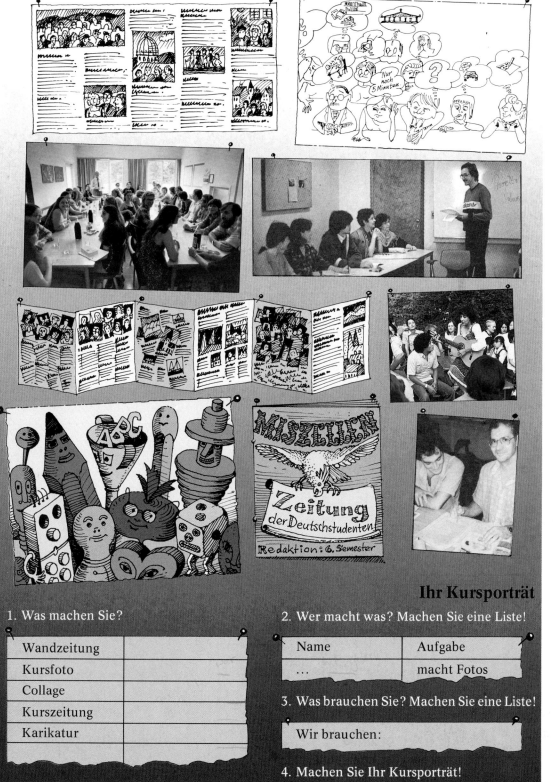

Ihr Kursporträt **D 2**

1. Was machen Sie?

Wandzeitung	
Kursfoto	
Collage	
Kurszeitung	
Karikatur	

2. Wer macht was? Machen Sie eine Liste!

Name	Aufgabe
...	macht Fotos

3. Was brauchen Sie? Machen Sie eine Liste!

Wir brauchen:

4. Machen Sie Ihr Kursporträt!

4

♪1 Laute: Vokale

	kurz	lang
offen	[a] Tante *a* [ɛ] Vetter *e, ä* [ɪ] Nichte *i* [ɔ] Onkel *o* [ʊ] Mutter *u* [œ] Töchter *ö* [ʏ] Mütter, Ypsilon *ü, y*	[a:] Vater, Zahl, paar *a, ah, aa* [ɛ:] Väter, erzählen *ä, äh*
geschlossen	Kurze, ge- schlossene Laute gibt es im Deutschen nicht.	[e:] neben, Lehrer, Idee *e, eh, ee* auch: Väter, erzählen *ä, äh* [i:] Cousine, sie, ihre, siehst *i, ie, ih, ieh* [o:] oben, Sohn, Boot *o, oh, oo* [u:] Bruder, Stuhl *u, uh* [ø:] hören, Söhne *ö, öh* [y:] Brüder, Stühle, Typ *ü, üh, y*

♪2 Laute: Lange offene und lange geschlossene Vokale

Sprechen Sie bitte nach! Welche Wörter passen nicht? Achten Sie bitte auf die langen Vokale!

Vater, Sohn, Bruder, ~~Mutter~~, Schwager, Schwester, Neffe, Großvater, Tochter, Schwiegersöhne, Nichte, Cousine

♪3 Laute: Vokalisiertes r [ɐ] [ɐ̯]

[ɐ] Mutter, Bruder
[ɐ̯] vier, Uhr

a) Unterstreichen Sie bitte die Wörter mit -er am Ende! Sprechen Sie bitte nach!

Mutter und Vater haben drei Kinder: zwei Söhne und eine Tochter. Die Brüder möchten noch eine Schwester haben.

b) Sprechen Sie bitte nach!

Es ist vier Uhr. Wir stehen vor der Tür.
      [ɐ̯]   [ɐ̯]   [ɐ]   [ɐ̯] [ɐ] [ɐ]

♪4 Laute: Lange Vokale

Beispiel: Variieren Sie bitte!

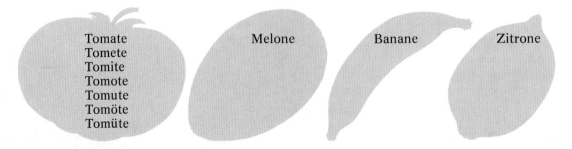

Tomate
Tomete
Tomite
Tomote
Tomute
Tomöte
Tomüte

Melone   Banane   Zitrone

Lektion 5

Europa
Sprachen und Sprachminderheiten

Isländisch

Färöisch

Norwegisch
Schwedisch
Schwed.
Finnisch
Karelisch
Ru...
Estnisch
Schwed.
Lettisch
Litauisch
Russ.
Weiß-
russisch

Galicisch
Irisch Englisch
Walisisch
Dänisch
Kaschubisch
Polnisch
Ukrai...
Bretonisch
Letzeburgisch
Nieder-
ländisch
Deutsch
Serbisch
d.
Deutsch
Tschechisch
Slowakisch
Ungarisch
Mo...
Französisch
Räto-
romanisch
Friaulisch
Slowenisch
Rumäni...
d.
Galicisch
Baskisch
Provençalisch
Italienisch
Serbokroatisch
Bulgari...
Spanisch
Corsisch
Portugiesisch
Katalanisch
Katal.
Sardisch
Albanisch
gr.
a.
gr.
Griechisc...
a.

Eskimosprachen
Athapaskisch
Eskimo-
sprachen
...isch
Tschuktschisch
Korjakisch
Aleutisch
Englisch Algonkisch
Französisch
Russisch
Ewenkisch
Englisch
Kasachisch
Mongolisch
Ainu
Spanisch
Türkisch
Turkmen
Uigurisch
Chinesisch
Korean.
Japanisch
Maya
Sp.
Sp.
Hebräisch
Persisch
Puschtu
Tibetisch
Spanisch
Arabisch
Hindi
Tuareg
Tibbu
Nubisch
Birmanisch
Vietnames.
Tagalog
Poly-
nesisch
Melan.
Englisch
Mande
Haussa
Dinka
Amhar.
Dravida
Thai
Khmer
Dajakisch
Aschanti
Yoruba
Ibo
Duala
Gala
Somali
Indonesisch
Nied...
Papua
Katalbisch
Kimaruanda
Sual.
Javanisch
Australisch
Portugiesisch
Tupi
Ges
Luba
Mbundu
Msstal.
heli
Sena
Madagassisch
Englisch
Ketschua
Aimara
Ketschua
Guaraní
Mbundu
Buschmann
Venda
Tschwana
Sotho
Swati
Spanisch
Hottentottenspr.
Afrikaans
u. Englisch
Englisch
Araukanisch

Sprachengruppen der Welt

5

A 1 Deutsch als Muttersprache

Deutsch ist die Muttersprache in der Bundesrepublik Deutschland. Außerdem wird Deutsch in Österreich, in Luxemburg und in Liechtenstein gesprochen. Auch in einem Teil der Schweiz spricht man Deutsch als Muttersprache. Insgesamt werden in der Schweiz vier Sprachen gesprochen: Deutsch, Französisch, Italienisch und Rätoromanisch.
In einigen Ländern ist Deutsch die Sprache von Minderheiten, zum Beispiel in Frankreich, Belgien und Italien.

Hhm, Vaterland, aber Muttersprache.

Vaterland, Muttersprache
Deutsche Schriftsteller und ihr Staat seit 1945
Q
100

Passiv (1)

Sg.	3. Pers.	In Österreich (wird) Deutsch (gesprochen).
Pl.	3. Pers.	In der Schweiz (werden) vier Sprachen (gesprochen).

Antworten Sie bitte! 1. Wo wird Deutsch gesprochen? In …
2. Welche Sprachen werden in der Schweiz gesprochen?

A 2 Sprachen in der Bundesrepublik Deutschland

In der Bundesrepublik Deutschland wird nicht nur Deutsch gesprochen. Denn dort leben ca. 6,2 Millionen Ausländer. Sie kommen zum Beispiel aus der Türkei, aus dem ehemaligen Jugoslawien, aus Italien, aus Griechenland, aus Spanien, aus den Niederlanden und aus Portugal. Sie sprechen Türkisch, Serbokroatisch, Italienisch, Griechisch, Spanisch, Niederländisch und Portugiesisch.

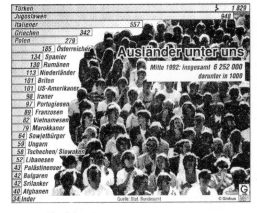

Türken	1 829
Jugoslawen	948
Italiener	557
Griechen	342
Polen	279
185	Österreicher
134	Spanier
130	Rumänen
113	Niederländer
101	Briten
101	US-Amerikaner
98	Iraner
97	Portugiesen
89	Franzosen
82	Vietnamesen
79	Marokkaner
64	Sowjetbürger
59	Ungarn
58	Tschechen/ Slowaken
52	Libanesen
43	Palästinenser
42	Bulgaren
42	Srilanker
40	Afghanen
34	Inder

Ausländer unter uns
Mitte 1992: insgesamt 6 252 000 darunter in 1000
Quelle: Stat. Bundesamt © Globus 9801

Direktivergänzung (1)

woher? → aus + Dativ

Beispiele:
Aus Portugal.
Woher kommen sie? Aus der Türkei.
Aus den Niederlanden.

Antworten Sie bitte!
1. Woher kommen die Ausländer?
2. Welche Sprachen werden in der Bundesrepublik Deutschland gesprochen?

Arbeiterwohlfahrt
Bezirksverband Nordwürttemberg

Savjetovaliste
Beratungsstelle für jugoslawische Arbeitnehmer

Türkdanış
Beratungsstelle für türkische Arbeitnehmer

Sprachen in der Welt A 3

Sprachen (Auswahl)	Anzahl der Sprecher in Mill.	Länder (Auswahl)
1. Chinesisch	ca. 900	China
2. Englisch	320	Großbritannien, USA (die), Australien, Kanada
3. Spanisch	210	Spanien, Lateinamerika
4. Hindi	180	Indien, Pakistan
5. Russisch	145	ehemalige UdSSR (die)
6. Arabisch	130	Ägypten, Libanon (der)
7. Bengali	120	Bangladesch, Indien, Pakistan
8. Portugiesisch	115	Portugal, Brasilien, Angola
9. Deutsch	110	Bundesrepublik Deutschland (die), Österreich, Schweiz (die)
10. Japanisch	110	Japan

Lokalergänzung (2)

wo? → in + Dativ

Beispiele: in China   in der Schweiz ⟨f⟩
            im Libanon ⟨m⟩   in den USA ⟨Pl.⟩

Fragen und antworten Sie bitte!

1. Wo wird ... gesprochen?   ...
2. Welche Sprachen werden in ... gesprochen? ...

A 4 Deutsche Dialekte

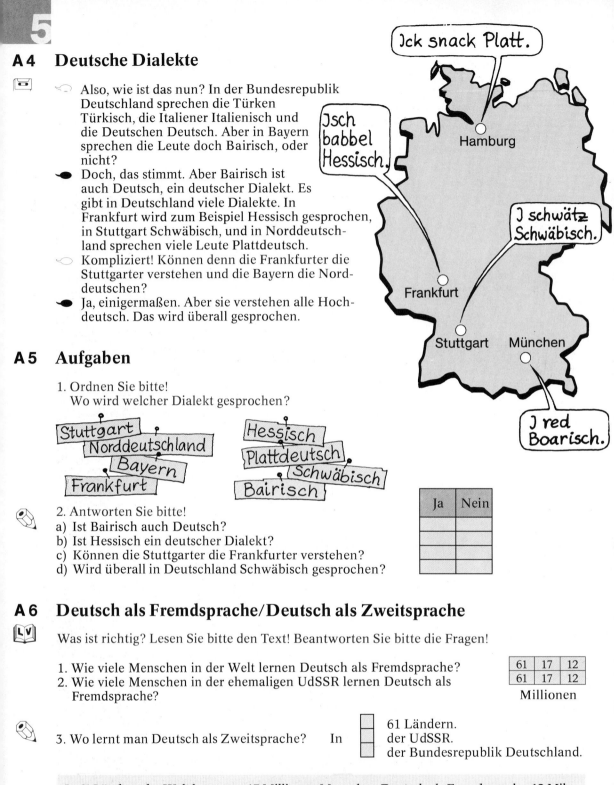

○ Also, wie ist das nun? In der Bundesrepublik Deutschland sprechen die Türken Türkisch, die Italiener Italienisch und die Deutschen Deutsch. Aber in Bayern sprechen die Leute doch Bairisch, oder nicht?

● Doch, das stimmt. Aber Bairisch ist auch Deutsch, ein deutscher Dialekt. Es gibt in Deutschland viele Dialekte. In Frankfurt wird zum Beispiel Hessisch gesprochen, in Stuttgart Schwäbisch, und in Norddeutschland sprechen viele Leute Plattdeutsch.

○ Kompliziert! Können denn die Frankfurter die Stuttgarter verstehen und die Bayern die Norddeutschen?

● Ja, einigermaßen. Aber sie verstehen alle Hochdeutsch. Das wird überall gesprochen.

A 5 Aufgaben

1. Ordnen Sie bitte!
   Wo wird welcher Dialekt gesprochen?

Stuttgart · Norddeutschland · Bayern · Frankfurt

Hessisch · Plattdeutsch · Schwäbisch · Bairisch

2. Antworten Sie bitte!

	Ja	Nein
a) Ist Bairisch auch Deutsch?		
b) Ist Hessisch ein deutscher Dialekt?		
c) Können die Stuttgarter die Frankfurter verstehen?		
d) Wird überall in Deutschland Schwäbisch gesprochen?		

A 6 Deutsch als Fremdsprache/Deutsch als Zweitsprache

Was ist richtig? Lesen Sie bitte den Text! Beantworten Sie bitte die Fragen!

1. Wie viele Menschen in der Welt lernen Deutsch als Fremdsprache?
2. Wie viele Menschen in der ehemaligen UdSSR lernen Deutsch als Fremdsprache?

61	17	12
61	17	12

Millionen

3. Wo lernt man Deutsch als Zweitsprache?   In

☐ 61 Ländern.
☐ der UdSSR.
☐ der Bundesrepublik Deutschland.

In 61 Ländern der Welt lernen ca. 17 Millionen Menschen Deutsch als Fremdsprache. 12 Millionen sind es allein in der ehemaligen UdSSR. Viele Ausländer lernen in der Bundesrepublik Deutschland Deutsch als Zweitsprache. Sie brauchen neben ihrer Muttersprache Deutsch als zweite Sprache, denn sie leben und arbeiten in der Bundesrepublik Deutschland.

Antworten Sie bitte!

1. Was ist Ihre Muttersprache?
2. Welche Sprachen sprechen Sie?
3. Wo wird Ihre Muttersprache gesprochen?
4. Welche Sprachen werden in Ihrem Land als Fremdsprache/Zweitsprache/Muttersprache gesprochen?
5. Welche Dialekte werden in Ihrem Land gesprochen?

Fragen zur Sprache A 7

Suchen Sie bitte Beispiele!

Deutsche Sprache in Ihrem Land A 8

ERSATZ

ERSATZ [ɛrzats] n. m. inv. (mot all., «remplacement»; 1915). **1.** Produit de consommation destiné à suppléer à un autre devenu rare : *Cet ersatz de savon desséchait la peau et ne nettoyait guère* (syn. SUCCÉDANÉ). — **2.** (1936). *Péjor.* Imitation médiocre, œuvre de qualité inférieure : *Un ouvrage de vulgarisation qui distribue un ersatz de science.* — **3.** Individu en remplaçant ou en représentant un autre sans en avoir toutes les qualités.

1. ERSE [ɛrs] n. f. (autre forme de *herse*; 1755). *Mar.* Anneau de cordage. ◆ **erseau** n. m. (1845). **1.** Petite erse servant de point de fixation de l'aviron sur son tolet. — **2.** Petite bague en filin cousue autour d'un œil-de-pie, dans une voile.

2. ERSE [ɛrs] adj. (mot gaél.; 1870). Relatif aux habitants de la haute Écosse : *Langue, littérature erse.* ◆ n. m. (1864). Dialecte gaélique parlé en Écosse.

ÉRUBESCENT, E [erybɛsã, ãt] adj. (lat. *erubescens*, de *erubescere*, devenir rouge; 1784). Qui rougit, qui s'empourpre : *Fruits érubescents. Une Suédoise érubescente et enchifrenée* (Bloy). ◆ **érubescence** n. f. (bas lat. *erubescentia*; 1361, «honte»; 1863). L'érubescence de la face.

ÉRUCIFORME [erysifɔrm] adj. (lat. *eruca*, chenille; 1845). *Zool.* Se dit d'une larve d'insecte ayant l'aspect d'une chenille.

ÉRUCTATION [eryktasjɔ̃] n. f. (lat. *eructatio*, de *eructare*, vomir; v. 1200). Émission bruyante, par la bouche, de gaz contenus dans l'estomac : *Cet homme n'a passé là qu'une nuit, remplissant le silence d'un bruit d'éructations douloureuses* (Duhamel) [syn. usuel ROT]. ◆ **éructer** v. intr. (lat. *eructare*; 1827). Elle

kilométrico, -a. ① (inf.). Muy *largo: 'Llevaba una cola kilométrica. Se me ha hecho el día kilométrico'. (T., «QUILOMÉTRICO».) ② (n., en masc.). Billete quilométrico.

kilovatio o kilowatio (Kv. o Kw.). Unidad eléctrica de *potencia equivalente a mil vatios. (También, «QUILO-...».)
 K. HORA. Unidad de *energía equivalente a la que produce un kilovatio durante una hora.

kimono. «Quimono». *Vestidura oriental larga, abierta por delante y con amplias mangas, adoptada en occidente como traje de las señoras para dentro de casa.

kindergarten. Palabra alemana que significa literalmente «jardín de la infancia» y se aplica a la *escuela de párvulos.

kiosco. «Quiosco». *Construcción aislada en un paseo, un parque, etc. Algunos están a cierta altura sobre el suelo, con un techo sostenido por columnas, y sirven, por ejemplo, para que se instale una banda de música para dar conciertos al aire libre. ⑥ Se llaman también quioscos otras construcciones más pequeñas, cerradas por cristales, en las que se venden periódicos u otras cosas; en algunos se sirven refrescos y

welt /welt/ *n* [C] **1** strip of leather to which the sole and the upper part of a shoe are stitched. **2** = weal².

Welt-an-schau-ung /ˈvelt,ɑːnˈʃaʊʊŋ/ *n* (G) philosophy of life; perception of the world.

wel-ter¹ /ˈweltə(r)/ *vi* [VP2C] roll; wallow; be soaked or steeped (in blood, etc). □ *n* (*sing* only) general confusion; disorderly mixture or aimless conflict: *the ~ of creeds/political beliefs; a ~ of meaningless verbiage.*

wel-ter² /ˈweltə(r)/ *adj* '~ **race** *n* race for horses with heavy-weight riders. '~**-weight** *n* (esp boxing) boxer weighing 135-147lb/61-66.6kg.

wen /wen/ *n* [C] harmless, usu permanent, tumour

5

B1 Die Deutsche Welle fragt: Warum lernen Sie Deutsch?

A: Meine Damen und Herren! 17 Millionen Menschen in
61 Ländern lernen Deutsch. Warum eigentlich? Meine Kol-
legen haben überall in der Welt die Frage gestellt: Warum
lernen Sie Deutsch? Hier eine Auswahl der Antworten.
Eine Ärztin aus Kanada:
B: Ich will im Urlaub nach Berlin und Wien fahren. Ich
möchte dort gern mit den Menschen reden.
A: Ein Geschäftsmann aus Ghana:
C: Unsere Firma importiert sehr viel aus Deutschland. Ich
brauche Deutsch für meine Karriere.
A: Eine Schülerin aus Indonesien:
D: Ich muß Deutsch lernen, denn Deutsch ist an meiner
Schule ein Pflichtfach.
A: Ein Student aus Japan:
E: Ich will in München Musik studieren. Ich brauche
Deutsch für mein Studium.
A: Eine Psychologin aus Italien:
F: Ich möchte deutsche Fachbücher im Original lesen.
A: Andere Leute haben andere Gründe genannt. Sie wollen
zum Beispiel mit einer Brieffreundin auf deutsch korre-
spondieren, deutsche Literatur lesen oder mehr Geld ver-
dienen.
Viele Leute lernen Deutsch auch einfach zum Vergnügen.

Fragen und antworten Sie bitte!
Beispiel: Warum lernt die Ärztin Deutsch? – Sie will im Urlaub nach Berlin und Wien fahren.
a) der Geschäftsmann, b) die Schülerin, c) der Student, d) die Psychologin.
Warum lernen andere Leute Deutsch? – Sie …

B2 Modalverben

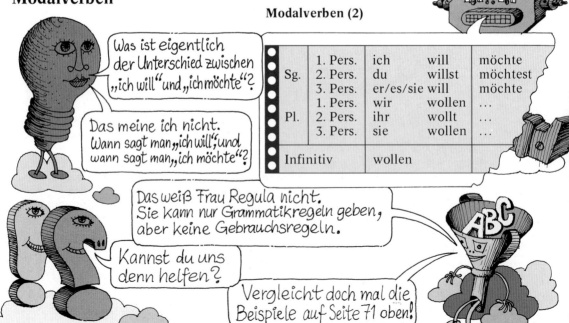

Modalverben (2)

Sg.	1. Pers.	ich	will	möchte
	2. Pers.	du	willst	möchtest
	3. Pers.	er/es/sie	will	möchte
Pl.	1. Pers.	wir	wollen	…
	2. Pers.	ihr	wollt	…
	3. Pers.	sie	wollen	…
Infinitiv	wollen			

Was ist eigentlich der Unterschied zwischen „ich will" und „ich möchte"?

Das meine ich nicht. Wann sagt man „ich will", und wann sagt man „ich möchte"?

Das weiß Frau Regula nicht. Sie kann nur Grammatikregeln geben, aber keine Gebrauchsregeln.

Kannst du uns denn helfen?

Vergleicht doch mal die Beispiele auf Seite 71 oben!

Beispiele:

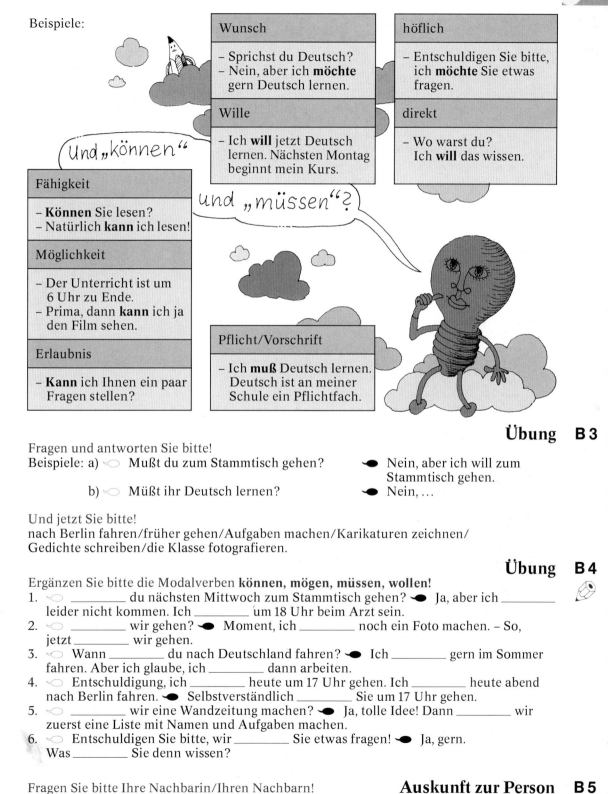

Wunsch

– Sprichst du Deutsch?
– Nein, aber ich **möchte** gern Deutsch lernen.

Wille

– Ich **will** jetzt Deutsch lernen. Nächsten Montag beginnt mein Kurs.

höflich

– Entschuldigen Sie bitte, ich **möchte** Sie etwas fragen.

direkt

– Wo warst du? Ich **will** das wissen.

Und „können"

Fähigkeit

– **Können** Sie lesen?
– Natürlich **kann** ich lesen!

Möglichkeit

– Der Unterricht ist um 6 Uhr zu Ende.
– Prima, dann **kann** ich ja den Film sehen.

Erlaubnis

– **Kann** ich Ihnen ein paar Fragen stellen?

und „müssen"?

Pflicht/Vorschrift

– Ich **muß** Deutsch lernen. Deutsch ist an meiner Schule ein Pflichtfach.

Übung B 3

Fragen und antworten Sie bitte!
Beispiele: a) 〇 Mußt du zum Stammtisch gehen?   ● Nein, aber ich will zum Stammtisch gehen.

b) 〇 Müßt ihr Deutsch lernen?   ● Nein, …

Und jetzt Sie bitte!
nach Berlin fahren/früher gehen/Aufgaben machen/Karikaturen zeichnen/
Gedichte schreiben/die Klasse fotografieren.

Übung B 4

Ergänzen Sie bitte die Modalverben **können, mögen, müssen, wollen**!
1. 〇 _____ du nächsten Mittwoch zum Stammtisch gehen? ● Ja, aber ich _____ leider nicht kommen. Ich _____ um 18 Uhr beim Arzt sein.
2. 〇 _____ wir gehen? ● Moment, ich _____ noch ein Foto machen. – So, jetzt _____ wir gehen.
3. 〇 Wann _____ du nach Deutschland fahren? ● Ich _____ gern im Sommer fahren. Aber ich glaube, ich _____ dann arbeiten.
4. 〇 Entschuldigung, ich _____ heute um 17 Uhr gehen. Ich _____ heute abend nach Berlin fahren. ● Selbstverständlich _____ Sie um 17 Uhr gehen.
5. 〇 _____ wir eine Wandzeitung machen? ● Ja, tolle Idee! Dann _____ wir zuerst eine Liste mit Namen und Aufgaben machen.
6. 〇 Entschuldigen Sie bitte, wir _____ Sie etwas fragen! ● Ja, gern. Was _____ Sie denn wissen?

Fragen Sie bitte Ihre Nachbarin/Ihren Nachbarn!
Warum lernen Sie/lernst du Deutsch?

Auskunft zur Person B 5

5

C 1 Meinungen zur Grammatik

Herr Alga macht Interviews im Sprachinstitut.

A: Frau Larsen, was meinen Sie? Muß man Grammatik lernen?

L: Ach, wissen Sie, Grammatik allein ist nicht wichtig. Sie müssen üben, üben und immer wieder üben. Hören Sie, lesen Sie, sprechen und schreiben Sie viel! Dann ist Deutschlernen nicht schwer.

A: Herr Richter, was denken Sie? Braucht man Grammatik?

R: Ja und nein. Die Menschen lernen verschieden. Manche lernen intuitiv. Sie brauchen keine Grammatik. Manche lernen systematisch. Sie wollen alle Regeln genau wissen. Für sie ist Grammatik sehr nützlich. Aber jeder muß seine Methode selbst finden. Ich persönlich finde Grammatik spannend und interessant.

A: Und Sie, Fräulein Böhlmann? Was sagen Sie?

B: Ach, vergessen Sie die Grammatik! Ich finde Grammatik schrecklich. Immer nur Tabellen! Meiner Meinung nach ist Grammatik unnötig. Kommunikation ist alles! Hauptsache, ich verstehe Sie und Sie verstehen mich!

A: Und Sie, Herr Schmidt? Finden Sie Grammatik auch überflüssig?

S: Nein! Im Gegenteil! Grammatik ist wichtig. Grammatik ist das Skelett der Sprache!

Aufgaben   1. Braucht man Grammatik? Wer sagt was? Tragen Sie bitte die Hauptinformation ein!   2. Ordnen Sie bitte!

Frau Larsen	*Grammatik: allein nicht wichtig!*
Herr Richter	
Fräulein Böhlmann	
Herr Schmidt	

Grammatik ist

positiv (+)	negativ (−)
interessant	*nicht wichtig*

C 2 Was meinen Sie?

Beispiele:

a)
Ich		finde	Grammatik	wichtig.

b)
Meiner Meinung nach	ist sind	Deutsch Projekte	nützlich. ...

Und jetzt Sie bitte!

das Foto auf Seite ...	leicht	spannend
das Bild	richtig	überflüssig
das Projekt	kompliziert	schwer
die Übung	falsch	toll
Emma Regula	interessant	dumm
das Gedicht	komisch	langweilig
die Lektion	herrlich	schrecklich
...	unnötig	wichtig

Meine Familie und die deutsche Sprache D 1

Satzgliedstellung (5): Hauptsatz

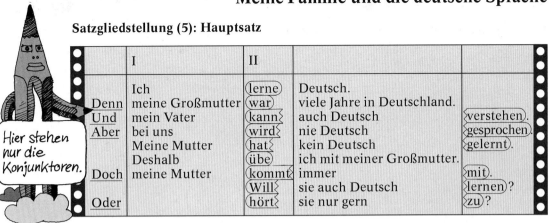

Hier stehen nur die Konjunktoren.

	I	II			
	Ich	lerne	Deutsch.		
Denn	meine Großmutter	war	viele Jahre in Deutschland.		
Und	mein Vater	kann	auch Deutsch	verstehen.	
Aber	bei uns	wird	nie Deutsch	gesprochen.	
	Meine Mutter	hat	kein Deutsch	gelernt.	
	Deshalb	übe	ich mit meiner Großmutter.		
Doch	meine Mutter	kommt	immer	mit.	
		Will	sie auch Deutsch	lernen?	
Oder		hört	sie nur gern	zu?	

Meine Familie und die Biologie D 2

Mein Vater ist Biologe.

Ordnen Sie bitte die Sätze!
1. ist – mein Vater – Biologe
2. war – mein Großvater – auch Biologe – denn
3. habe – studiert – ich – natürlich auch Biologie
4. will – studieren – mein Sohn – nicht Biologie – doch
5. wird – gesprochen – bei uns – nur über Biologie – denn
6. will – lernen – deshalb – er – Deutsch
7. kann – fahren – dann – er – im Mai – nach Deutschland
8. fährt – oder – er – nach Österreich?

Laute: Diphthonge ♪1

[ɔø] **Deu**tschland, R**äu**me	[ao] **au**ch	[ae] **Bei**spiel, **Mai**, **Bay**ern

a) Unterstreichen Sie bitte die Diphthonge! Sprechen Sie bitte nach!
b) Machen Sie bitte eine Liste der Wörter mit Diphthongen aus den Lektionen 1 bis 5!

In der Bundesrepublik Deutschland wird nicht nur Deutsch gesprochen. Dort leben auch viele Ausländer, zum Beispiel 1,67 Millionen Menschen aus der Türkei.

Laute: Murmellaut [ə] ♪2

[ə]			[ə]		
	bitte	– *e*		leben	– *en*
	Viertel	– *el*		besetzt	*be–*
	ihrem	– *em*		gesprochen	*ge–*

Unterstreichen Sie bitte die Murmellaute! Sprechen Sie bitte nach!

Ihre neue Fremdsprache – Deutsch
Man sagt: In großen Ländern ist das Interesse für Fremdsprachen klein, in kleinen Ländern aber groß. Lernt man in Ihrem Land fremde Sprachen in der Schule? Eine, zwei, drei? Welche Sprachen werden gesprochen? Und wie viele Menschen lernen in Ihrem Land Deutsch?

Sprechen Sie bitte nach!

Achtung! [ən] -en ≠ [ɪn] -in
Studenten – Studentin, Autoren – Autorin,
Architekten – Architektin

E 1 Fremdsprache – Brücke oder Barriere?

Drei Meinungen zum Sprachenlernen

1. Sprachenlernen ist mein Hobby. Sprachen sind Brücken zwischen den Ländern, zwischen den Kulturen, zwischen den Menschen. Mein Traum: Keine Mißverständnisse mehr – keine Kriege mehr.
2. Ich bin erwachsen. Ich habe einen Beruf. Ich kann meine Gedanken ausdrücken. Ich kann lesen, schreiben und über komplizierte Sachen sprechen – in meiner Muttersprache. Doch Deutsch spreche ich wie ein Kind. Ich bin unsicher und habe Angst.
3. Ich mache Grammatikfehler? Na und? Meine Aussprache ist komisch? Das macht nichts! Hauptsache, die anderen verstehen mich! Deutschlernen ist ein Abenteuer. Und das macht Spaß.

Und was meinen Sie? Diskutieren Sie bitte in Ihrer Muttersprache!

```
                                    Worte
                                    Worte
                                    Worte
                                    Worte
                                    Worte
                                    Worte
                                    Worte
                                    Worte
                                    Worte
                                    Worte
                                    Worte
                                    Worte
                                    Worte
                                    Worte
                                    Worte
                                    Worte
                           ICH      Worte      DU
```

E 2 Brücke oder Barriere?

Was paßt zu den Meinungen in E 1?

```
                Worte Worte Worte
              Worte Worte Worte Worte
          Worte                 Worte
        Worte                   Worte
        Worte                   Worte
   ICH  Worte                   Worte   DU
```

Renate Welsh

Willkommensgruß nach Landessitte

Begrüßung in Deutschland

li·la ⟨Adj.; hochsprachl. nicht flektiert⟩ *fliederfarben, hellviolett;* [verkürzt aus *lilafarben;* zu frz. *lilas* „Flieder, Fliederblütenfarbe"< arab. *lilak* „Flieder" < pers. *niläk, liläk* < ind. *nilas* „schwarz, schwärzlich"]

JETZT GANZ MODISCH: LILA

A 1 Im Flugzeug. Vor der Ankunft in Lilaland

Sohn: Du, Papa ...
Vater: Hm!
Sohn: Sag mal, sehen die Lilaländer genauso aus wie wir?
Vater: Hm, ja, nee, weiß ich nicht. Die haben sicher nicht so blonde
Haare wie die Deutschen.
Sohn: Du bist doch auch nicht blond.
Vater: Tja, da hast du auch wieder recht.

Sohn: Du, Papa ...
Vater: – – Ja?
Sohn: Sind die Lilaländer genauso angezogen wie wir?
Vater: Natürlich, warum denn nicht?
Sohn: Mama sagt, die Lilaländer tragen nur lila Kleidung: lila Hemden,
lila Blusen. Und die Männer tragen manchmal lila Röcke. Alles lila!
Vater: Soso.

Sohn: Du, Papa ...
Vater: Hm!
Sohn: Kaufst du mir auch einen lila Rock?
Vater: Das kommt überhaupt nicht in Frage.
Sohn: Warum denn nicht?
Vater: Männer tragen keine Röcke.
Sohn: Wieso? In Lilaland tragen die Männer doch auch Röcke.
Vater: Die sind eben anders als wir.
Sohn: Also sehen die Lilaländer doch anders aus als wir?
Vater: Jetzt sei doch endlich mal ruhig. Du siehst doch: ich lese.

Warum ist
der Vater denn
so gereizt?

Das ist doch klar!
Der Sohn widerlegt seine
Vorurteile. Und das ärgert ihn.

Aufgaben

1. Kreuzen Sie bitte an!

	richtig	falsch
a) Der Vater hat blonde Haare.	☐	☐
b) Die Mutter sagt: „Die Lilaländer tragen keine Röcke."	☐	☐
c) Der Vater will seinem Sohn keinen Rock kaufen.	☐	☐
d) Der Sohn muß ruhig sein, denn sein Vater will lesen.	☐	☐

2. Der Vater hat Vorurteile. Wie widerlegt der Sohn die Vorurteile?
a) Die Deutschen haben blonde Haare. „———————————————"
b) Männer tragen keine Röcke. „———————————————"

3. Lesen Sie bitte laut! Wer sagt was? Warum?
Hm!
Hm, ja, nee, weiß ich nicht.
Tja,
Ja?
Soso.

Damenkleidung oder Herrenkleidung? Was meinen Sie?

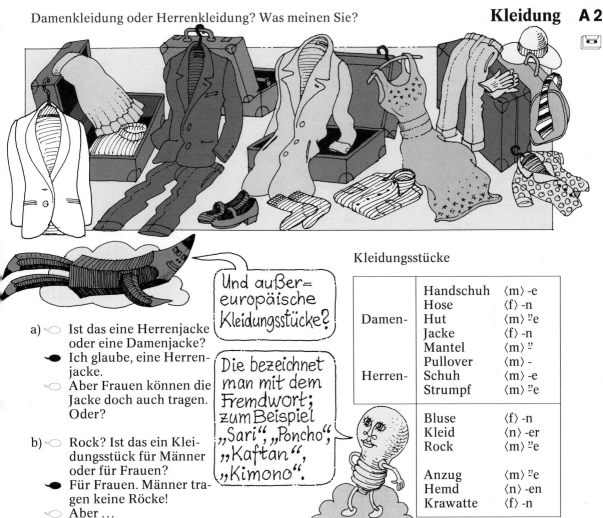

Und außer=
europäische
Kleidungsstücke?

Die bezeichnet
man mit dem
Fremdwort;
zum Beispiel
„Sari", „Poncho",
„Kaftan",
„Kimono".

a) ○ Ist das eine Herrenjacke
oder eine Damenjacke?
● Ich glaube, eine Herren-
jacke.
○ Aber Frauen können die
Jacke doch auch tragen.
Oder?

b) ○ Rock? Ist das ein Kleidungsstück für Männer
oder für Frauen?
● Für Frauen. Männer tra-
gen keine Röcke!
○ Aber ...

Kleidungsstücke

	Handschuh	⟨m⟩ -e
	Hose	⟨f⟩ -n
Damen-	Hut	⟨m⟩ ⸚e
	Jacke	⟨f⟩ -n
	Mantel	⟨m⟩ ⸚
	Pullover	⟨m⟩ -
Herren-	Schuh	⟨m⟩ -e
	Strumpf	⟨m⟩ ⸚e
	Bluse	⟨f⟩ -n
	Kleid	⟨n⟩ -er
	Rock	⟨m⟩ ⸚e
	Anzug	⟨m⟩ ⸚e
	Hemd	⟨n⟩ -en
	Krawatte	⟨f⟩ -n

Machen Sie bitte weiter mit anderen Kleidungsstücken!

Modefragen   A 3

Möchten Sie so eine Hose tragen?

Oh ja, die finde ich schön.

Oh nein, die finde ich schrecklich.

Nein, ich trage keine Hosen.

Ich weiß nicht.

Machen Sie bitte weiter mit anderen
Kleidungsstücken!

A 4 Die Farben

hell-	rot grün blau gelb
dunkel-	braun grau
	schwarz weiß
	bunt

Wie heißt diese Farbe auf deutsch?

Lila.

Und jetzt Sie bitte! Fragen Sie bitte
Ihre Lehrerin/Ihren Lehrer!

A 5 Spiel: Ich seh', ich seh' was!

 Ich seh', ich seh' was!   Was siehst du denn?
Das sag ich nicht!   Welche Farbe hat es denn?
Grün.   Ist es die Bluse von Frau Richter?
Ja!/Nein.

Und jetzt Sie bitte!

A 6 Spiel: Wer ist das?

Ihre/seine Hose ist grau.
Ihr/sein Pullover ist blau, gelb und dunkelrot.
Und ihre/seine Schuhe sind hellblau. Wer ist das?

A 7

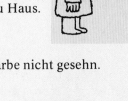

Fahr mit mir den Fluß hinunter
in ein unbekanntes Land,
denn dort wirst du Leute sehen,
die bis heute unbekannt.
Sie sind nett und freundlich,
doch sie sehen etwas anders aus
als die Leute, die du kennst bei dir zu Haus.

Sie sind grün.
Und wenn wir vorübergehn,
dann tu bitte so, als hättest du die Farbe nicht gesehn.
Sie sind grün.
Und sie glauben fest daran,
daß die Farbe der Haut nichts über uns sagen kann.

Knut Kiesewetter

B 1

REISEBÜRO ATLAS

– Zentrale: Nürnberg –

Örtliche Reiseleitung
in Lilaland: *Lara Lenzi*
Name der Familie: Klinger
Vorname des Mannes: Hans
Vorname der Frau: Gerda
Vorname(n) des Kindes/
          der Kinder: Beate, Peter
Alter des Kindes/
          der Kinder: 16, 12 Jahre
Beruf des Mannes: Touristikeinkäufer
Beruf der Frau: Journalistin
Besondere Hinweise: Herr K. sucht neue Reiseziele
                              für deutsche Touristen. Gespräch mit
                              Herrn Tossu vom Wirtschaftsministerium
                              vermitteln.

Wie heißt dann der Artikel?   **Aus zwei mach eins!** **B 2**

Beispiel: die Familie + <u>der</u> Name   = <u>der</u> Familienname

           das Institut + die Leitung   = ___ _____ s
           die Familie + das Foto   = ___ _____ n
           der Paß + die Nummer   = ___ _____
           die Reise + das Ziel   = ___ _____

Ergänzen Sie bitte den Artikel im Genitiv!   **Aus eins mach zwei!** **B 3**

Beispiel: der Familienname   = der Name <u>der</u> Familie

           die Reiseleiterin   = die Leiterin ___ Reise
           die Hausnummer   = die Nummer ___ Hauses
           das Kursende   = das Ende ___ Kurses
           die Grammatikregeln   = die Regeln ___ Grammatik

Genitiv der Namen   Vergleichen Sie bitte!   **Genitiv** **B 4**

Beates Mutter	die Mutter von Beate
Hans' Sohn	der Sohn von Hans
Frau Klingers Mann	der Mann von Frau Klinger
Herrn Klingers Frau	die Frau von Herrn Klinger

Fragepronomen (1): Genitiv

wessen?

Fragen und antworten Sie bitte!

Beispiel:

▢ Wessen Buch liegt auf dem Tisch?   ● { Allis Buch.
                                          { Frau Richters Buch.

Und jetzt Sie bitte!   Wessen Heft/Bleistift/... liegt auf dem Tisch?
                        Wessen Jacke/... ist das?
                        Wessen Hemd/... ist hellblau/weiß/...?

C1 Ankunft in Lilaland

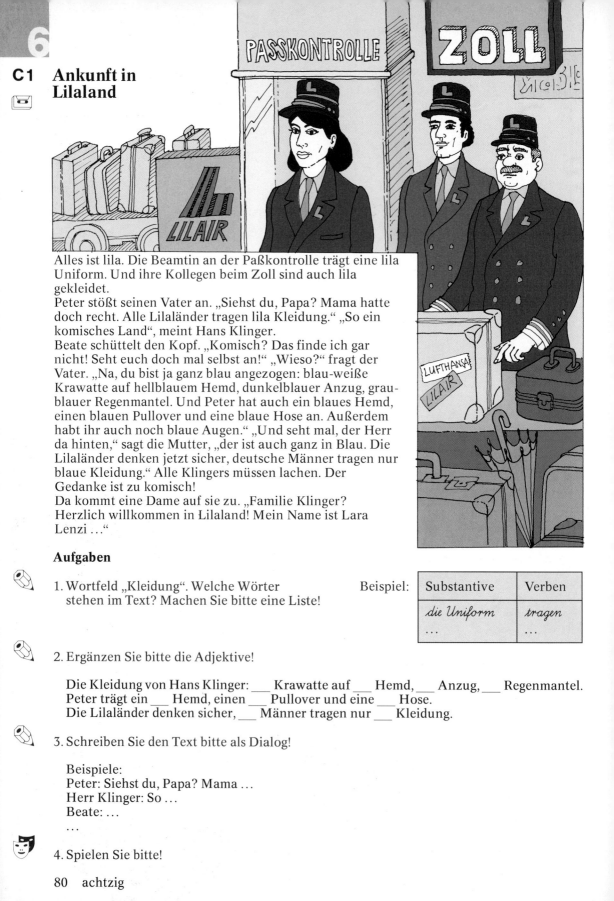

Alles ist lila. Die Beamtin an der Paßkontrolle trägt eine lila Uniform. Und ihre Kollegen beim Zoll sind auch lila gekleidet.

Peter stößt seinen Vater an. „Siehst du, Papa? Mama hatte doch recht. Alle Lilaländer tragen lila Kleidung." „So ein komisches Land", meint Hans Klinger.

Beate schüttelt den Kopf. „Komisch? Das finde ich gar nicht! Seht euch doch mal selbst an!" „Wieso?" fragt der Vater. „Na, du bist ja ganz blau angezogen: blau-weiße Krawatte auf hellblauem Hemd, dunkelblauer Anzug, grau-blauer Regenmantel. Und Peter hat auch ein blaues Hemd, einen blauen Pullover und eine blaue Hose an. Außerdem habt ihr auch noch blaue Augen." „Und seht mal, der Herr da hinten," sagt die Mutter, „der ist auch ganz in Blau. Die Lilaländer denken jetzt sicher, deutsche Männer tragen nur blaue Kleidung." Alle Klingers müssen lachen. Der Gedanke ist zu komisch!

Da kommt eine Dame auf sie zu. „Familie Klinger? Herzlich willkommen in Lilaland! Mein Name ist Lara Lenzi …"

Aufgaben

1. Wortfeld „Kleidung". Welche Wörter stehen im Text? Machen Sie bitte eine Liste!

Beispiel:

Substantive	Verben
die Uniform	tragen
…	…

2. Ergänzen Sie bitte die Adjektive!

Die Kleidung von Hans Klinger: ___ Krawatte auf ___ Hemd, ___ Anzug, ___ Regenmantel.
Peter trägt ein ___ Hemd, einen ___ Pullover und eine ___ Hose.
Die Lilaländer denken sicher, ___ Männer tragen nur ___ Kleidung.

3. Schreiben Sie den Text bitte als Dialog!

Beispiele:
Peter: Siehst du, Papa? Mama …
Herr Klinger: So …
Beate: …
…

4. Spielen Sie bitte!

Nominalgruppe (2): Adjektiv + Substantiv

	Singular			Plural
	m	n	f	m = n = f
Nom.	blauer Mantel	weißes Hemd	braune Hose	rote Schuhe
Akk.	blauen Mantel	weißes Hemd	braune Hose	rote Schuhe
Dat.	blauem Mantel	weißem Hemd	brauner Hose	roten Schuhen
Gen.	blauen Mantels	weißen Hemdes	brauner Hose	roter Schuhe

Nominalgruppe (3): Unbestimmter Artikel + Adjektiv + Substantiv

	Singular		
	m	n	f
Nom.	ein blauer Mantel	ein weißes Hemd	eine braune Hose
Akk.	einen blauen Mantel	ein weißes Hemd	eine braune Hose
Dat.	einem blauen Mantel	einem weißen Hemd	einer braunen Hose
Gen.	eines blauen Mantels	eines weißen Hemdes	einer braunen Hose

Achtung!   Der Anzug ist dunk<u>e</u>l. – Das ist ein dunk<u>l</u>er Anzug.

Durch eine lila Brille   **C 3**

Alles ist lila. An den Wänden hängen *lila* Bilder. | Nom. ⟨Pl.⟩
Die Beamtin trägt eine *lila* Uniform. | Akk. ⟨f⟩
Sie sitzt auf einem *lila* Stuhl und | Dat. ⟨m⟩
kontrolliert die Seiten eines *lila* Passes. | Gen. ⟨m⟩
Rechts steht ein Mann mit *lila* Anzug, *lila* Brille | Dat. ⟨m⟩, ⟨f⟩
und *lila* Schuhen. Die Frau vor dem Mann | Dat. ⟨Pl.⟩
trägt ein *lila* Kleid und *lila* Strümpfe. Das | Akk. ⟨n⟩, ⟨Pl.⟩
Mädchen neben der Frau hat einen *lila* Rock | Akk. ⟨m⟩
und eine dunkel*lila* Jacke an. Ist das alles | Akk. ⟨f⟩
nur ein *lila* Traum? | Nom. ⟨m⟩

a) Und nun durch eine rote Brille! Suchen Sie bitte die Adjektivendungen in den Tabellen!
   Beispiel: Alles ist rot. An den Wänden hängen *rote* Bilder.

b) Und nun durch eine grüne Brille! Aber bitte ohne die Tabellen!

81

C 4 Auskunft zur Person

Fragepronomen (2)

> Was für + unbestimmter Artikel

Fragen Sie bitte in der Klasse!

Beispiele:

↪ Was für { einen Rock / ein Hemd / eine Bluse } hattest du gestern an? ➡ { Einen weißen. / Ein weißes. / Eine weiße. }

↪ Was für Schuhe hattest du gestern an? ➡ Schwarze.

C 5 Nichts anzuziehen

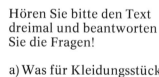

Ich stehe schon eine halbe Stunde lang
vor diesem gefüllten Kleiderschrank.
Was ziehe ich heute nachmittag an?
Jedes Kleid erinnert mich ...
also jedes erinnert mich an einen Mann.

Kurt Tucholsky

C 6 Modenschau

Hören Sie bitte den Text
dreimal und beantworten
Sie die Fragen!

a) Was für Kleidungsstücke stellt die Modenschau vor?
b) Sind die Kleidungsstücke für den Herrn oder für die Dame?
c) Welche Farbe(n) haben die Kleidungsstücke?

Tragen Sie bitte ein und kreuzen Sie an!

a	b		c
Kleidungsstück	Dame	Herr	Farbe(n)
1 Mantel	✗		
2			
3			
4			
5			

Farbensymbolik   D 1

In Deutschland ist Weiß die Farbe der Unschuld und Schwarz die Farbe der Trauer. Rot ist die Farbe der Liebe, Blau ist die Farbe der Treue, Gelb die Farbe des Neids und Grün die Farbe der Hoffnung.

Nach dtv-Lexikon

„Bei uns ist das alles ganz anders."

„In China ist Rot die Farbe des Glücks."

„Bei uns bedeutet Gelb nichts."

1. Suchen Sie bitte die unbekannten Wörter im Wörterbuch oder im Glossar!
2. Tragen Sie bitte ein!

Rot	Blau	Grün	Weiß	Schwarz	Gelb
die Liebe					

3. Vergleichen Sie bitte!
   Beispiel:
   In Deutschland ist Rot die Farbe der Liebe.
   Bei uns …

Farbassoziationen   D 2

Bei dem Wort „Sommer" denke ich an die Farbe Blau. Du/Sie auch?

Ja, ich auch.
Nein, der Sommer ist für mich rot.

Und jetzt Sie bitte!
a) An welche Farbe denken Sie bei dem Wort „Nacht", „Winter", „Liebe", „Deutschstunde", …?
b) Und an welche Farbe denken Sie bei der Zahl „5", bei dem Buchstaben „U", …?

„A" ist für mich blau.

Buchstaben sehe ich nicht farbig.

Auskunft zur Person   D 3

Haben Sie eine Lieblingsfarbe? Welche?

Farben und Kleidung   D 4

Deutsches Beispiel: Weiß

Suchen Sie bitte andere Beispiele!

Beruf	Religion	Sport
Arzt/Ärztin	Hochzeit	Fechten
Maler/Malerin	Kommunion	Judo
Koch/Köchin	Taufe	

E1 Grammatik mit Herz

Ich lerne Deutsch.
Ich lerne dich kennen.
Ich sehe dich an.
Wir lesen einen Text.
Ich verstehe nichts.
Ich sehe nur dich.
Ich frage dich.

Verb +
Akkusativergänzung

Du antwortest mir.
Du hilfst mir.
Ich höre dir zu.

Verb +
Dativergänzung

Du zeigst mir das Heft.
Du gibst mir ein Beispiel.
Du erklärst mir ...
Ja, was erklärst du mir eigentlich?

Verb +
Dativergänzung
und Akkusativergänzung

Personalpronomen (3): Deklination

Nom.	ich	du	er	es	sie	wir	ihr	sie
Akk.	mich	dich	ihn	es	sie	uns	euch	sie
Dat.	mir	dir	ihm	ihm	ihr	uns	euch	ihnen
Gen.								

Fragepronomen (3)

wer
wen
wem
wessen

?

Den Genitiv braucht man fast nie!

E2 Variationen

Schreiben Sie bitte den Text neu!

1. Er lernt Deutsch.
   Er lernt sie kennen.
   ...

2. Sie lernt Deutsch.
   ...

3. Du ...

E3 Übung

Ergänzen Sie bitte das Personalpronomen!

Wen fragt man?		**Wem** antwortet man?
Ich frage _dich_ .	↔	Du antwortest _mir_ .
Er fragt _____.	↔	Aber sie antwortet _____ nicht.
Nun fragt sie _____.	↔	Antwortet er _____ vielleicht?
Wir fragen _____ oft.	↔	Ihr antwortet _____ nie.
Warum fragen sie _____ nicht?	↔	Er antwortet _____ ja doch nicht.
Frag _____!	↔	Ich antworte _____ gern.
Fragen Sie _____!	↔	Wir antworten _____ immer.
fragen + Akkusativergänzung		antworten + Dativergänzung

LL: Familie Klinger? Herzlich willkommen in Lilaland!
Mein Name ist Lara Lenzi. Ich bin Ihre örtliche
Reiseleiterin.

HK: Guten Tag, Fräulein Lenzi, äh – Frau Lenzi?

LL: Bei uns macht man in der Anrede keinen Unterschied.
Sagen Sie ruhig „Frau".

HK: Ach so.

LL: Wie war die Reise?

HK: Gut, aber sehr anstrengend.

LL: Das glaube ich gern. Ich bringe Sie jetzt zu Ihrem Hotel.
Unterwegs kann ich Ihnen gleich das Tourismusbüro
zeigen. Da bekommen Sie dann alle weiteren Informationen.

HK: Das ist sehr nett von Ihnen. Vielen Dank!

Willkommen F 1
in Lilaland!

⌐ Herr/Frau/Fräulein …? Willkommen in …!
Mein Name ist … Ich bin … (Sekretärin des Sprach-
instituts/der Firma; Direktor/Direktorin der Firma;
Leiter/Leiterin des Kongreßbüros/Messebüros; …).

● Guten Tag, Herr/Frau/Fräulein …

⌐ Wie war die Reise?

● Danke, gut.

⌐ Ich bringe Sie jetzt … (zum Sprachinstitut/Kongreß-
zentrum/Tourismusbüro/Stadion; zur Firma/Messe;
zu Frau …/Herrn …).
Unterwegs kann ich Ihnen gleich Ihr Hotel/… zeigen.

● Das ist sehr nett von Ihnen. Vielen Dank!

Variationen F 2

Spielen Sie bitte!

F 3 Begrüßungsformen So begrüßt man sich in Deutschland. →

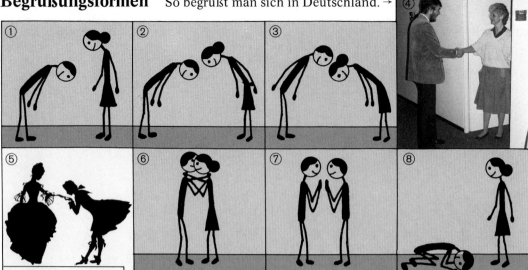

 Welches Bild paßt zu welchem Text?

☐	a) Er verbeugt sich. Sie nickt mit dem Kopf.
4	b) Sie geben sich die Hand, d.h. sie gibt ihm die Hand, und er gibt ihr die Hand.
☐	c) Sie verbeugen sich. Aber die Dame verbeugt sich nicht so tief wie der Herr.
☐	d) Sie verbeugen sich. Aber der Herr verbeugt sich nicht so tief wie die Dame.
☐	e) Sie umarmen sich und küssen sich; d.h. sie umarmt ihn, er umarmt sie; sie küßt ihn und er küßt sie.
☐	f) Sie legen die Hände zusammen und verbeugen sich leicht.
☐	g) Er küßt ihr die Hand. Sie nickt mit dem Kopf.
☐	h) Er wirft sich auf den Boden.

Reflexive Verben

ich	verbeuge	mich	
du	verbeugst	dich	
er/es/sie	verbeugt	sich	
wir	verbeugen	uns	
ihr	verbeugt	euch	
sie	verbeugen	sich	
Infinitiv	sich verbeugen		

Reziproke Verben

Sg.	3. Pers.	man begrüßt sich
Pl.	3. Pers.	sie begrüßen sich
Infinitiv	begrüßen	
	umarmen küssen	

Siehst du den Unterschied?

Natürlich! Ich kann mich doch nicht selbst küssen.

Begrüßungstheater F4

Familie Klinger spielt „Begrüßung international". Herr Klinger erklärt die Regeln:

1. Ergänzen Sie bitte
   dich, dich, dir, euch, mich, mir, sich, sich, sich, uns, uns.
2. Spielen Sie bitte Begrüßungstheater!

„Zuerst verbeugen wir _____ alle. Peter, du spielst jetzt den Europäer. Du verbeugst _____ tiefer als die Dame. Ich spiele einen Lilaländer. Ich verbeuge _____ nicht so tief wie Beate. Jetzt küssen wir _____." Peter und Gerda umarmen _____ und küssen _____. „Beate, ich küsse _____ die Hand. Komm, du mußt _____ deine Hand geben." „Peter und Beate, jetzt begrüßt ihr _____ wie in alten Zeiten. Peter, du wirfst _____ auf den Boden, und Beate nickt nur leicht." Da sagt Peter: „Das mache ich nicht mit. So begrüßt man _____ heute nicht mehr."

Begrüßung international F5

1. Wo begrüßt man sich so wie auf Bild 1–8 von F3?

   Beispiele:

   Bild 4: So begrüßt man sich in Deutschland.

   Bild 2: Ich glaube, so begrüßt man sich in …

2. Wie begrüßt man sich bei Ihnen?

—ANZEIGE—

Über Auslandsgeschäfte.

Mit der richtigen Begrüßung fängt es an: das erfolgreiche Auslandsgeschäft.

So begrüßt man sich in Thailand.

So begrüßt man sich in den USA.

So begrüßt man sich in Arabien.

So begrüßt man sich in Rußland.

So begrüßt man sich in Japan.

NORD/LB
NORDDEUTSCHE LANDESBANK
GIROZENTRALE

Begrüßung in Deutschland F6

Aufgaben

1. Tragen Sie bitte die Prozentzahlen ein!

2. Wie finden die Deutschen das Händeschütteln?

   Gegner: unangenehm, …
   Befürworter: …

Händeschütteln	1990			1980
	insgesamt	Frauen	Männer	insgesamt
dafür	53%			
dagegen				
keine Meinung				

Händeschütteln kommt aus der Mode

Eine Umfrage in der Bundesrepublik Deutschland im Jahre 1990: Nur noch 53% der Bundesbürger sind für das Händeschütteln bei der Begrüßung, 40% sind dagegen. 7% haben keine Meinung, 50% der Männer begrüßen sich mit der Hand, aber nur 30% der Frauen. 1980 waren noch 68% der Bundesbürger für das Händeschütteln. Die Gegner des Händeschüttelns finden diese Begrüßungsform unangenehm, unhygienisch und überflüssig. Die Befürworter finden Händeschütteln menschlich, freundlich und herzlich.

F 7 Begrüßung

Wie finden Sie die Begrüßungsformen in F 3?
Machen Sie bitte eine Tabelle und kreuzen Sie an!

Bild	schön	freundlich	herzlich	komisch	unangenehm	unhygienisch	…
1							
2							

♪1 Laute: Konsonant [h]

| [h] hahaha, hohoho, hihihi | a) Lachen Sie bitte!
b) Sprechen Sie bitte nach! |

Aha, Sie sind Herr Hesse. Heißen Sie Heinrich oder Wilhelm?
Sind Sie der höfliche Hausmeister mit Herz vom Clubhaus?

♪2 Laute: Knacklaut [ʔ]

| [ʔ] | am Abend [ʔam ʔaːbənt], **nicht:** [ʔam‿aːbənt]
heute abend [hɔøtə ʔaːbənt], **nicht:** [hɔøtə‿aːbənt] | Sprechen Sie bitte nach! |

Onkel **A**lbert **a**us **A**merika **ü**bt **a**bends **i**mmer **A**rabisch.
Heute **a**bend beende **i**ch die **e**rsten Briefe **a**n Beamte **i**n **A**ustralien.

♪3 Laute: Konsonant [h]/Knacklaut [ʔ]

Üben Sie bitte!   haben – Abend, hier – ihr, Haus – aus

Sprechen Sie bitte nach!

Achtung! Der Buchstabe *h* ist hier kein Laut:

Gehen Sie immer mit
lila Schuhen ins
Institut?

Oh! Sieh mal! Ein lila
Schuh im Frühling!

Ein Lehrer steht mit seinem
Sohn vor dem Fahrstuhl im
zehnten Stock.

♪4 Intonation: W-Fragen

a) Sprechen Sie bitte nach!

/Wer trägt eine blaue \Hose? /Wessen Pullover ist \gelb?

/Was für eine \Bluse hattest du gestern an?

b) Markieren Sie bitte die Satzmelodie!

Beispiel: /Wie ist Ihr \Name?

Wie schreibt man das?   Warum lernt ihr Deutsch?

Wo ist das Telefon?   Was macht die Sekretärin?

Wer kann mir helfen?   Wann beginnt der Vortrag?

W-Fragen

```
     nach
     nach
     nach
     nach
     nach
     nach
     nach
     nach          bayayayayayayayayayayayayayayayayayayayayayayern
     nach
     nach
     nach
     nach
     nach
     nach
     nach
     nach
```

Ernst Jandl

Die Ameisen

In Hamburg lebten zwei Ameisen,
Die wollten nach Australien reisen.
Bei Altona auf der Chaussee
Da taten ihnen die Beine weh.
Und da verzichteten sie weise
Dann auf den letzten Teil der Reise.

Joachim Ringelnatz

Norden, Süden, Osten, Westen —
zu Hause ist's am besten.

A 1 Tourismus in Lilaland

Im Wirtschaftsministerium von Lilaland: Hans Klinger (HK) im Gespräch mit dem Regierungsbeamten Tomi Tossu (TT).

HK: Glauben Sie mir, Herr Tossu, Lilaland ist ein Urlaubs- paradies! Wirklich das ideale Reiseziel für deutsche Touristen. Die richtige Medizin gegen unseren grauen Alltag. Denken Sie doch nur: der schöne grüne Wald, das blaue Meer, der weiße Strand, die hohen Berge, die frische Luft und dann die alte Kultur, die berühmten Tempel – einfach herrlich! Das wollen die deutschen Touristen erleben, genau das!

TT: Ich freue mich, daß Ihnen mein Land gefällt. Ja, ich verstehe, deutsche Touristen suchen die Sonne, die Wärme. Sie finden unsere Gastfreundschaft sympathisch. Aber …

HK: Genau. Die freundlichen Menschen, das gute Wetter, die schöne Landschaft von Lilaland – phantastisch! Wir machen ein neues Touristikprogramm mit viel Werbung. Dann kommen gleich doppelt so viele Leute wie im letzten Jahr.

TT: Nicht so schnell, Herr Klinger. Ich fürchte, das gibt Probleme.

HK: Wieso?

TT: Wir leben und denken ganz anders als Sie. Unsere Sit- ten, unsere Mentalität, Sie wissen doch …

HK: Warten Sie! Denken Sie auch an die Vorteile: Touri- sten bringen viel Geld nach Lilaland. Das können Sie gut brauchen.

TT: Hm …

Aufgaben

1. Was macht Lilaland für deutsche Touristen inter- essant? Machen Sie bitte eine Liste!
Beispiel:
der schöne grüne Wald

2. Was macht Ihr Land für Touristen interessant?

A 2 Tourismus: Vorteile – Nachteile

Ich finde, Tourismus ist gut für unser Land, denn die Touristen bringen Devisen.

Das schon, aber von dem Geld profi- tieren doch meistens nur wenige. Und das zerstört das soziale Klima.

Ich persönlich bin gegen Tourismus. Tourismus schafft viele Konflikte: Die Touristen bringen andere Sitten ins Land. Zum Beispiel am Strand, da finde ich sie einfach schockierend.

Na ja, aber Tourismus schafft doch auch Kontakte. Wir lernen Menschen aus vielen Ländern kennen.

Tourismus bringt Vorteile: Unser Land braucht Devisen. Unser Land braucht Arbeitsplätze. Tourismus löst unsere wirtschaftlichen Probleme.

Da bin ich skeptisch. Denk an die Nachteile! Die vielen Hotels, Straßen und Autos machen unsere Natur kaputt.

Aufgaben

1. Ergänzen Sie bitte die Tabelle!

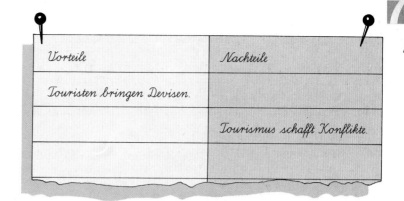

Vorteile	Nachteile
Touristen bringen Devisen.	
	Tourismus schafft Konflikte.

2. Diskutieren Sie bitte!
   Welche Vor- und Nachteile bringt der Tourismus für Ihr Land?

… ist/sind gut für …	… ist/sind nicht gut für …
… bringt/bringen Vorteile.	… bringt/bringen Nachteile.
Ich bin für …, denn …	Ich bin gegen …, denn …
Ich meine …	Da bin ich skeptisch …
Ich denke …	Na ja, aber …
Ich glaube …	Das schon, aber …
Ich persönlich finde …	Ich fürchte, das gibt Probleme.
Meiner Meinung nach ist …	Ach wissen Sie, ich …
Ja und nein!	Im Gegenteil!
Genau!	

Nominalgruppe (4): Bestimmter Artikel + Adjektiv + Substantiv

	Singular			Plural
	m	n	f	m = n = f
Nom.	der grüne Wald	das blaue Meer	die frische Luft	die alten Tempel
Akk.	den grünen Wald	das blaue Meer	die frische Luft	die alten Tempel
Dat.	dem grünen Wald	dem blauen Meer	der frischen Luft	den alten Tempeln
Gen.	des grünen Waldes	des blauen Meeres	der frischen Luft	der alten Tempel

Achtung! die ho<u>hen</u> Berge – Die Berge sind ho<u>ch</u>.

Ergänzen Sie bitte die Endungen -e oder -en!

Werbung für Lilaland   A 3

Sie suchen das ideal___ Urlaubsland? Wir haben es für Sie
gefunden: im schön___ LILALAND!
Erleben Sie die herrlich___ Landschaft von LILALAND:
den grün___ Wald, das blau___ Meer, den weiß___ Strand, die
hoh___ Berge!
Studieren Sie die interessant___ Vergangenheit LILALANDS
in den alt___ Tempeln! Lernen Sie das täglich___ Leben
der freundlich___ Menschen kennen! Erleben Sie die phan-
tastisch___ Gastfreundschaft der sympathisch___ Familien.
LILALAND – das ist die richtig___ Medizin gegen den grau___
Alltag!
Schreiben Sie noch heute an das Reisebüro ATLAS!

B 1 Das Fernweh der Deutschen

Vortrag
Dienstag, 21. Mai
20.00-21.45 Uhr im Filmraum
Frau Gerda Klinger,
Nürnberg:
Das Fernweh der Deutschen

Frau Klinger nimmt einen Schluck Wasser.
Dann fährt sie fort:

„Ich habe bisher über die Arbeitswelt gesprochen. Wir haben gesehen,
daß viele Deutsche Fernweh haben, weil ihr Alltag eintönig ist.

Ein anderer Grund ist das Wetter. Es ist ja bekannt, daß das Klima
in Mitteleuropa sehr wechselhaft ist. Sehen Sie zum Beispiel diese drei
Dias vom Hauptmarkt von Nürnberg:

Hier Bild 1:	Und nun Bild 2:	Bild 3:
Ein Tag im April. Es ist 10 Uhr. Die Sonne scheint, und der Himmel ist wolkenlos. Es weht ein starker Wind.	Die gleiche Szene eine Stunde später. Am Himmel sehen Sie dunkle Gewitterwolken. Es blitzt und donnert. Und schon fallen die ersten Regentropfen.	Jetzt ist es 12 Uhr. Es regnet nicht mehr. Aber die Straßen sind noch nicht wieder trocken. Der Himmel ist noch bewölkt. Und es ist ziemlich kühl.

Dieser schnelle Wetterwechsel ist typisch für den April.
Manchmal schneit es sogar noch. Doch auch in den anderen
Monaten kann sich das Wetter schnell ändern. Sie wissen
vielleicht, daß der Winter bei uns lang, dunkel und kalt ist.
Wenn endlich der Sommer kommt, dann steigt bei uns das
Reisefieber. Wir reisen gern in den Süden, weil wir zu
Hause nicht soviel Sonne haben.

Zum Schluß möchte ich noch kurz die Bevölkerungsdichte
erwähnen. Die Bundesrepublik Deutschland ist ein kleines
Land. Aber dort wohnen 79 Millionen Menschen, fast 221
auf einem Quadratkilometer. Es ist also kein Wunder, daß
wir Fernweh bekommen. Darum ziehen viele Leute, wenn
sie Urlaub haben, in die weite Welt hinaus."

April, April
kann machen,
was er will.

Aufgabe

Frau Klinger nennt drei
Gründe für das Fernweh
der Deutschen. Welche?

Der Regenbogen

Ein Regenbogen,
komm und schau:
rot und orange,
gelb, grün und blau.

Josef Guggenmos

"Hab Sonne im Herzen!"

"Oje, es regnet schon wieder!"

Oh, der schöne Regen!

Ordnen Sie bitte zu!

Übung **B 2**

1 die Sonne	a Es ist kalt.
2 die Wolke	b Es ist windig.
3 der Regen	c Es ist sonnig.
4 der Schnee	d Es blitzt, und es donnert.
5 der Wind	e Es schneit.
6 das Gewitter	f Es regnet.
7 die Trockenheit	g Der Himmel ist bewölkt.
8 die Kälte	h Es ist trocken.

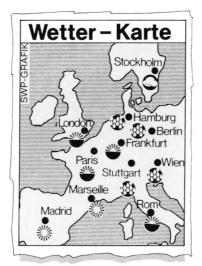

Wetterberichte B 3

1. Sehen Sie sich bitte die Bilder auf Seite 89 an und beschreiben Sie das Wetter!

2. Sehen Sie sich bitte die Wetterkarte an! Wie ist das Wetter in Stockholm, in …?

3. Wie ist das Wetter bei Ihnen im Februar, im Oktober, im Frühling, im Sommer, …?

Wetter: Wechselhaft B 4

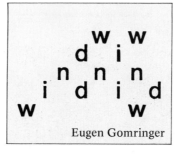

Eugen Gomringer

Helga Gebert

Und nun Sie bitte!   Sonne – Schnee – Wolke – Gewitter

B 5 Verben mit Ergänzungen

Verben mit Lokalergänzung (3)   **Verben mit Direktivergänzung (2)**

	Wo?		**Wohin?**
leben	in Berlin	reisen	nach Berlin
	in Österreich		nach Österreich
wohnen	in der Schweiz	fliegen	in die Schweiz
bleiben	zu Hause	fahren	nach Hause
sein	bei Herrn Tossu	gehen	zu Herrn Tossu
	beim Zahnarzt		zum Zahnarzt
	im Ausland		ins Ausland
	in den Bergen		in die Berge
	am Meer		ans Meer

Norden, Süden, Osten, Westen – zu Hause ist's am besten.

beim = bei dem	ins = in das
zum = zu dem	ans = an das

„zu" und „bei" immer mit Dativ!

Wohin geht die Reise?

In die Berge oder ans Meer?

B 6 Reiselust – Wanderlust

 Ergänzen Sie bitte die Präposition (und den Artikel)!

Familie Wander aus Stuttgart reist viel. Vater Wander fliegt heute ___ Australien. Mutter Wander fährt ___ ___ Schweiz. Der Sohn fährt ___ Wien. Und die Töchter fliegen ___ Biologenkongreß ___ Hamburg. Nur der Großvater bleibt ___ Hause. Montag muß er ___ Arzt sein. Und mittwochs geht er immer ___ Stammtisch. Am Wochenende fahren alle wieder ___ Hause. Am Samstag wollen sie ___ Theater gehen. Und am Sonntag ist ein großes Fest ___ Herrn und Frau Wander.

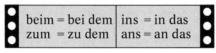

„Das Wandern ist des Müllers Lust..."

„Mein Vater war ein Wandersmann..."

LILALAND

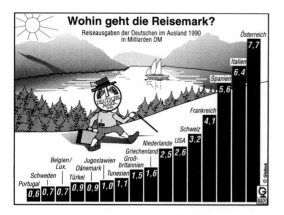

Wohin geht die Reisemark?

Reiseausgaben der Deutschen im Ausland 1990
in Milliarden DM

Österreich	7,7
Italien	6,4
Spanien	5,6
Frankreich	4,1
Schweiz	
USA	3,2
Griechenland	2,5
Großbritannien	2,6
Tunesien	1,5
	1,6
	1,1

Belgien/Lux. Jugoslawien Dänemark Türkei
Schweden Portugal

| 0,6 | 0,7 | 0,7 | 0,9 | 0,9 | 1,0 | 1,1 |

© Globus 8920

Reisegeld – wohin? Eine Statistik B 7

Achtung!
DM = Deutsche Mark.
Man sagt: D-Mark.

Aufgabe
Antworten Sie bitte!
Wieviel Geld haben die deutschen Touristen
(im Jahr) 1990 wohin gebracht?
Beispiel:
Die deutschen Touristen haben (im Jahr)
1990 7,7 Milliarden D-Mark nach Öster-
reich gebracht.

Ein Herz auf Reisen C 1

〰 Sein Herz ist nicht mehr frei.
➤ Nimm meins, dann hast du eins.
〰 Deins ist mir einerlei.
　 Ich will seins oder keins.

Artikel (7): pronominal (1)

Singular				Plural
	m	n	f	m = n = f
Nom.	einer keiner meiner	eins keins meins		welche keine meine
Akk.		eins keins meins		

Alle anderen Formen dekliniert man wie den unbestimmten Artikel.

〰 Haben Sie schon einen Paß?

➤ Ja, ich habe schon einen./
　 Nein, ich habe noch keinen.

Übung C 2

Und jetzt Sie bitte!　　Hotelzimmer, Nummer, Reiseziel, ...

a)
〰 Ich kann meinen Hut nicht finden.
　 Liegt er hier?

➤ Hier ist keiner./
　 Hier liegt einer, aber das
　 ist meiner. Ihrer/deiner
　 liegt dort.

Übung C 3

b)
〰 Ich kann meine Handschuhe nicht finden.
　 Liegen sie hier?

➤ Hier sind keine./
　 Hier liegen welche, aber das
　 sind meine. Ihre/deine liegen dort.

Und jetzt Sie bitte!　　Regenschirm, Jacke, Kleid, Hemden, ...

D 1 Nebensätze

Satzgliedstellung (6): Nebensätze (1)

> *Hauptsatz*
> Wir haben gesehen: Viele Deutsche (haben) Fernweh.
>
> Wir haben gesehen, <u>daß</u> viele Deutsche Fernweh (haben).
>   └ — — — — — — — — — — ↑
>   *Nebensatz*

> *Hauptsatz*
> Sie haben Fernweh. Denn ihr Alltag (ist) eintönig.
>
> Sie haben Fernweh, <u>weil</u> ihr Alltag eintönig (ist).
>   └ — — — — — — — — — ↑
>   *Nebensatz*

I	II	
Das Reisefieber	(steigt),	<u>wenn</u> der Sommer (kommt).
<u>Wenn</u> der Sommer (kommt),	(steigt)	das Reisefieber.

> <u>daß</u>, <u>weil</u>, <u>wenn</u> sind Subjunktoren. Sie leiten einen Nebensatz ein.

D 2 daß

Beispiel: Ich glaube: Der Tourismus löst unsere Probleme nicht.
          Ich glaube, daß der Tourismus unsere Probleme nicht löst.

1. Ich finde: Unser Land ist für Touristen sehr interessant.
2. Ich fürchte: Die Hotels, Autos und Straßen machen die Landschaft kaputt.
3. Sie wissen sicher: Das Wetter ist in Mitteleuropa wechselhaft.
4. Es ist bekannt: Die Winter sind lang, kalt und dunkel.
5. Ich finde es komisch: Viele Deutsche haben immer Fernweh.
6. Ich glaube: In Deutschland gibt es nicht soviel Sonne.

D 3 weil

Beispiel: Lilaland ist ein Urlaubsparadies. Die Natur ist dort so schön.
          Lilaland ist ein Urlaubsparadies, weil die Natur dort so schön ist.

1. Familie W. bleibt heute zu Hause. Das Wetter ist schlecht.
2. Anna F. hat Fernweh. Ihr Alltag ist so eintönig.
3. Karl S. möchte gern nach Wien fahren. Seine Tante wohnt dort.
4. Viele Deutsche fahren in den Süden. Sie haben zu Hause nicht viel Sonne.
5. Alli Alga ist für Tourismus. Die Touristen bringen Devisen.
6. Bina Boto ist gegen Tourismus. Die Hotels machen die Landschaft kaputt.

Beispiel: Scheint die Sonne? Dann braucht Hans K. eine Sonnenbrille. **wenn D 4**
 Wenn die Sonne scheint, braucht Hans K. eine Sonnenbrille.

1. Ist es kalt? Dann braucht Gerda K. einen warmen Mantel.
2. Ist es warm? Dann trägt Gerda keinen Mantel.
3. Regnet es? Dann nimmt Beate K. einen Regenschirm.
4. Schneit es? Dann fahren die Klingers in die Berge.
5. Blitzt und donnert es? Dann bleiben die Klingers zu Hause.

Sprechen Sie bitte miteinander! **daß – weil – wenn D 5**

Beispiel: eine Sonnenbrille – Die Sonne scheint.
 a) Brauche ich eine Sonnenbrille? – Ich glaube nicht, daß die Sonne scheint.
 b) Warum trägst du eine Sonnenbrille? – Weil die Sonne scheint.
 c) Trägst du immer eine Sonnenbrille? – Nur, wenn die Sonne scheint.
1. einen Regenmantel – Es regnet.   3. einen Wintermantel – Es schneit.
2. eine warme Jacke – Es ist kalt.   4. einen Hut – Es ist windig.

Intonation: Entscheidungsfragen ♪ 1

a) Sprechen Sie bitte nach!

Entscheidungsfragen

Fahren Sie nach \Hau/se?   Suchen Sie ein Ho\tel/zimmer?

Kommst/du?   Ist es \kalt/?

b) Markieren Sie bitte die Satzmelodie!

Beispiel: Ist dein Urlaub im \Win/ter?

Reist Familie Wander viel?   Regnet es schon wieder?

Brauche ich einen Regenschirm?   Trägst du eine Sonnenbrille?

Laute: Konsonanten [l], [r], [m], [n] ♪ 2

a) Sprechen Sie bitte nach!

	Lila Leute lachen laut.
[l]	April, April kann machen, was er will.
	Aus dunklen Wolken fallen kalte Regentropfen.

[r] Ralf Richter will die Reportage über Amerika
 am dritten März um Viertel vor drei hören.

[m] Im Monat Mai macht Michael Müller
 immer am Montagnachmittag Musik.

[n] Nachts scheint die Sonne in Nürnberg nie.

b) Machen Sie bitte eine Tabelle!   c) Bilden Sie bitte Sätze aus Wörtern mit *l, r, m* und *n*!

Konsonant	am Anfang	in der Mitte	am Ende
[l]	*laut*	*fallen*	*kühl*
[r]			
[m]			
[n]			

E 1 Reisen bildet

Aufgaben	☐ Text A	☐ Text B

1. Lesen Sie bitte zuerst die Texte A und B und dann den Brief von Humboldt an Goethe! Welcher Text ist die richtige Zusammenfassung des Briefes? Kreuzen Sie bitte an!

2. Bedeuten die Ausdrücke links (aus dem Brief von Humboldt) und rechts das gleiche (=) oder das Gegenteil (≠)?

Text A

Wenn man Sancho Pansa nie gesehen hat, versteht man die spanischen Eseltreiber nicht. Darum kann man auch keine Reise nach Spanien machen, wenn man Cervantes nicht gelesen hat.

Beispiel:
begreifen

a) Dichter und Schriftsteller
b) mit eigenen Augen sehen
c) unvollständig
d) Don Quixote ist verständlich.

e) schildern
f) die wahren literarischen Gestalten

Text B

Humboldt meint, daß man nach Spanien fahren muß und daß man Land und Leute wirklich kennen muß, wenn man die spanische Literatur und Kultur verstehen will.

☐ = verstehen

☐ Literaten
☐ persönlich sehen
☐ ganz
☐ Man kann Don Quixote nicht verstehen.
☐ beschreiben
☐ die Personen, die der Schriftsteller beschreibt

Ein Brief von Wilhelm von Humboldt an Johann Wolfgang von Goethe, August 1800

Sie möchten, lieber Freund, daß ich Ihnen noch etwas über meine spanische Reise sage.

Wenn man eine fremde Nation wirklich begreifen will, ja, wenn man nur viele ihrer Dichter und Schriftsteller ganz verstehen will, muß man das Land mit eigenen Augen gesehen haben.

Wenn man nie einen spanischen Eseltreiber mit seinem Schlauch auf einem Esel sah, dann kann man sich nur ein unvollständiges Bild von Sancho Pansa machen. Und auch Don Quixote ist nur dann verständlich, wenn man selbst in Spanien war bei den Menschen, die Cervantes schildert.

Der Leser, der keine Reisen macht, sieht oft nicht die wahren literarischen Gestalten, sondern Karikaturen.

WILHELM VON HUMBOLDT
1767-1835
80
DEUTSCHE BUNDESPOST BERLIN

> *Wer den Dichter will verstehen,*
> *muß in Dichters Lande gehen.*
> Goethe

Goethes Geburtshaus in
Frankfurt am Main,
Großer Hirschgraben 23

Goethe 1749–1832

Sprachferien in Deutschland E 3

Sprachferien
Deutsch lernen in Deutschland
Deutsch lernen im Urlaub
Wir haben das ideale Programm
für Sie:
- Ferienkurse von 2, 3, 4 oder 6 Wochen
- Unterricht in kleinen Gruppen
- Wohnen bei einer deutschen Familie
- Theater, Konzerte, Vorträge
- Spaziergänge, Wanderungen, Ausflüge
- Spiel, Sport, Spaß

Informationen und Anmeldung bei:

Aufgabe Was ist richtig? Kreuzen Sie bitte an!

1. Man hört Werbung für
- [ ] 3
- [ ] 4 Wochen Sprachferien in
- [ ] 5
- [ ] Rothenburg.
- [ ] Nürnberg.
- [ ] Hamburg.

2. Jeder Tag des Ferienkurses beginnt mit
- [ ] einem Vortrag.
- [ ] vier Stunden Unterricht.
- [ ] einer Stunde Sport.

3. Am Nachmittag
- [ ] macht man Spaziergänge und Ausflüge.
- [ ] gibt es Unterricht in kleinen Gruppen.
- [ ] kann man Volleyball spielen.

E 4 Reisen – warum?

A) Die Studentin Claudine R. aus Marseille will mit dem Fahrrad nach Nordafrika fahren. Sie hat Fernweh und Abenteuerlust.

B) Der Kaufmann Demetrios P. aus Athen fliegt nach Chicago. Er muß dort mit einem Geschäftsfreund sprechen.

C) Die Lehrerin Kerstin A. aus Stockholm fliegt in den Ferien nach Indien. Sie will sich alte Tempel ansehen und die indische Kultur kennenlernen.

D) Die Regierungsbeamtin Rosanna M. aus Dublin fliegt mit einer Pilgergruppe nach Rom. Sie möchte dort für ihre Familie beten.

E) Der jugoslawische Hausmeister Jure L. lebt und arbeitet in Berlin. Er fährt im Sommer immer nach Jugoslawien. Seine Familie lebt dort. Er will sie besuchen.

a) Bildungsreise
b) Abenteuerreise
c) Pilgerreise
d) Geschäftsreise
e) Besuchsreise

Aufgabe

Was gehört zusammen?

Beispiel: 1 + D + c

Machen Sie auch eine Abenteuerreise?

E 5 Übung

 Wer reist warum?

Beispiel:
Claudine R. fährt nach Nordafrika, weil sie Fernweh und Abenteuerlust hat.

E 6 Auskunft zur Person

Warum reisen Sie?
Warum reisen Sie nicht?

Entwerfen Sie ein Werbeplakat oder einen Werbeprospekt über Ihr Land für deutschsprachige Touristen!

F 1 Das Königreich von Nirgendwo

Beate: Peter, schau mal, das hier sieht aus wie ein Gedicht.
Peter: Ach Quatsch!
Beate: Du Lara, komm mal bitte, ist das hier ein Gedicht oder nicht?
LL: Sicher, sogar ein sehr altes. Es heißt: Das Königreich von Nirgendwo.
Beate: Kannst du uns das mal übersetzen?
LL: Moment, die erste Strophe geht so:

> ❋ Das Königreich von Nirgendwo ❋
> ❋ liegt tief am Meeresgrund. ❋
> ❋ Dort wohnt der König Sowieso ❋
> ❋ mit Niemand, seinem Hund. ❋

Peter: Die zweite Strophe steht da auch noch, oder?
LL: Ja, aber die ist sehr schwierig:

> ❋ Die Königin heißt Keinesfalls, ❋
> ❋ sie ist erstaunlich klein, ❋
> ❋ hat einen langen – ❋

äh, wie heißt denn das auf deutsch? Ein Tier, wie
eine große weiße Ente, ein langer Hals –

Beate: Meinst du vielleicht einen Schwan?
LL: Ja, richtig! Also:

> ❋ hat einen langen Schwanenhals ❋
> ❋ und sagt beständig: Nein! ❋

Beate: Toll, das klingt ja auch auf deutsch wie ein Gedicht.
LL: Danke für das Kompliment. Ich habe frei übersetzt, nicht Wort
für Wort. Wörter wie „Meeresgrund" und „Königreich" drückt man
in unserer Sprache ganz anders aus.

Aufgaben 1. Schreiben Sie bitte das Gedicht ab!
2. Übersetzen Sie bitte das Gedicht in Ihre Sprache: a) Wort für Wort; b) frei.

F 2 Interview mit Königin Keinesfalls   Ergänzen Sie bitte!

Können Sie mir vielleicht zuerst Ihren Na-
men sagen? – _____ .
Schade! Eine andere Frage:
Was machen Sie den ganzen Tag? –
_____ .

Aber etwas müssen Sie doch machen! Wann
regieren Sie zum Beispiel? – _____
Warum denn nicht? – _____ Lust.
Soso! Wohnen Sie allein? – _____ .
Interessant! Wer wohnt denn bei Ihnen? –
_____
Komisch! Und wo wohnen Sie? –
_____
Hm! Wer sind Sie eigentlich? – Das weiß
ich auch _____ .

Negation (1)

ja	nein
– (verstehen)	nicht (verstehen)
– (Lust)	keine (Lust)
ein (Tag)	kein (Tag)
etwas/alles	nichts
jemand/alle	niemand
immer	nie
überall	nirgends
irgendwo	nirgendwo
auf jeden Fall	keinesfalls

> Wo wohnst du eigentlich?

> Überall und nirgends!

Lektion 8

Man muß die Feste feiern, wie sie fallen.

Erzähl mir keine Märchen!

Erst die Arbeit, dann das Vergnügen.

HAMELN

700 JAHRE RATTENFÄNGER 1284 1984 HAMELN

Lebendige Vergangenheit in romantischer Stadt

Rheinischer Karneval

Alemannische Fastnacht

A 1 Deutsche Landeskunde: Thema Arbeit

Frau Boto (B) und Herr Alga (A) interviewen Frau Klinger (K).

A: Und nun eine Frage zum Thema Arbeit. Bei uns sagt
man: „Die Deutschen arbeiten viel." Stimmt das?

K: Teils – teils. Die Arbeitsleistung ist zwar ständig gestiegen,
aber die Arbeitszeit ist in den letzten Jahren immer mehr
zurückgegangen. Heute sind bei uns der Achtstundentag 5
und die 40-Stunden-Woche überall normal. In einigen
Bereichen der Wirtschaft arbeitet man schon weniger als
vierzig Stunden. Ja, die Gewerkschaften fordern sogar
noch weitere Arbeitszeitverkürzungen.

B: Interessant! Und wie sieht es mit dem Urlaub aus? 10

K: Der beträgt heute durchschnittlich sechs Wochen. Dazu
kommen noch die gesetzlichen Feiertage. Und davon
haben wir mehr als andere Länder.

A: Ach, dann arbeiten die Deutschen ja gar nicht so viel!

K: Für die Arbeitszeit ist das richtig. Im internationalen 15
Vergleich arbeiten wir sogar weniger als andere.
Übrigens, bei uns hat sich seit einiger Zeit die Einstellung zur Arbeit verändert. Viele Deutsche sehen in
der Arbeit nicht mehr den einzigen Sinn des Lebens.

B: Wirklich? Bei Ihnen jetzt auch? Bei uns war das schon
immer so.

K: Ja, deshalb gefällt mir Ihr Land auch so gut.

A: So? Man kann das aber auch ganz anders sehen.

Vergleich
mehr \
weniger } als \
anders }

A 2 Arbeitszeit – freie Zeit

Aufgabe

Welche Statistiken von A 2 passen zu welchen Zeilen von A 1?

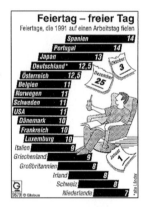

Feiertag – freier Tag
Feiertage, die 1991 auf einen Arbeitstag fielen

Spanien	14
Portugal	14
Japan	13
Deutschland*	12,5
Österreich	12,5
Belgien	11
Norwegen	11
Schweden	11
USA	11
Dänemark	10
Frankreich	10
Luxemburg	10
Italien	9
Griechenland	9
Großbritannien	8
Irland	8
Schweiz	8
Niederlande	7

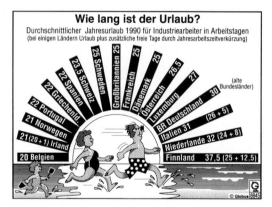

Wie lang ist der Urlaub?
Durchschnittlicher Jahresurlaub 1990 für Industriearbeiter in Arbeitstagen
(bei einigen Ländern Urlaub plus zusätzliche freie Tage durch Jahresarbeitszeitverkürzung)

25 Schweden 25
23,5 Schweiz
22 Spanien
22 Griechenld.
22 Portugal
21 Norwegen
21 (20 + 1) Irland
20 Belgien
Großbritannien 25
Frankreich 25
Dänemark 26,5
Österreich 27
Luxemburg 30 (alte Bundesländer)
BR Deutschland 30
Italien 31 (26 + 5)
Niederlande 32 (24 + 8)
Finnland 37,5 (25 + 12,5)

Die Verkürzung der Arbeitszeit
Tarifliche Wochenarbeitszeit - tariflicher Jahresurlaub
(gesamtwirtschaftlicher Durchschnitt in den alten Bundesländern)

1960: Wochenarbeitszeit 44,6 Stunden / Jahresurlaub 15,5 Tage
1975: Wochenarbeitszeit 40,3 Stunden / Jahresurlaub 24,3 Tage
1991: Wochenarbeitszeit 38,3 Stunden / Jahresurlaub 30,7 Tage

Quelle: IAB

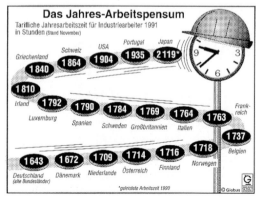

Das Jahres-Arbeitspensum
Tarifliche Jahresarbeitszeit für Industriearbeiter 1991
in Stunden (Stand November)

Griechenland 1840
Schweiz 1864
USA 1904
Portugal 1935
Japan 2119*
Irland 1810
Luxemburg 1792
Spanien 1790
Schweden 1784
Großbritannien 1769
Italien 1764
Frankreich 1763
Belgien 1737
Deutschland (alte Bundesländer) 1643
Dänemark 1672
Niederlande 1709
Österreich 1714
Finnland 1716
Norwegen 1718

*geleistete Arbeitszeit 1990

Arbeit – nicht mehr Sinn des Lebens

Immer mehr Bundesbürger halten die Freizeitgestaltung für wichtiger

Ab April 1985: 38,5-Stunden-Woche für Metallarbeiter!

1. Ergänzen Sie bitte!

Die Verkürzung der Arbeitszeit

Die Graphik zeigt die _____ in Stunden von _____ bis _____.
Früher hat man in der Bundesrepublik Deutschland viel _____
Stunden in der Woche gearbeitet _____ heute. 1960 waren
es noch _____ in der Woche. Doch die _____ Wochenarbeitszeit ist immer mehr _____. So waren es _____ nur
noch durchschnittlich 38,3 Stunden in der Woche. In der
gleichen Zeit ist der tarifliche _____ immer mehr _____.
1960 waren es _____ im Jahr, 1975 _____ Tage und _____
bereits _____ Tage.

Erklärung der Statistiken **A 3**

2. Erklären Sie bitte auch die anderen Statistiken von A 2!

Fragen und Antworten zum Thema Arbeit   A 4

Stellen Sie bitte Fragen!   Ergänzen Sie bitte die Antworten!

Beispiel:
Wie viele Stunden am Tag arbeiten die Menschen in der Bundes-
republik Deutschland?   – Sie arbeiten *acht* Stunden am Tag.

1. _____ ? – Sie arbeiten fast überall _____ Stunden in der Woche.

2. _____ ? – _____ haben sie noch 48 Stunden in der Woche gearbeitet.

3. _____ ? – _____ Tage Urlaub im Jahr sind heute normal.

4. _____ ? – Es gibt in der Bundesrepublik _____ gesetzliche Feiertage im Jahr.

5. _____ ? – Das sind im internationalen Vergleich _____ als in
anderen Ländern.

6. Arbeiten die Deutschen viel ? – Die _____ ist ständig gestiegen, aber die _____ ist immer
mehr zurückgegangen.

7. _____ ? – Im internationalen Vergleich arbeiten die Deutschen
_____ als _____.

Vortrag: Arbeitszeit bei uns   A 5

Halten Sie bitte einen kleinen Vortrag über die Arbeitszeit in Ihrem Land!
Die Antwortsätze von A 4 helfen Ihnen.
Beispiel: Die Menschen in unserem Land arbeiten heute __ Stunden am Tag. Sie arbeiten …

B1 Der Tagesablauf von drei Deutschen

Drei Interviews   Hören Sie bitte! Lesen Sie bitte!

A: Was ich gestern gemacht habe? Moment. Ach ja, da bin ich mit meinem Freund ins

Kino gegangen und anschließend in die

Diskothek. So um zwei bin ich wieder zu Hause gewesen. Ich war so müde. Ich bin

fast im Stehen eingeschlafen. Wie der Arbeitstag verlaufen ist? Normal. Ich bin pünktlich um halb neun ins Geschäft

gekommen, und um fünf bin ich wieder gegangen. Nein, sonst ist nichts Besonderes passiert.

     *   *   *

B: Gestern? Na, nix. Wann ich aufgewacht bin? Das geht Sie nichts an! Wo ich gewesen bin? Na, im Park, wie immer. Ja, da bin ich den ganzen Tag geblieben. Was ich da gemacht habe? Na, geredet, geraucht, Bier getrunken. Was kann man schon machen, wenn man keine Arbeit hat?

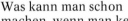

C: Nach dem Aufstehen, um sechs, bin ich zwanzig Minuten gelaufen: mein täglicher

Frühsport. Um 7.45 Uhr bin ich nach Hamburg geflogen.

Dort habe ich mich mit einem Geschäftsfreund getroffen. Um 11 Uhr habe ich ein Auto gemietet und bin nach Bremen gefahren: Kundenbesuch.

Wir haben auch zusammen Mittag gegessen, um eins.

Um 17.12 Uhr bin ich schon wieder in meinem Büro in Frankfurt gewesen. Hier habe ich telefoniert, Briefe diktiert.

Ja, wollen Sie das alles im Detail wissen? Freizeit? Nein, Freizeit habe ich noch nie gehabt.

„Was ich gestern gemacht habe?" Ist das ein Nebensatz?

Ja! Vergleichen Sie bitte!

Satzgliedstellung (7)

Direkter Fragesatz	Was ⟨haben⟩ Sie gestern ⟨gemacht⟩?
Indirekter Fragesatz (1)	Sie fragen, was ich gestern ⟨gemacht⟩ ⟨habe⟩
	Was ich gestern ⟨gemacht⟩ ⟨habe⟩?

Die Texte A, B und C sind Antworten. Welche Fragen hat die
Interviewerin gestellt?

Übung　**B 2**

Beispiel zu A:
Interviewerin: Was haben Sie gestern gemacht?

Fragen – Nachfragen – Antworten　**B 3**

Frage 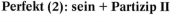 Was haben Sie gestern gemacht?

Nachfrage Was ich gestern gemacht habe?

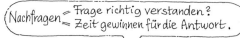

Antwort Gestern bin/habe ich .../Das sage ich nicht./Das geht Sie nichts an!/
Das weiß ich nicht mehr.

Und jetzt Sie bitte!
1. Wann sind Sie gestern aufgewacht?
2. Wann sind Sie gestern aufgestanden?
3. Wo sind Sie gestern morgen gewesen?
4. Mit wem haben Sie gestern Mittag gegessen?
5. Wohin sind Sie gestern nachmittag gegangen?
6. Was haben Sie gestern abend gemacht?
7. Um wieviel Uhr sind Sie gestern abend eingeschlafen?

Perfekt mit „sein" oder „haben"　**B 4**

Unterstreichen Sie bitte die Perfektformen in A1 und B1! Welche Unterschiede gibt es?
Machen Sie bitte eine Liste der Verben mit „sein" im Perfekt!

Perfekt (2): sein + Partizip II

Ortsveränderung	gehen, fahren, ...
Zustandsveränderung	aufwachen, aufstehen, ...
	sein, bleiben
	passieren, ...

Diese Verben
bilden das
Perfekt mit „sein"!

Perfekt (3): Reflexive Verben: haben + Partizip II

Reflexive Verben bilden das Perfekt
immer mit „haben".

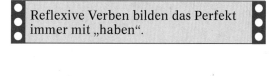

Aber man sagt doch:
„Die Einstellung hat
sich verändert."

B 5 Kein schöner Urlaub

 Ergänzen Sie bitte die
Verben im Perfekt!

− Was _____ denn _____, Susanne?
_____ dein Urlaub nicht schön _____?
• Nein, überhaupt nicht! Am ersten Tag
_____ ich früh _____ und gleich _____.
Aber meine Freundin _____ den ganzen
Tag in ihrem Zimmer _____.
− Und was hast du gemacht?
• Ich _____ allein ins Kino _____.
Doch das _____ ziemlich langweilig
_____.
Deshalb _____ ich abends wieder _____.
− Und deine Freundin?
• Die _____ erst zwei Wochen später nach
Hause _____. Ihr Urlaub _____ gut
_____. Aber meine Freundin ist sie
nicht mehr.

passieren
sein
aufwachen/
aufstehen
bleiben
gehen
sein
abfahren
fliegen
verlaufen

B 6 Wo ist Alli geblieben?

 „sein" oder „haben"?
Ergänzen Sie bitte!

− Wo _____ denn Alli geblieben?
• Der _____ vor einer Stunde angerufen.
Er _____ in die Bibliothek gegangen.
− Dort _____ ich ihn nicht gesehen.
• Vielleicht _____ er nach Hause gefahren?
− Da _____ ich auch schon gewesen. Ich _____ ihn
überall gesucht, aber ich _____ ihn nirgends gefunden.
• Komisch! Ich weiß auch nicht, was da passiert _____.

B 7 Ein Witz

Ein Angestellter geht zu seinem Chef,
weil er mehr Geld haben will.
Was antwortet der Chef?
Hören Sie bitte seine Antwort zweimal.
Notieren Sie bitte die Hauptinformationen zu den Zahlen.
Erzählen Sie dann bitte den Witz!

365 Tage hat das Jahr
(minus) − 122 Tage ...
        − 122 Tage frei haben
        − 52 ...
        − 26 ...
        − 16 ...
        − 14 ...
        − 12 ...
        −   1 ...
        _____
        000

B 8 Auskunft zur Person

Was haben Sie letztes Wochenende gemacht?
Erzählen Sie bitte!

Hören und lesen Sie bitte!

Sprecher (Sp), Lara Lenzi (LL) und
Beate Klinger (BK)

Sp: Saal II: Unsere Stadt in vorhistorischer
Zeit. Das Wappen der Stadt:
Der Hahn kräht unter dem Regenbogen.

LL: Wir kennen die Anfänge unserer Stadt
nur aus einer wichtigen Inschrift und aus
Sagen.

Sp: Auf dem Stein steht: Im Jahre 4 x 13
befreite der Herr des Regenbogens die Stadt.
Er besiegte den unsterblichen
Drachen.

BK: Vier mal dreizehn?

LL: Die alte Zeitrechnung ist immer noch
ein Rätsel für uns.

Sp: In den Sagen heißt es: Vor langer Zeit
– wahrscheinlich im 7. Jahrhundert
unserer Zeitrechnung – regierte in
unserer Stadt ein Tyrann. Das Volk
nannte ihn den „Drachen". Er wohnte
in einer Burg auf dem Berg vor der
Stadt.

Wenn der Tyrann eine Familie strafen
wollte, raubte er ihre Kinder. Die Alten
klagten und weinten. Denn sie dachten,
daß er die Kinder tötete.

C2 Präteritum

Suchen Sie bitte in C1 die Verben im Präteritum heraus!

Präteritum (2): Regelmäßige Verben

Präsens		Präteritum	
ich	lebe	ich	lebte
du	lebst	du	lebtest
er/sie	lebt	er/sie	lebte
wir	leben	wir	lebten
ihr	lebt	ihr	lebtet
sie	leben	sie	lebten
ich antworte		ich antwortete	

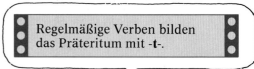

Regelmäßige Verben bilden
das Präteritum mit -t-.

Vergleichen
Sie bitte
die Endungen!

C3 Der Tyrann von Lilaland

Bilden Sie bitte das
Präteritum!

Im 7. Jahrhundert (leben) in Lilaland ein schrecklicher Tyrann.
Er (regieren) in Lilastadt. Er (strafen) alle Familien.
Er (rauben) viele Kinder. (Töten) er sie auch? Die Leute
(glauben) es. Deshalb (weinen) und (klagen) sie den ganzen
Tag. Und was (passieren) dann?

C4 Präteritum

Präteritum (3): Unregelmäßige Verben mit -t-

Infinitiv	Präteritum	Partizip II
denken	dachte	gedacht
nennen	nannte	genannt
wissen (weiß)	wußte	gewußt
wollen (will)	wollte	gewollt

Dazu gehören auch:

bringen
kennen
müssen
können

Mit diesen Formen kann man das
ganze Verb konjugieren.

Konjugieren Sie bitte diese unregelmäßigen Verben!
Schreiben Sie bitte alle Formen auf!

Beispiel: ich denke   ich dachte   ich habe gedacht
du denkst   ...   ...

C5 Faule Ausreden

1. Ergänzen Sie bitte das Verb im Präteritum!

Sie: Warum hast du meinen Geburtstag vergessen?
Er: Ich _____ mittags zu dir fahren. Aber ich _____ im Büro bleiben   wollen/müssen
und arbeiten. Ich _____ dich ins Theater einladen. Aber ich   wollen
_____, du hast keine Lust. Ich _____ nicht mit dir telefonieren,   denken/können

denn ich _____ deine Telefonnummer nicht. Ich _____ jemand
fragen. Aber ich _____ niemand.
Ich _____ dich abends besuchen. Aber du _____ nicht zu Hause.
Ich _____ dir einen Brief schreiben, aber ich _____ kein Papier.
Du siehst, ich _____ wirklich nichts machen.

wissen/wollen
kennen
wollen/sein
wollen/haben
können

2. Fragen und antworten Sie bitte!

Beispiel:
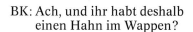 Ist er mittags zu ihr gefahren?

Nein, er wollte zu ihr fahren. Aber er mußte
im Büro bleiben und arbeiten.

 Hat er sie ins Theater eingeladen?

…

Hören und lesen Sie bitte!

Im Heimatmuseum von Lilastadt (2)   D 1

Sp: Am Schluß gab es keine Kinder mehr in
der Stadt. Die Alten waren verzweifelt
und ratlos und riefen um Hilfe. Sie ver-
sprachen dem Retter eine hohe Belohnung. Da kamen viele Abenteurer. Die
wollten auf die Burg steigen und den
Tyrannen besiegen. Aber sie stürzten ab
und fanden den Tod.

Schließlich kam ein Fremder mit einem
Hahn. Man weiß leider nicht genau,
was dann geschah. Auf jeden Fall erschien ein Regenbogen am Himmel.
Der Tyrann verschwand. Und die Stadt
war frei.

BK: Ach, und ihr habt deshalb
einen Hahn im Wappen?

LL: Ja, genau!

Sp: Dort aber, wo damals der Regenbogen
stand, steht heute die Regenbogenbrücke. Und jedes Jahr feiern wir am
5. Mai das Regenbogenfest.

BK: Erzähl mal bitte, Lara, warum war der
Hahn so wichtig?

LL: Da mußt du das Märchen lesen. Die
Historiker finden keine vernünftige
Erklärung.

Notieren Sie bitte die Hauptinformationen,
und erzählen Sie die ganze Sage!

"riefen" steht nicht im Wörterbuch.

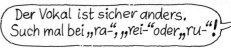

Der Vokal ist sicher anders. Such mal bei „ra-", „rei-"oder „ru-"!

D 2 Präteritum der unregelmäßigen Verben

W

In dem Text D 1 gibt es viele Verben im Präteritum. Die meisten sind unregelmäßig. Suchen Sie die Infinitive im Wörterbuch!

Präteritum (4): Unregelmäßige Verben

Präsens	Präteritum
ich gebe	ich gab
du gibst	du gabst
sie gibt	sie gab
wir geben	wir gaben
ihr gebt	ihr gabt
sie geben	sie gaben

Vergleichen Sie bitte die Endungen!

D 3 Was reimt sich?

Die Präteritumformen reimen sich.	Und die Infinitive?
es geschah ich sah	geschehen sehen
er kam er nahm er bekam	
sie blieben und schrieben	
er dachte sie brachte ich lachte	
er rief ich lief sie schlief	

Die Präsensformen reimen sich.	Und die Präteritumformen?
wir leben und geben	wir lebten und gaben
sie weint er erscheint	
wir sagen sie klagen	
er findet und verschwindet	
wir drehen wir sehen wir verstehen wir gehen	
er bleibt und schreibt	

D 4 Herzinfarkt

Ergänzen Sie bitte das Verb im Präteritum!

Er ___ um 6 Uhr ___. Um 7 Uhr ___ er die Zeitung. Um 8 Uhr ___ er nach Zürich. Um 9 Uhr ___ er mit drei Kunden. Um 10 Uhr ___ er wieder in sein Büro. Um 12 Uhr ___ er Mittag. Um 14 Uhr ___ er mit einem Geschäftsfreund. Von 15 bis 17 Uhr ___ er einen Vortrag. Um 18 Uhr ___ er im Regen. Er ___ ein Taxi und ___ ins Kongreßzentrum. Um 19 Uhr ___ er seinen Vortrag. Um 21 Uhr ___ er mit Freunden ins Restaurant. Sie ___ und ___ viel. Um 23 Uhr ___ er einen Herzinfarkt. Er ___ fünf Monate krank. Jetzt lebt er ganz anders.

aufstehen/lesen
fliegen
sprechen
kommen/essen
telefonieren
schreiben
stehen
nehmen/fahren
halten
gehen
trinken/essen
bekommen
sein

Bestätigungsfrage

Frage/Bestätigung **D 5**

	II	
Ihr	(habt)	einen Hahn im Wappen?

Ist das ein Fragesatz?

Ja, so kann man fragen, wenn man eine Bestätigung erwartet.

Üben Sie bitte!

Beispiel: (Märchen im Märchenbuch stehen)
⟳ Das Märchen steht im Märchenbuch? = **Frage**
➤ Ja sicher, gleich am Anfang. = **Bestätigung**

1. (das Buch haben) – Ja, aber ich weiß nicht, wo es ist.
2. (aber in der Institutsbibliothek stehen) – Ja, natürlich.
3. (und schon auf deutsch lesen können) – Ja, das glaube ich.
4. (dabei sicher dein Wörterbuch benutzen) – Selbstverständlich.

Fragen/Bestätigen **D 6**

Fragen und bestätigen Sie bitte!

Beispiel: Hausaufgaben machen
⟳ Du hast die Hausaufgaben gemacht? ➤ Ja, natürlich.

a) um acht Uhr aufstehen,
b) ein Taxi nehmen,
c) Fotos für die Klassenzeitung machen,
d) die Lehrer zeichnen,
e) einen Zeitplan machen,
f) das Gedicht schreiben,
g) die Schere finden,
h) Papier kaufen.

Projekt: Heimatgeschichte **D 7**

1. Hat Ihr Ort/Ihre Stadt/Ihr Land ein Wappen?
   Erklären Sie es bitte auf deutsch!
2. Gibt es eine Sage/ein Märchen über Ihren Ort/Ihre Stadt/Ihr Land?
   Erzählen Sie bitte!
3. Gibt es in Ihrem Ort ein Heimatmuseum? Wenn ja, beschreiben Sie es bitte!
4. Gibt es in Ihrem Ort/in Ihrem Land andere Museen?
   Welche? Machen Sie bitte eine Liste mit Adressen und Öffnungszeiten!

E1 Das Märchen vom nächtlichen Regenbogen

Es war einmal ein armer junger Bursche, der hatte keinen Vater und keine Mutter, keine Habe und keine Bleibe. Das einzige, was er besaß, war ein alter blinder Hahn, der krähte, wenn die Sonne aufging.

Eines Tages kam der Bursche in eine Stadt, die war groß und prächtig. 5
Aber weit und breit sah er keine Kinder. Und die Alten trugen schwarze Kleider und weinten. Und die Blumen waren welk und weinten. Selbst vom Himmel fielen die Regentropfen wie dunkle Tränen. „Sagt mir, warum tragt ihr Trauer?" fragte der Jüngling. Da sprach ein alter Mann: „Weil unsere Kinder tot sind und wir alle sterben müssen." – „Wie geht 10 das zu?" – „Es wohnt ein Drache vor der Stadt auf dem Berge. Der hat alle unsere Kinder geraubt, eines nach dem anderen. Jeden Neumond will er ein neues. Jetzt haben wir kein einziges mehr. Wenn er heute nacht wiederkommt und keines findet, verwüstet er die ganze Stadt." Da sprach der Jüngling: „Ich steige auf den Berg und töte den Drachen." – 15
„Es gibt keinen Weg auf den Berg, und der Drache ist unsterblich." – „So gibt es gar keine Rettung?" – „Ach nein. Nur wenn bei Neumond um Mitternacht ein Regenbogen am Himmel erscheint, dann schläft der Drache ein und wacht nimmer auf." Da sagte der Bursche: „Seid ruhig, ihr guten Leute. Morgen sieht alles ganz anders aus." Und er nahm sei- 20
nen Hahn und ging vor die Stadt.

Die Uhr schlug neun, die Uhr schlug zehn. Die Leute weinten. Die Uhr schlug elf. Die ganze Stadt weinte, und der Himmel weinte über ihr. Da schlug die Turmuhr zwölf: Es blitzte und donnerte, der Drache kam geflogen. Laut klagten die Leute. Der Jüngling aber flüsterte dem Hahn ganz 25
leise Zauberworte ins Ohr. Da krähte der Hahn dreimal so laut, daß die Sonne erwachte. Sie ging auf und erleuchtete die Nacht. Und alsbald stand über der Stadt ein Regenbogen, bei Neumond um Mitternacht. Der Drache zischte und fauchte, aber es half ihm nichts. Er legte sich nieder, schlief ein und wachte nimmer auf. Die Kinder aber kamen aus der 30
Drachenburg und liefen über den Regenbogen in die Stadt zurück.

Da lachte die Sonne, da leuchteten die Blumen, da tanzten alle Menschen vor Freude. Und der Hahn konnte wieder sehen, und der Bursche fand eine Heimat.

Und wenn sie nicht gestorben sind, so leben sie noch heute. 35

Das Märchen in Bildern E 2

Ordnen Sie bitte die Bilder! Welche Sätze des Märchens passen zu den Bildern?

a) Der Hahn des Jünglings war blind.　　　　 **1**
b) In der Stadt regierte ein Tyrann.
c) Der Drache wohnte auf dem Berg vor der Stadt.
d) Der Regen sah aus wie dunkle Tränen.
e) In der Stadt lebten keine Kinder mehr.
f) Viele Abenteurer wollten den Tyrannen besiegen.
g) Der Drache schlief ein und wachte nicht wieder auf.
h) Die Stadt war frei.
i) Der Fremde blieb in der Stadt.
j) Wo der Regenbogen stand, steht nun eine Brücke.
k) Eltern und Kinder tanzten vor Freude.
l) Auf dem Stadtwappen kräht ein Hahn unter einem Regenbogen.

der Drache / das Volk / der Jüngling / der Herr des Regenbogens / die Menschen / der Bursche / die Leute / der Tyrann / ein Fremder

Aufgaben E 3

1. Lesen Sie bitte die Sätze links! Welche Information finden Sie:
   (1) **nur** im Märchen (E 1),
   (2) **nur** im Museum (C 1, D 1),
   (3) im Märchen **und** im Museum?
   Tragen Sie bitte die Nummer ein!

2. Welche Wörter im Märchen und im Museum bezeichnen dieselben Personen?

   Beispiel:
   der Bursche = der Jüngling = …

Zeitformen: Präsens – Präteritum – Perfekt E 4

1. Suchen Sie bitte alle unregelmäßigen Verbformen der Vergangenheit aus dem Märchen! Wie heißen die Infinitive?

2. Welche Zeitform benutzt der Erzähler des Märchens für die Vergangenheit in den monologischen Textteilen? Welche Zeitformen stehen in den Dialogen?

F1 Nach dem Regenbogenfest

 Hören und lesen Sie bitte!

Peter: Papa, es war ganz toll. Es hat richtig geregnet.
Gerda: Zu schade, daß du nicht mitkommen konntest!
Du hast wirklich viel verpaßt.
Beate: Die Regenbogenbrücke hat wie ein echter
Regenbogen ausgesehen.
Peter: Und der Drache ist richtig geflogen.
Beate: Nach der Vorstellung haben die Schauspieler mit
den Zuschauern getanzt.
Gerda: Und am Schluß haben alle die Nationalhymne
gesungen.
Peter: Und der Hahn hat so laut gekräht, daß ich fast vom
Stuhl gefallen bin.
Hans: Also, ich glaube, ihr müßt mal richtig der Reihe nach
erzählen. Ich habe nämlich nichts verstanden.
Hat es denn pünktlich angefangen?

Liebe Klingers!
Nicht vergessen:
5. Mai = Nationalfeiertag!
Regenbogenfest in Lilastadt!
Theatervorstellung um 16 Uhr
im Naturtheater:
„Das Märchen vom nächtlichen
Regenbogen"
Viel Spaß LK

Aufgabe

In diesem Dialog sprechen die Klingers über die Theatervorstellung in der Vergangenheit.
Welche Zeitform benutzen sie mehr: Perfekt oder Präteritum?
Welche Verben stehen im Präteritum?

F2 Der Gebrauch von Präteritum und Perfekt

Mir geht ein Licht auf: Perfekt und Präteritum bezeichnen beide die Vergangenheit. Da mußt du die verschiedenen Texte ansehen.

Klar, das steht schon in Lektion 4! Aber was ist der Unterschied?

_____ ist typisch für monologische Texte.
_____ ist typisch für Dialoge.

Ergänzen Sie bitte
die Regel!

F3 Theatervorstellung: Das Märchen vom Regenbogen

Peter und Beate erzählen ihrem Vater
von der Theatervorstellung.

 Schreiben Sie bitte den Dialog!

Beispiel: Peter: Das Theater hat pünktlich um 16 Uhr
angefangen.
Beate: Nein, es war ...
Peter: Zuerst ist der ... gekommen.
Beate: Das stimmt nicht! Zuerst hat ...

Deutsch korrekt, aber untypisch F 4

● Was <u>machtest</u> du am Wochenende?
● Warum?

◌ Am Samstag <u>blieb</u> ich zu Hause.
◌ Ich mußte arbeiten. Ich <u>las</u> ein Buch
für die nächste Deutschstunde, und ich
<u>schrieb</u> zwei Briefe nach Hause.
Aber am Abend <u>ging</u> ich ins Kino.

● Allein?

◌ Ja, meine Freundin <u>kam</u> nicht <u>mit</u>.
Sie hatte keine Lust, denn sie wollte
Radio hören.

● War der Film gut?
● Und am Sonntag?
● Aber nur morgens.

◌ Ja, er war ganz interessant.
◌ Am Sonntag <u>regnete</u> es.
◌ Ja. Und am Nachmittag <u>fuhren</u> meine
Freundin und ich ans Meer.

1. Die unterstrichenen Präteritumformen in
diesem Dialog sind untypisch. Benutzen Sie
bitte für diese Formen das Perfekt!

2. Die nicht unterstrichenen Verben stehen auch
in einem Dialog im Präteritum. Was sind
das für Verben? Machen Sie bitte eine Liste!

Drachengeschichten F 5

Was ist hier passiert?
Erzählen/Schreiben Sie bitte Geschichten zu den Bildern!

♪1 Laute: Konsonanten [x] und [ç]

Sprechen Sie bitte nach!

Zauberspruch

Drach', gib acht!	Drache, fauch!	Sonne, leuchte weich!
Drach', gib acht!	Zischst du auch	Drache, schlaf sogleich!
In dieser Nacht	und wachst du noch –	Denn im hellen Sonnenlicht
wird es vollbracht.	die Sonn' kommt doch!	leben böse Drachen nicht.

♪2 Laute: Vokale und Konsonant [x], Vokale und Konsonant [ç]

[x] nach	[a:] [a]	[o:] [ɔ]	[u:] [ʊ]	[ao]
Beispiel	Nacht	noch	Buch	auch

[ç] vor	[e]	[i:]
Beispiel	Chemie	China

[ç] nach	[ɛ]	[i:] [ɪ]	[ɛ:] [ɛ]	[ø:] [œ]	[y:] [ʏ]	[ae]	[ɔø]
Beispiel	rechts	nicht	Nächte	Töchter	Bücher	leicht	leuchten

Suchen Sie bitte weitere Beispielwörter!

♪3 Laute: Konsonant [j]

Sprechen Sie bitte nach!

[j] jung

Drachenlied

Oje, oje! Ojemine!	Juchhe, juchhei, juchheirassa,
Jeden Neumond Ach und Weh!	nun sind sie da, nun sind sie da:
Welcher Jüngling möcht' es wagen	der junge Bursch', der alte Hahn –
und den bösen Drachen jagen?	sie bringen die Sonn' aus ihrer Bahn!

♪4 Übung: [j] – [ç]

Sprechen Sie bitte nach!

jung – jeder – Chemie, Jacke – jemand – Chemiker, Japan – Juli – China

♪5 Intonation: Bestätigungsfrage

Sprechen Sie bitte nach!

Der Drache tötete \wirk/lich Kinder?

Am Himmel erschien ein \Re/genbogen?

Der Tyrann ver\schwand/ danach?

Die Geschichte ist \wahr/?

Bestätigungsfrage

♪6 Übung

Fragen Sie bitte, und markieren Sie die Intonation!

Du hast die Geschichte verstanden? Du hast die Verben im Wörterbuch gesucht?

Du hast den Text übersetzt? Du hast eine Zusammenfassung gemacht?

Ich kann deine Aufgaben abschreiben?

Lektion 9

Sei mir gegrüßt, mein Sauerkraut,
holdselig sind deine Gerüche.
Heinrich Heine

Es wird mit Recht ein guter Braten
gerechnet zu den guten Taten.
Wilhelm Busch

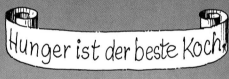

Hunger ist der beste Koch.

Essen und Trinken
hält Leib und Seele zusammen

INDISCHE KÜCHE

Die mexikanische Küche

CHINESISCHE KÜCHE

ITALIENISCHE KÜCHE

A 1 Eine Einladung und viele Fragen

Gerda, Beate, Hans und Peter Klinger sind unsicher und ratlos.

HK: Seht mal, eine Einladung von Herrn Tossu zum
Geburtstag seiner Tochter.
BK: Ach, dann ist die Einladung für mich?
HK: Das glaube ich nicht. Seine Tochter ist doch noch ein
kleines Baby.
GK: Tja, wen hat er denn nun eingeladen: nur dich oder uns
beide? Oder dürfen auch die beiden Kinder mitkommen?

HK: Was meinst du, Gerda, soll ich meinen dunklen Anzug
anziehen?
GK: Denkst du denn, daß es da so formell ist?
BK: Ich bleibe aber in Jeans!
HK: Kommt nicht in Frage! Das erlaube ich nicht!
GK: Laß sie doch, Hans! Warum verbietest du immer alles?

GK: Übrigens, was sollen wir denn mitbringen?
HK: Na, wie üblich: Blumen für die Dame und Schokolade
für die Kinder.
GK: Meinst du, das macht man hier auch so?
HK: Ja. Oder lieber eine Flasche Wein?
PK: Hier darf man doch keinen Alkohol trinken.

HK: Also, mir ist alles ziemlich unklar. Sollen wir pünktlich um 18 Uhr da sein oder erst
etwas später kommen?
PK: Und gibt's was zu essen, oder müssen wir vorher im Restaurant essen?
HK: Oje, was man alles beachten muß! Was meint ihr, soll ich Herrn Tossu noch einmal
anrufen, oder ist das unhöflich?

> ```
> Tomi Tossu
> Telefon:
> 212 555
>
> Lieber Herr Klinger,
>
> am nächsten Samstag
> feiern wir den
> ersten Geburtstag
> unserer jüngsten
> Tochter.
> Wir möchten Sie
> herzlich dazu
> einladen.
> Unser kleines Fest
> beginnt um 18 Uhr.
> Meine Adresse kennen
> Sie ja.
>
> Mit
> herzlichen Grüßen
> Ihr Tomi Tossu
> ```

A 2 Fragen notieren

Herr Klinger will Herrn Tossu anrufen. Welche Fragen notiert er sich vorher?
Beispiele: Dürfen die Kinder mitkommen? Was sollen wir …

A 3 Modalverben

Modalverben (3)

ich	darf	soll
du	darfst	sollst
er/es/sie	darf	soll
wir	dürfen	sollen
ihr	dürft	sollt
sie	dürfen	sollen
Infinitiv	dürfen	sollen

Erlaubnis

Sie **darf** mitkommen.
Der Chef erlaubt es.

Verbot

Er **darf nicht** mitkommen.
Der Chef erlaubt es nicht/verbietet es.

Fremder Wunsch/Wille; Auftrag

Wir **sollen** mitkommen.
Der Chef möchte/will es.

sollen oder **dürfen**?　　　　　　　　　**Diskussion vor einer Einladung** A 4

Beispiele:
a) Die Eltern erlauben, daß die Kinder mitkommen. → Die Kinder **dürfen** mitkommen.
b) Die Eltern erlauben nicht/verbieten, daß die Kinder zu lange bleiben. →
　　Die Kinder **dürfen nicht** zu lange bleiben.
c) Die Eltern erlauben nicht/verbieten, daß die Kinder Alkohol trinken. →
　　Die Kinder **dürfen keinen** Alkohol trinken.
d) Der Vater möchte/will, daß die Tochter einen Rock anzieht. →
　　Die Tochter **soll** einen Rock anziehen.

1. Sie möchte/will, daß er vorher anruft.
2. Die Eltern erlauben, daß die Kinder später kommen.
3. Der Vater erlaubt nicht/verbietet, daß der Sohn raucht.
4. Die Eltern möchten/wollen, daß die Kinder ruhig sind.
5. Sie erlaubt nicht/verbietet, daß er Wein trinkt.
6. Er möchte/will, daß sie das neue Kleid anzieht.
7. Die Mutter erlaubt, daß die Tochter Jeans anzieht.

Was man bei einer deutschen Einladung beachten muß　A 5

1. Bilden Sie bitte Sätze
mit **müssen** und **dürfen**!

Einige Verhaltensregeln

　　　　　　　Beispiele:
a) pünktlich kommen → Man **muß** pünktlich kommen.
b) **nicht** zu spät kommen → Man **darf nicht** zu spät kommen.
c) ohne besondere Einladung **keine** Kinder mitbringen →
　　Man **darf** ohne besondere Einladung **keine** Kinder
　　mitbringen.
d) **Es ist erlaubt**, daß man Kindern Schokolade mitbringt. →
　　Man **darf** Kindern Schokolade mitbringen.

Und jetzt Sie bitte!
e) ohne besondere Einladung keine Freunde mitbringen →
f) auf korrekte Kleidung achten →
g) Männer: bei formellen Feiern (z.B. einer Hochzeit)
　　einen Anzug anziehen →
h) wenn man Blumen mitbringt: die Blumen immer der
　　Dame geben →
i) Es ist auch erlaubt, daß man eine Flasche Wein
　　mitbringt. →
j) nicht zu früh kommen →
k) wenn man zu spät kommt, sich entschuldigen →
l) bei einer Einladung am Nachmittag: Es ist nicht erlaubt,
　　daß man bis zum Abendessen bleibt. →
m) bei einer Einladung am Abend: vor 24 Uhr gehen →

2. An welche deutschen Verhaltensregeln denkt Familie
　　Klinger in A 1?
Beispiel:
GK: Dürfen auch die Kinder mitkommen? = Regel c

Auskunft　A 6

Was muß ein Ausländer in Ihrem Land bei einer Einladung beachten?

B1 Leben in Lilaland

Die Klingers schreiben nach Deutschland:

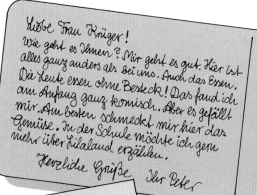

Liebe Frau Krüger!
Wie geht es Ihnen? Mir geht es gut. Hier ist
alles ganz anders als bei uns. Auch das Essen.
Die Leute essen ohne Besteck! Das fand ich
am Anfang ganz komisch. Aber es gefällt
mir. Am besten schmeckt mir hier das
Gemüse. In der Schule möchte ich gern
mehr über Lilaland erzählen.
Herzliche Grüße   Ihr Peter

Frau
Anna Krüger
Lammsgasse 5

D-8500 Nürnberg
Bundesrepublik
Deutschland

Liebe Frau Landau!
Wirklich nett, daß Sie unsere Blumen
gießen! Nochmals vielen Dank! Die
Reise ist ein großes Erlebnis. Das
Leben hier gefällt uns sehr. Ganz ausgezeichnet finde ich die Rezepte! Mir
schmeckt das Essen fast besser als zu
Hause. Mein Mann ist nicht so glücklich, weil man hier mit den Händen ißt.
Aber den Kindern macht das natürlich
großen Spaß. Nach unserer Rückkehr
laden wir Sie zu einem echten lilaländischen Essen ein.
Herzlichst
Ihre Gerda Klinger

Lilastadt, den 15. Mai

Liebe Kollegen,
viele Grüße aus einer anderen Welt!
Hier spielt Zeit keine Rolle. Neulich
hatten wir eine Einladung zum Essen.
Pünktlich um 18 Uhr waren wir da –
wie es sich gehört. Aber das Essen gab
es erst drei Stunden später. Langsam
verliere ich hier das Zeitgefühl. Es
gefällt mir, daß man nicht immer auf
die Uhr gucken muß. Ich hoffe aber,
daß Sie mich nach der Reise wieder-
erkennen.   Ihr alter H. Klinger

Liebe Kathrin!
Hoffentlich geht es Dir gut. Uns gefällt
es hier prima. Gestern waren wir bei
einem Essen zum Essen. Das Essen war
ganz große Klasse!!! Zu Haus mag
ich ja keinen Reis. Aber hier
gibt es 1000 Sorten, und alle schmecken
mir ganz toll. Wir müssen unbedingt
einmal ein lilaländisches Essen
kochen!   Tschüß – bis bald.
Deine Beate

Kathrin Wagner
Hintere Ledergasse 4

D-8500 Nürnberg
Bundesrepublik
Deutschland

Firma
Touristik International
Johannisstrasse 2

D-8500 Nürnberg
Bundesrep. Deutschland

B2 Fragen

1. Herr Klinger schreibt an seine Kollegen.
Wer schreibt an die Freundin, die Nachbarin, die Lehrerin?

2. Wer findet was gut? (das Essen ohne
Besteck/den Reis/die Rezepte/das Leben
ohne Zeitgefühl/das Gemüse)

Hauptmahlzeiten in Deutschland   B 3

Frühstück (kalt)
Brot/Brötchen
Butter/Margarine/Marmelade
Ei/Käse/Wurst
Müsli/Corn-flakes
Getränke: Kaffee/Tee/Milch/Kakao

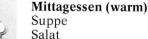

Ich vermisse ein Glas Wasser.

Gibt es keine Stäbchen?

Nein, in Deutschland ißt man mit Messer und Gabel!

Wir essen aus Schüsseln und nicht von Tellern.

Mittagessen (warm)
Suppe
Salat
Kartoffeln/Reis/Nudeln

Gemüse:	Erbsen/Bohnen/Kohl
Fleisch:	Schweine-, Rinder- oder Kalbs-braten mit Soße/Schnitzel
Fisch:	gekocht/gebraten
Nachtisch:	Obst: Äpfel, Birnen, Bananen/ Eis/Pudding
Getränke:	meistens keine, auch kein Wasser; sonntags oder bei Festen: Wein

Wir essen abends warm.

Ich dachte, die Deutschen essen nur Sauerkraut.

Das ist wohl ein Vorurteil.

Abendessen (kalt)
Brot
Butter/Margarine
Wurst/Schinken/Käse
Getränke: Bier/Mineralwasser/Tee/Saft

1. Beschreiben Sie bitte die Mahlzeiten!
Beispiel: Zum Frühstück ißt/trinkt man/
gibt es ...
2. Welche Mahlzeiten gibt es bei Ihnen?
3. Was essen/trinken Sie zu den Mahlzeiten?
   Was ist anders? Was vermissen Sie?

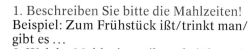

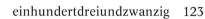

B 4   Geschmacksfragen (1)

Fragen und antworten Sie bitte!
Beispiele:

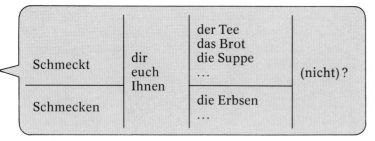

| Schmeckt | dir euch Ihnen | der Tee das Brot die Suppe … | (nicht)? |
| Schmecken | | die Erbsen … | |

Ja, sehr gut.
Nicht besonders.
(Doch, ausgezeichnet.)

| Gefällt | dir euch Ihnen | der Schrank das Bild die Musik … | (nicht)? |
| Gefallen | | die Leute … | |

Was ist der Unterschied zwischen „schmecken" und „gefallen"?

„schmecken" kann man nur mit der Zunge.

Und jetzt Sie bitte!

Fragen und antworten Sie bitte!

Geschmacksfragen (2)　B 5

> Magst du
> Mögt ihr
> Mögen Sie

| Kaffee mit Milch?
| Käsekuchen?
| warmes Bier?
| Beethoven?
| alte Tempel?
| …?

> Ja, sehr gern.
> Nein, überhaupt nicht.

schmecken = mögen　gefallen = mögen　gefallen ≠ schmecken

Kongruenz

Kongruenz von Subjekt und Verb　B 6

Person/ Numerus	Subjekt	Verb	Person/ Numerus
3. Pers. Sg.	Der Reis	schmeckt …	3. Pers. Sg.
3. Pers. Pl.	Die Kartoffeln	schmecken …	3. Pers. Pl.
2. Pers. Sg.	Du	magst …	2. Pers. Sg.
2. Pers. Pl.	Ihr	mögt …	2. Pers. Pl.

Subjekt und Verb stimmen in Person und Numerus überein.

Projekt: Ausländisches und deutsches Essen　B 7

Semaver
Das türkische Restaurant für den deutschen
Gast - Marienpassage Stuttgart
Marienstraße 11-13 · Telefon 640 60 64
Geöffn. werktags v. 12-1 Uhr, sonn- u. feiertags 19-24 Uhr

Restaurant
HELLAS
Griechische Spezialitäten
Gemütliche Atmosphäre - preiswerte Gerichte
Hauptstätter Str. 79 - Tel. 60 50 84 · Inh. Christos Mantakis

»Mira«
Stuttgart - kleiner Schloßplatz
Telefon 297596
täglich durchgehend warme Küche
von 11−1 Uhr nachts
Jugoslawische
SPEZIALITÄTEN

In Stuttgart gab es Anfang 1985
411 griechische, 170 italienische, 110 jugoslawische, 11 türkische, 10 österreichische,
8 chinesische und 174 andere ausländische Restaurants. Der Anteil der ausländischen Restaurants an allen Stuttgarter
Gaststätten betrug 34 %.

China-
Restaurant　榮華飯店
JASMIN GARDEN
Spezialitäten der kantonesischen Küche
tägl. geöffn., warme Küche bis 23 Uhr · Inh. Peter Y. H. Lam
Firnhaberstr. 32 · 7000 STUTTGART-1 · Tel. 07 11 / 29 67 80

La Romantica
Italienische Spezialitäten und Weine in gemütlicher Atmosphäre
geöffnet täglich von 11.30 bis 15.00 Uhr und von 17.30 bis 1.00 Uhr
bei Gennaro u. N. Blancone
Kerner Platz 5 · 7000 STUTTGART 1 · Telefon 07 11 / 29 70 17

a) Gibt es bei Ihnen deutsche oder andere ausländische Restaurants?
b) Kann man bei Ihnen deutsches Essen essen? Welches? Wo?
c) Kann man bei Ihnen deutsche Wurst/deutsches Bier/… kaufen? Wo?

C1 Kuchen backen

Gerda Klinger (GK) backt in Lara Lenzis (LL) Küche einen deutschen Kuchen.

LL: Bei uns gibt es keine Butter. Aber wir können Margarine nehmen. Und was ist Vanillezucker?

GK: Zucker mit Vanillegeschmack.

LL: Ach so, dann nehmen wir Vanille-Essenz.

Rezept

Feiner Nußkuchen
Zutaten:
4 Eier
250 g Butter
250 g Zucker
1 Prise Salz
1 Päckchen Vanillezucker (5 g)
etwas geriebene Zitronenschale
250 g geriebene Nüsse
250 g Mehl
1 Päckchen Backpulver (15 g)
etwas Milch

GK: Ich brauche eine Waage oder einen Meßbecher.

LL: Bei uns mißt man mit Tassen und Löffeln. Hier habe ich eine Umrechnungstabelle.

Die Butter schaumig rühren. Nach und nach den Zucker, die Gewürze und das Eigelb dazugeben.

Mehl mit Backpulver und Nüssen mischen und unterrühren. Wenn der Teig zu fest ist, ein bißchen Milch dazugeben.

Zum Schluß das Eiweiß steif schlagen und leicht unterheben.

Gugelhupf-Form gut einfetten, Teig einfüllen und circa eine Stunde bei 200 °C backen.

Kuchen stürzen und mit Puderzucker bestäuben.

GK: Meine Großmutter gab noch etwas Rum und Schokoladenstückchen dazu. Das schmeckt lecker.
LL: Bloß keinen Alkohol! Sonst komme ich in Teufels Küche!

LL: Eine Gugelhupf-Form habe ich nicht. Nur dieses Herz.

GK: Das geht auch.

Peter K: Darf ich den Teig probieren?

GK: Aber nicht so viel. Sonst bekommst du Bauchschmerzen.

Umrechnungstabelle   C 2

Lara Lenzi hat keine Waage. Wie viele Tassen/Eßlöffel/Kaffeelöffel Butter, Zucker usw. muß sie nehmen? Rechnen Sie bitte um!

Was wiegt wieviel?

	Flüssigkeiten	Mehl	Zucker	Reis	Geriebene Nüsse
Normale Kaffeetasse 125 ml	(Wasser, Milch, Wein) 8 Tassen = 1 Liter 1 Tasse = ⅛ Liter	1 Tasse = 100 g 10 Tassen = 1 kg	1 Tasse = 150 g 7 Tassen = 1 kg	1 Tasse = 150 g 7 Tassen = 1 kg	1½ Tassen = 250 g
	Fett	Mehl	Zucker	Salz	
Normaler Eßlöffel (El) 15 ml	1 El Butter = 12-15 g 1 El Öl = 12 g	1 El = 10 g	1 El = 13 g	1 El = 15 g	
	Backpulver	Pulverkaffee	Zucker	Salz	
Normaler Kaffeelöffel (Kl) 5 ml	1 Kl = 3 g	1 Kl = 1,8 g	1 Kl = 4 g	1 Kl = 5 g	

ml = Milliliter, g = Gramm, kg = Kilogramm

Rezept erklären   C 3

ein küchengedicht

seit sie
die rosinen
im kopf hat
will sie
samstags
keinen kuchen
mehr backen

Astrid Tümpel

Frau Klinger/Beate erklärt Frau Lenzi/Lara das Rezept. Schreiben Sie bitte auf, was Frau Klinger/Beate sagt! Beispiel: Zuerst müssen Sie/mußt du die Butter schaumig rühren. Dann … Und dann … Danach … Jetzt … Zuletzt …

Das klingt nicht schlecht! Das muß ich auch mal ausprobieren!

Ihr Deutschen braucht für alles einen Meßbecher!   C 4

Eine indische Kinderärztin, die lange Zeit in der Bundesrepublik Deutschland gelebt hat, schreibt in einer deutschen Zeitschrift:

Vergleichen Sie bitte, was die Autorin über die Deutschen und die Asiaten schreibt! Machen Sie bitte eine Tabelle mit Stichwörtern!

Deutsche	Asiaten
planen	improvisieren
…	…

Die Deutschen müssen alles planen. Sie können nicht improvisieren. Improvisieren ist für sie verdächtig, ja, fast unmoralisch. Einmal fragte ich eine deutsche Freundin: „Kannst du mir helfen? Ich möchte einen typisch deutschen Kuchen backen." „Ja, gern," antwortete sie, „aber ich brauche dazu eine Waage, einen Meßbecher und alle Zutaten, genauso wie sie im Rezept stehen." Sie konnte nicht „aus der Hand arbeiten", wie wir in Indien sagen. Deutsche brauchen für alles im Leben einen Meßbecher. Sonst wissen sie nicht weiter. Deshalb sind sie auch nicht so beweglich und anpassungsfähig wie wir Asiaten.

Auskunft zur Person   C 5

Backen Sie selbst? Nach Rezept? Oder improvisieren Sie? Wer backt/kocht bei Ihnen, die Frau oder der Mann?

9

D 1   Kaffee

Kaffee-Kantate

Ei, wie schmeckt der Kaffee süsse,
lieblicher als tausend Küsse,
milder als Muscaten-Wein.
Kaffee, Kaffee muß ich haben,
und wenn jemand mich will laben,
ach, so schenkt mir Kaffee ein.

Musik: Johann Sebastian Bach (1734)
Text: Picander (1732)

Johann Sebastian Bach komponiert seine
Kaffee-Kantate

Kaffee ist Poesie

Lob des Kaffees

Kaffee, Kaffee ist mein Leben,
Kaffee ist ein Göttertrank.
Ohne Kaffee bin ich krank.
Selbst der süße Saft der Reben
muß Kaffee den Vorzug geben.

Johann Gottfried Krause (1716)

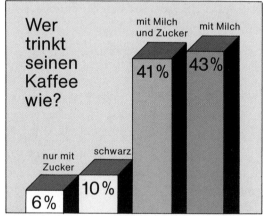

Wer trinkt seinen Kaffee wie?

nur mit Zucker 6 % — schwarz 10 % — mit Milch und Zucker 41 % — mit Milch 43 %

Kaffee – liebstes Getränk

Die Bundesbürger trinken im Durchschnitt
täglich 4 Tassen Kaffee.
Drei Viertel des Kaffees werden morgens
zwischen 6 und 8 Uhr sowie nachmittags
zwischen 15 und 16 Uhr getrunken.

Ich kenne nur einen Unterschied zwischen den Menschen: Die einen trinken ihren Kaffee mit, die anderen ohne Milch.
Albert Schweitzer

Das Wiener Kaffeehaus   D 2

Fragen

1. Was konnte der Gast im Wiener Kaffeehaus machen?
2. Was für Zeitungen und Zeitschriften konnte er lesen?
3. Warum nennt Zweig das Kaffeehaus eine Bildungsstätte?
4. Welchen Zusammenhang sieht Stefan Zweig zwischen
   den Kaffeehäusern und der internationalen Orientierung
   der Österreicher?

Stefan Zweig, Schriftsteller, 1881 in Wien geboren, beschreibt
um 1940 in seiner Autobiographie „Die Welt von gestern"
die Wiener Kaffeehäuser der Jahrhundertwende.

Unsere beste *Bildungsstätte* für alles Neue war das
Kaffeehaus. Man muß wissen, daß das Wiener Kaffeehaus eine Institution besonderer Art ist, *die mit*
keiner ähnlichen in der Welt *zu vergleichen ist.* Es ist
eigentlich eine Art *demokratischer Klub*, wo jeder Gast
für eine billige *Schale* Kaffee *stundenlang* sitzen, diskutieren, schreiben, Karten spielen, Briefe lesen
und vor allem *eine unbegrenzte Zahl* von Zeitungen und
Zeitschriften *konsumieren* kann.
In einem besseren Wiener Kaffeehaus lagen alle Wiener
Zeitungen aus und nicht nur die Wiener, sondern die des
ganzen *Deutschen Reiches* und die französischen und
englischen und italienischen und amerikanischen, dazu
sämtliche wichtigen literarischen und künstlerischen
Revuen der Welt. So wußten wir alles, was in der Welt
vorging, aus erster Hand. Täglich saßen wir dort stundenlang, und *nichts entging uns.*

Platz, wo man lernt

die man mit ...
vergleichen kann
ein Klub für alle Leute
Tasse/viele Stunden

so viele ..., wie man wollte
lesen

Deutschland 1871–1945

alle
Zeitschriften
passierte
wir bekamen alle
Informationen

Stefan Zweig sieht sogar einen Zusammenhang zwischen den
Wiener Kaffeehäusern und der Mentalität der Österreicher.
Er glaubt, daß die Österreicher intellektuell beweglich und
international orientiert waren, weil sie im Kaffeehaus Neues
aus aller Welt erfahren und diskutieren konnten.

D 3 Im „Café International" in Lilastadt

Tomi Tossu und
Hans Klinger beim
Kaffeetrinken

HK: Also ehrlich, Herr Tossu, der Milchkaffee morgens im Hotel – das ist kein Kaffee, das ist eine Strafe.
TT: Nun, über Geschmack soll man nicht streiten. Aber ich bin sicher, daß wir hier einen Kaffee nach Ihrem Geschmack finden. Also der Frühstückskaffee ist Ihnen zu schwach. Dann probieren Sie doch mal den Espresso hier.
HK: So eine kleine Tasse! Puh! Der ist ja stärker als stark.
TT: Schwarz wie der Teufel, heiß wie die Hölle und süß wie die Liebe – so muß Kaffee sein.
HK: Meinen Sie? Der ist sicher nicht gut für mein Herz. Außerdem mag ich Kaffee lieber mit Sahne.
TT: Ach so. Warum nehmen Sie dann nicht „Irish Coffee"?
HK: Was ist denn das?
TT: Eine Spezialität aus Irland. Sie besteht aus Kaffee, Zucker, Sahne und irischem Whiskey.
HK: Alkohol im Kaffee? Nein danke!
TT: Dann empfehle ich Ihnen „Türkischen Kaffee".
HK: Der riecht gut! – Igitt! Das ist ja mehr Kaffeesatz als Kaffee!
TT: Den mögen Sie also auch nicht?
HK: Na ja, er schmeckt nicht schlecht. Aber bei uns ist der Kaffee einfach besser.
TT: Dann schmeckt Ihnen dieser hier wohl auch nicht?
HK: Mmmh, doch, herrlich! Das ist richtiger Kaffee!
TT: Ja, das ist auch Kaffee nach deutscher Art. Wir nennen ihn „Bach-Kaffee".
HK: Sehen Sie, bei uns schmeckt der Kaffee eben doch am besten.

Hier ist Herr Tossu aber ironisch!

Ja, er zieht Herrn Klinger ein bißchen durch den Kakao.

D 4 Fragen

A = Zum Text
1. Welcher Kaffee schmeckt Herrn Klinger?
2. „Ich bin sicher, daß wir hier einen Kaffee nach Ihrem Geschmack finden!" Warum ist Herr Tossu so sicher?
3. Am Schluß sagt Herr Tossu: „Dann schmeckt Ihnen dieser (Kaffee) hier wohl auch nicht?" Wie meint er das?
4. Warum ist der „Bach-Kaffee" für Herrn Klinger der „richtige" Kaffee?

B = Zur Person
1. Gibt es für Sie auch einen „richtigen" Kaffee?
2. Kennen Sie verschiedene Arten von Kaffee, und können Sie sie beschreiben?
3. Welcher Kaffee schmeckt Ihnen am besten? Welcher weniger gut?
4. Oder trinken Sie lieber Tee? Grünen oder schwarzen?
5. Wie mögen Sie Tee am liebsten? (stark/schwach – mit/ohne Zucker/Milch/Zitrone/...)

Komparation

Positiv	Komparativ	Superlativ
klein	klein**er**	am klein**sten**
stark	st**ä**rk**er**	am st**ä**rk**sten**
hoch	h**ö**h**er**	am h**ö**ch**sten**
gut	besser	am besten
gern	lieber	am liebsten
viel	mehr	am meisten

Beispiel: viel trinken können, ich

Ihr Angeber!

Ich kann sehr viel trinken.

Ich kann viel mehr trinken.

Ich kann am meisten trinken.

Und jetzt Sie bitte!
1. gut tanzen können, meine Freundin
2. viel essen können, ich
3. schnell laufen können, ich
4. stark sein, mein Freund
5. lang sein, mein Haar
6. schön sein, mein Rock/meine Hose
7. gut Deutsch sprechen, ich
8. wenig rauchen, ...
9. klein sein, ...
10. alt sein, ...

Was trinken/essen/mögen Sie gern/lieber/am liebsten?
Was schmeckt/gefällt Ihnen gut/besser/am besten?
Was gefällt/schmeckt Ihnen nicht/noch weniger/am wenigsten?

Auskunft zur Person **D 6**

Beispiele:
A: Ich trinke gern Bier.
B: Wirklich? Ich trinke lieber Wein.
C: Ich auch. Aber am liebsten trinke ich ...

A: Mir gefällt Mozarts Musik gut.
B: Wirklich? Mir gefällt Beethoven besser.
C: Mir auch. Aber am besten gefällt mir ...

Und jetzt Sie bitte!

Positiv + wie	Komparativ + als
schwarz wie der Teufel	schwärzer als der Teufel
süß wie Zucker	———
kalt wie Eis	
———	schneller als der Wind
hell wie die Sonne	
———	weißer als Schnee
———	

Vergleiche **D 7**

Vergleichen Sie bitte, und ergänzen Sie die Tabellen!

D 8 Vergleiche

1. Ergänzen Sie bitte den Text!

Links ist linker als rechts

Links ist linker als rechts	Rechts ist etwas weniger links als links
Oben ist höher als unten	Unten ist nicht so hoch wie oben
Vorn ist weiter vorn als hinten	Hinten ist fast so weit vorn wie vorn
Groß ist _____ als klein	Klein ist nicht ganz so groß wie groß
Lang ist _____ als kurz	Kurz ist weniger lang als _____
Schnell ist _____ als langsam	Langsam ist nicht so schnell wie _____
_____ ist stärker als schwach	Schwach ist fast so _____ wie stark
Schön ist _____ als häßlich	Häßlich ist weniger _____ als _____
Sicher ist _____ als unsicher	_____ ist nicht so sicher wie sicher
Klug ist _____ als dumm	_____ ist fast so klug wie klug
Reich ist _____ als arm	_____ ist nicht so reich wie reich
_____ ist besser als schlecht	Schlecht ist fast so _____ wie _____

Volker Erhardt

etwas weniger ... als
nicht so ... wie
nicht ganz so ... wie
fast so ... wie
wie
genauso ... wie

2. Schreiben Sie bitte weiter!

D 9 Im Teehaus „Zum grünen Blatt"

Schreiben Sie bitte einen neuen Dialog (ähnlich wie D 3) und spielen Sie ihn!

♪ 1 Laute: Konsonanten [g], [k], [d], [t], [b], [p]

Buchstaben-Laut-Maschinen

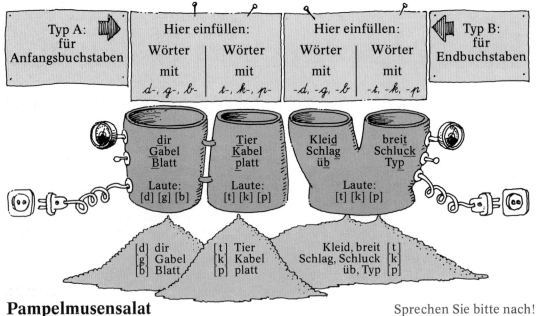

♪ 2 Pampelmusensalat

Sprechen Sie bitte nach!

Bei der Picknickpause in Pappelhusen
aß Papa mit Paul zwei Pampelmusen.
Doch bei dem Pampelmusengebabbel
purzelte plötzlich der Paul von der Pappel
mit dem Popo in Papas Picknickplatte,
wo Papa die Pampelmusen hatte.

Das gab vielleicht ein Hallo!
Die Pappeln, der Papa, der Paul und sein Po,
das Picknick, die Platte (um die war es schad') –
das war ein Pampelmusensalat!

Hans Adolf Halbey

Wie komme ich zu dir?

Mach einen Satz!

Brücke ⟨f⟩ -n
Brücken schlagen;
eine goldene Brücke bauen;
Eselsbrücke

Sprachen-Brücke zur Welt

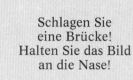

Schlagen Sie
eine Brücke!
Halten Sie das Bild
an die Nase!

Fachsprachenkurse

DEUTSCH FÜR TECHNIKER Intensivkurs	DEUTSCH FÜR PHYSIKER Leseverständnis
4 Semester, täglich 17–18 Uhr	1 Semester, Mo 19–21 Uhr

<u>Voraussetzungen:</u> Berufstätigkeit oder Studium eines technischen Faches	<u>Voraussetzungen:</u> Gründliche Kenntnisse der Physik, Kenntnisse der englischen Sprache
<u>Ziele des Kurses:</u> Sie lernen, wie man einfache technische Probleme auf deutsch ausdrückt. Am Schluß des Kurses können Sie sich mit deutschen Kollegen über technische Grundfragen unterhalten. Und Sie können einfache Texte über technische Themen lesen.	<u>Ziele des Kurses:</u> Leseverständnis: Sie lernen, wie man die wichtigsten Strukturen und Wörter in physikalischen Fachtexten erkennt und wie man die Texte mit Hilfe eines Wörterbuches durcharbeitet. Nach einem Semester können Sie Fachtexte der Physik auf deutsch lesen und verstehen.
<u>Was Sie in dem Kurs nicht lernen:</u> – Umgangssprache – auf deutsch schreiben	<u>Was Sie in dem Kurs nicht lernen:</u> – Deutsch sprechen und schreiben Achtung, der Kurs wird <u>nicht</u> auf deutsch gehalten!

HINWEIS: Zur Zeit gibt es weder Fachsprachenkurse für Mediziner noch für Hotelangestellte. Wir empfehlen den Besuch der allgemeinen Deutschkurse.

Fragen

1. Lernt man das in diesen Kursen? Kreuzen Sie bitte an!

   a) Umgangssprache
   b) über technische Grundfragen sprechen
   c) auf deutsch schreiben
   d) über Politik sprechen
   e) deutsche Fachtexte der Physik verstehen
   f) deutsche Landeskunde
   g) schwierige Texte über technische Themen lesen

	Deutsch für Techniker		Deutsch für Physiker	
	ja	nein	ja	nein
a)				
b)				
c)				
d)				
e)				
f)				
g)				

2. Welche Unterschiede gibt es zwischen dem Kurs für Techniker und dem Kurs für Physiker?

Welcher Kurs ist der richtige? A 2

A: Herr Schmidt, entschuldigen Sie bitte, ich habe eine
Frage. Haben Sie einen Moment Zeit?
S: Selbstverständlich, Herr Alga. Was gibt es denn?
A: Eine Freundin von mir möchte Deutsch lernen. Sie will
Physik studieren. Meinen Sie, daß ich ihr den Deutsch-
kurs für Physiker empfehlen soll?
S: Nein, ich glaube, das ist nicht der richtige Kurs.
Die Teilnehmer sind alle Spezialisten: Wissenschaftler,
Professoren, mindestens Doktoranden. Anfänger lang-
weilen sich in diesem Kurs, weil sie weder den Inhalt
noch die Sprache der Texte verstehen. Da ist ein
allgemeiner Kurs viel sinnvoller.
A: Aber meine Freundin möchte nicht nur die Umgangs-
sprache lernen. Sie sagt, Fachsprache ist wichtig.
S: Da hat sie auch recht. Aber sie hat ja noch Zeit. Sie kann
zuerst einen allgemeinen Grundkurs besuchen und
danach einen Fachsprachenkurs für Physiker. Das ist
sicher das beste.
A: Ja, ich glaube, das ist ein guter Rat. Vielen Dank,
Herr Schmidt.

Fragen

1. Was will die Freundin
von Herrn Alga?
2. Was für Teilnehmer be-
suchen den Deutschkurs
für Physiker?
3. Warum empfiehlt Herr
Schmidt keinen Fach-
sprachenkurs für
Physiker?
4. Welchen Rat gibt Herr
Schmidt?

Kursberatung A 3

1. Variieren Sie bitte den Dialog!
🗨 Entschuldigung, Frau …, ich habe
eine Frage.
🔴 Ja, bitte.
🗨 Ein Freund von mir möchte Deutsch
lernen. Er will Medizin studieren.
Welchen Kurs soll ich ihm empfehlen?

🔴 Da ist der Fachsprachenkurs für
Mediziner das beste, denke ich.

🗨 Danke.

2. Spielen Sie bitte Kursberatung!

Variationen

🗨 Entschuldigen Sie, darf ich Sie etwas
fragen?
🔴 Bitte, um was geht's denn?
🗨 Eine Bekannte/Ein Kollege; einen
Deutschkurs besuchen; Biologie/
Physik/… studieren; in einem Hotel/als
Reiseleiter/in arbeiten; sie ist Ärztin/er
ist …; ist mit dem Studium schon fertig.
Welcher Kurs ist am besten/sinn-
vollsten für sie/ihn?
🔴 Lesekurs/Fachsprachenkurs für …/
allgemeiner Deutschkurs;
am besten/sinnvollsten.
🗨 Vielen Dank für die Auskunft./
Danke schön.

Negation (2): Zweimal verneinen

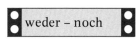

Beispiel:
Sie verstehen den Inhalt **nicht**.
Sie verstehen die Sprache **nicht**. →
Sie verstehen **weder** den Inhalt **noch** die Sprache.

Zweimal verneinen A 4

Üben Sie bitte!

1. Sie lernen **nicht** lesen.
Sie lernen **nicht** schreiben.
2. Er ist **kein** Chemiker.
Er ist **kein** Physiker.
3. Sie studiert **nicht** Medizin.
Sie studiert **nicht** Biologie.
4. Ich habe **keine** Zeit.
Ich habe **keine** Lust.

B1   e = mc²

Albert Einstein (1879–1955)
Radierung von Max Liebermann
(1847–1935)

1916.   № 7.

ANNALEN DER PHYSIK.
VIERTE FOLGE.   BAND 49.

1. *Die Grundlage*
der allgemeinen Relativitätstheorie;
von A. Einstein.

Die im nachfolgenden dargelegte Theorie bildet die denk-
bar weitgehendste Verallgemeinerung der heute allgemein als
„Relativitätstheorie" bezeichneten Theorie; die letztere nenne
ich im folgenden zur Unterscheidung von der ersteren „spezielle
Relativitätstheorie" und setze sie als bekannt voraus. Die
Verallgemeinerung der Relativitätstheorie wurde sehr er-

„Können Sie die Relativitätstheorie nicht mit einfachen Worten erklären?" fragte einmal eine Dame den Physiker Einstein.
„Meine Dame", begann er, „ich ging einmal mit einem blinden Freund spazieren. Es
war heiß, und ich wollte ein Glas Milch trinken. – ‚Milch', sagte mein Freund, ‚trinken
verstehe ich, aber was ist Milch?' – Eine weiße Flüssigkeit, antwortete ich. – ‚Flüssigkeit verstehe ich, aber was ist weiß?' – Die Farbe einer Schwanenfeder. – ‚Feder verstehe ich, aber was ist Schwan?' – Ein Vogel mit einem gebogenen Hals. – ‚Hals verstehe ich, aber was ist gebogen?' – Da verlor ich die Geduld, nahm seinen Arm und
streckte ihn: Das ist gerade, sagte ich. Dann beugte ich den Arm: Das ist gebogen.
‚Danke', antwortete der Blinde, ‚jetzt weiß ich, was Sie mit Milch meinen.'"

Fragen
a) Welche Wörter verstehen **Sie** nicht?
b) Welche Wörter versteht der Blinde nicht?
c) Wie erklärt Einstein dem Blinden die unbekannten Wörter?
   Suchen Sie bitte die Erklärungen im Text! Ergänzen Sie bitte!

Welches Wort ist unbekannt?

Milch trinken   → ......*Milch*...... ?

                                                          1. Erklärungsschritt

weiße Flüssigkeit   → .... ?

                                                          2. Erklärungsschritt

Farbe einer Schwanenfeder   → .... ?

                                                          3. Erklärungsschritt

Vogel mit gebogenem Hals   → .... ?

                                                          4. Erklärungsschritt

gerade   gebogen

d) Beantwortet Einstein die Frage der Dame direkt?
e) Was will er mit seiner Antwort sagen?

Beispiele: **Wie heißt das Substantiv?** **B 2**

blind – die Blind**heit**	flüssig – die Flüssig**keit**	süß – die Süß**igkeit**

ähn**lich** – die Ähn**lichkeit**

klug   schnell
sicher   möglich   leicht
dunkel   wichtig
frei   richtig
schön   schwierig
berühmt   herzlich
bekannt   freundlich
offen   selbstverständlich
verschieden
dumm
trocken

Wie praktisch! Diese Substantive sind alle femininum.

1. Ergänzen Sie bitte!   **Oberbegriffe** **B 3**

Vogel	Flüssigkeit	Farbe	Mensch	Besteck	Jahreszeiten	Ortsveränderung
Schwan	Milch	weiß	Kind	Messer	Frühling	gehen
Hahn	Wasser	grün	Mann	Löffel	…	fahren
…	Kaffee	braun	…	…		…
	…	…				

2. Machen Sie bitte weiter!

Familie	Beruf	Kleidung	…
…	…	…	…

3. Wie heißen die Oberbegriffe?

…	…	…	…
Regen	Apfel	Bier	…
Schnee	Birne	Saft	
Hitze	Banane	Tee	
Gewitter	Zitrone	Kaffee	

Raten Sie bitte!   **Rätselspiel** **B 4**

Beispiel:
- Was ist das Rätselwort?
- Ein Vogel.
- Was für ein Vogel?
- Ein weißer Vogel mit einem langen gebogenen Hals.
- Ein Schwan!
- Richtig.

Und jetzt Sie bitte!
1. eine Farbe – zwischen rot und blau
2. ein Mensch – er kann nicht sehen
3. ein Raum – mit vielen Büchern
4. ein Fest – am Ende des Kurses
5. eine Verwandte – die Schwester der Mutter
6. eine Jahreszeit – am Anfang des Jahres
…

C1 Diskussion über den Sprachunterricht: Flüssig oder korrekt sprechen?

Alli Alga (AA), Nuri Nabu (NN), Bina Boto (BB) und Koto Kana (KK)
diskutieren mit ihrer Lehrerin, Frau Richter (FR).

NN: Frau Richter, ich finde, daß Sie uns nicht genug korrigieren. Wir machen oft Fehler, aber Sie sagen nichts.

FR: Das stimmt, ich korrigiere nicht alle Fehler. Wir haben nämlich zwei Ziele im Sprachunterricht: flüssig sprechen und korrekt sprechen.

AA: Und was ist wichtiger?

FR: Was denken Sie?

BB: Flüssig sprechen.

NN: Korrekt sprechen.

KK: Ich finde, das kommt darauf an.

FR: Wie meinen Sie das?

KK: Na, bei einer Grammatikübung müssen wir natürlich alles richtig machen. Da müssen Sie jeden Fehler korrigieren.

BB: Ja, aber in einer Diskussion will ich frei sprechen. Da mag ich nicht, wenn immer jemand korrigiert. Sonst vergesse ich ja, was ich sagen wollte.

NN: Ich habe immer Angst, daß ich Fehler mache.

FR: Sind Fehler denn so schlimm?

BB: Ich finde nicht – wenn die anderen verstehen, was ich sagen will.

AA: Man kann Fehler auch vermeiden. Zum Beispiel: Wenn ich den genauen Ausdruck nicht weiß, suche ich einfach eine Umschreibung. Oft helfen mir dann die anderen.

FR: Das ist eine gute Möglichkeit. Im übrigen sind Fehler normal, wenn man eine Sprache lernt. In der Muttersprache machen wir ja auch Fehler. Am besten ist es, wenn Sie frei und ohne Angst vor Fehlern sprechen.

NN: Soll das heißen, daß ich so viele Fehler machen kann, wie ich will?

Aufgaben

1. Beantworten Sie bitte die Fragen!

a) Was findet Nuri Nabu am Unterricht von Frau Richter nicht gut?
b) Welche Ziele gibt es im Sprachunterricht?
c) Wann sind Fehler nicht so schlimm?
d) Lernt man bei Grammatikübungen frei und flüssig sprechen?
e) Was kann man machen, wenn man einen Ausdruck nicht genau weiß?
f) Hilft Angst beim Sprachenlernen?

2. Wer hat welche Meinung? Notieren Sie bitte Stichwörter!

Alli Alga	Nuri Nabu	Bina Boto	Koto Kana	Frau Richter
Fehler vermeiden; Umschreibungen suchen				

Aussagen C 2

a) Ich rede einfach drauflos. Die Fehler interessieren mich nicht. Wenn man mich versteht, bin ich zufrieden.

b) Ich habe immer Angst, daß ich Fehler mache. Deshalb spreche ich nur langsam. Ich möchte gern mitreden, aber ich bin ein bißchen schüchtern. Die anderen sind schneller und mutiger. Deshalb komme ich fast nie zu Wort. Vielleicht muß ich einfach mehr Mut haben.

c) Wenn ich etwas sagen will, fehlen mir die Wörter. Das ärgert mich. Deshalb sage ich lieber nichts.

d) Ich glaube, wenn ich schreibe, dann lerne ich auch das Sprechen. Deshalb schreibe ich lieber. Da habe ich Zeit und kann in Ruhe nachdenken.

e) Es stört mich, wenn der Lehrer meine Fehler nicht korrigiert. Dann weiß ich nicht mehr, was richtig und was falsch ist.

f) Ich mag nicht, wenn man meine Fehler immer gleich korrigiert. Wichtig ist, was ich sage, und nicht, wie ich es sage. Auf den Inhalt kommt es an und nicht auf die richtige Grammatik.

g) Ich mache mir Notizen und frage später, wie etwas richtig heißen muß.

Aufgaben

1. Welche Aussagen passen zu Alli Alga, Nuri Nabu, Bina Boto und Koto Kana? Welche sind ganz neu?
2. Schreiben Sie bitte Rollenkarten. Nehmen Sie Aussagen aus C1 und C2!

Beispiel:

> Bina Boto:
> frei sprechen – Fehler korrigieren stört –
> wichtig ist der Inhalt, nicht die Grammatik

3. Spielen Sie bitte mit den Rollenkarten einen Dialog!
4. Welche Meinung haben Sie? Notieren Sie sich bitte Stichwörter!
5. Diskutieren Sie dann bitte im Kurs!

Wörter C 3

Wörter
meine Fallschirme
mit euch
springe
ich
ab

Ich fürchte nicht die Tiefe
wer euch richtig
öffnet

schwebt

Horst Bienek

D 1 Die Leseratte und die Satzglieder

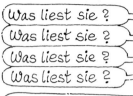

Ergänzung/Angabe

Sie liest ⟨jeden Buchstaben⟩.	Was liest sie?
Sie liest ⟨jedes Wort⟩.	Was liest sie?
Sie liest ⟨jede Zeile⟩.	Was liest sie?
Sie liest ⟨jedes Buch⟩.	Was liest sie?
Sie liest (jeden Abend).	

Hoppla! Hier muß man fragen: „Wann liest sie?" Denn das ist keine Akkusativ= ergänzung. Das ist eine Angabe.

Angaben

Sie liest	(den ganzen Tag).	**Wann/Wie lange** liest sie?
	(von 6 bis 8).	**Wann/Wie lange** liest sie?
	(in der Bibliothek).	**Wo** liest sie?
	(, weil es regnet).	**Warum** liest sie?
	(gern).	**Wie** liest sie?
	(nicht).	Liest sie? Liest sie nicht?
	(zum Vergnügen).	**Wozu** liest sie?
	(mit einer Lesebrille).	**Womit** liest sie?

D 2 Guten Appetit!

Ordnen Sie bitte!   Beispiele: Er ißt ⟨Fleisch⟩.   Sie ißt (den ganzen Tag).

ein Eis   gern   immer   wenn sie Zeit hat   Kartoffeln
weil sie unglücklich ist   zum Vergnügen   Nußkuchen   kein Fleisch
nichts   Obst   Fisch   alles   im Flugzeug   mit den Händen
keinen Reis   jede Stunde   ...

Die Leseratte: Position I und Satzverknüpfung   E1

Satzgliedstellung (8): Position I

In der Entscheidungsfrage muß die Position I frei bleiben.

		I	II	
			Liest	die Leseratte viel?
		[Sie]	liest	jeden Tag mindestens ein Buch.
		(Gestern)	hat	sie zuerst ein Buch mit Gedichten gelesen.
		(Weil die Gedichte ihr so gut gefielen,)	hat	sie noch ein Buch angefangen.
	Aber	⟨das zweite Buch⟩	fand	sie nicht so schön.
		(Deshalb)	hat	sie lieber die Gedichte noch einmal gelesen.
		(Warum)	liest	sie eigentlich so viel?

In der W-Frage steht auf Position I das Fragepronomen.

Auf **Position I** kann vieles stehen: ein Wort oder viele Wörter. Aber es darf immer **nur ein Satzglied** sein: das Subjekt oder eine andere Ergänzung oder eine Angabe.

Auch Nebensätze sind Satzglieder!

Satzverknüpfung (1)

Sie ging in die Bibliothek.

|Dort| las sie ein Buch.

|Es| gefiel ihr nicht.

|Deshalb| nahm sie ein anderes.

Das Satzglied auf Position I stellt die inhaltliche Verknüpfung zwischen den Sätzen her.

Ich   E2

Lesen Sie bitte den Text, und bestimmen Sie in jedem Satz die Position I!

Beispiel:

I

◌ [Ich] habe eine komplizierte Frage:

Wenn du „ich" sagst, bin ich es nicht.
Warum sagst du dann „ich"?
Denn dich kann ich doch nicht „ich" nennen.
Hast du das verstanden?
● Ich habe es gehört.
Aber ich habe es nicht verstanden.

F1 Was für eine Strafe ist die Sprachlosigkeit!

Eine Einwanderin berichtet über ihre Probleme beim Sprachenlernen.

Aufgaben

1. Lesen Sie bitte zuerst die Kurzinformationen!
2. Lesen Sie bitte den Text!
3. Unterstreichen Sie die Kurzinformationen im Text!
4. Wunsch der Autorin oder Realität? Lesen Sie den Text noch einmal, und tragen Sie die Kurzinformationen in die Tabelle rechts ein!
5. Lesen Sie den Text bitte noch einmal, und überprüfen Sie Ihre Lösung!

Kurzinformationen	Text	Wunsch	Realität
a) Diskussion über Politik b) Information über Politik	Tränen kommen mir in die Augen, wenn ich an mein Lieblingsthema denke: die politischen Diskussionen. Hier, in diesem Land, stehe ich sprachlich auf der Stufe eines Kleinkindes.		
c) Konversation über Käse und Butter d) Nur sagen können: „Das ist Käse."	Täglich gehe ich in die Schule und habe sechs Stunden Sprachunterricht. Neben, vor und hinter mir sitzen meine Mitschüler – lauter interessante Menschen aus verschiedenen Ländern. Was geht in ihren Köpfen vor? Was denken sie über die politischen Systeme, über Freiheit, Gerechtigkeit, Frieden? Ich kann meinen Nachbarn nur fragen: „Ist das Käse?" Und er antwortet mir: „Ja, das ist Käse." „Ist das Butter?" – Wir behandeln im Unterricht gerade die Lektion „Ich kaufe ein".		
e) Fragen und Antworten zum Thema Einkaufen f) Sprechen wie ein Kleinkind	Ich war früher selber Sprachlehrerin. Aber ich hatte keine Ahnung, daß es so schwierig ist, eine Sprache zu lernen. Heute sitze ich selbst mit 15 erwachsenen Menschen in einer Klasse zusammen. Jeder hat Probleme, jeder kommt aus einem anderen Land. Ich möchte mich mit ihnen unterhalten. Aber wir stellen nur fest: „Im Laden kauft man Milch, Butter, Eier und Käse."		
g) Über persönliche Probleme reden h) Mit Mitschülern über Politik sprechen	Ich lebe in einem politischen Vakuum. Ich kann keine Zeitung lesen und verstehe keine Nachrichten. Wenn ich mal eine Zeitung in meiner Muttersprache lese, bin ich schockiert: Krieg hier, Streik dort, Inflation fast überall. Und ich kann nur sagen: „Das ist Käse."		

Nach Lea Fleischmann

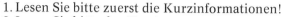

Das ist doppeldeutig.

Ja, das bedeutet auch: „Das ist Unsinn."

Haben Sie schon ähnliche Probleme wie die Autorin gehabt? Sprechen Sie bitte darüber in Ihrer Muttersprache!

Lesen Sie bitte leise!

Ich werfe meinen Ball, meinen gelben Ball.
Er fliegt über Häuser und Bäume.
Er fliegt über Felder und Wälder,
weit, weit, weit.

Du fängst ihn und sagst „pie-uka",
das heißt Ball,
du sagst „djuuta", das heißt gelb,
du sagst „pschyjazjel", das heißt Freund.
Und du wirfst mir den Ball zurück,
mein Freund aus Polen.

Ich werfe meinen Ball, meinen gelben Ball.
Er fliegt über Häuser und Bäume.
Er fliegt über Länder und Meere,
weit, weit, weit.

Du fängst ihn und sagst „bole",
das heißt Ball,
du sagst „kaha", das heißt gelb,
du sagst „mitura", das heißt Freund.
Und du wirfst mir den Ball zurück,
mein Freund aus Ceylon.

Ilse Kleberger

Wirf mir den Ball zurück, Mitura! F2

Aufgaben
1. Variieren Sie bitte das Gedicht für andere
   Sprachen und Länder!
2. Fangen Sie den Ball, und werfen Sie ihn
   bitte zurück nach Deutschland!

Ich fange ihn und sage: „ … "
das heißt Ball,
ich·sage „ … ",
das heißt gelb,
ich sage „ … ",
das heißt Freund.
Und ich werfe dir den Ball zurück,
meine Freundin aus Deutschland.

Brücke oder Barriere? F3

Deutsch lernen – ein Vergnügen!

Bau dir eine Brücke
aus Wörtern
von Chicago bis München –
jeder Satz
macht einen neuen Schritt.
Die deutsche Sprache
ist weit auszudehnen,
führt hoch hinauf
ins Blaue, zeigt dir
kristallene Paläste
über den Wolken,
schneidet Bogen,
doch fest verankert
stehen die Pfeiler.
Komm mir
zu Fuß entgegen
über den Ozean.

Renate Rasp

sprach-barriere

ich will mit dir
reden
doch ich kann meine
gedanken
nur in eine sprache
bringen
die dir fremd ist
und die du nicht verstehst
schmerzt es dich eigentlich
wenn ich zu dir
wie zu einem kind
rede
das noch nicht sprechen
kann

Tryphon Papastamatelos

Illustrieren Sie bitte die Gedichte! (Zeichnungen, Fotos, Collagen …)

10

♪ 1　Intonation: Sinn verändern

Sprechen Sie bitte die Fragen nach!

Frage (gesprochen)　　　　　　　　　　　　　　(gedacht)

1. Hat Herr Alga einen \Sprach/kurs besucht?　　　oder einen Physikkurs?
2. Hat Herr Alga \ei/nen Sprachkurs besucht?　　　oder mehrere?
3. Hat Herr \Al/ga einen Sprachkurs besucht?　　　oder jemand anders?
4. Hat\ Herr Alga einen Sprachkurs be/sucht?　　　oder nicht?

♪ 2　Übung　　　Ordnen Sie bitte zu!

1. /Was hat Herr Alga gestern im Sprachlabor ge\lernt?　☐　a) nicht im Klassenraum
2. Was hat Herr /Al\ga gestern im Sprachlabor gelernt?　☐　b) nicht letzte Woche
3. Was hat Herr Alga /ges\tern im Sprachlabor gelernt?　☐　c) nicht Frau Boto
4. Was hat Herr Alga gestern im /Sprach\labor gelernt?　☐　d) Grammatik oder Phonetik?

♪ 3　Übung

a) Verändern Sie bitte den Sinn durch die Intonation!
b) Erklären Sie bitte, was Sie bei Ihrer Intonation jeweils gedacht haben!

Korrigiert Frau Richter immer alle Grammatikfehler?

Was findet Nuri Nabu am Unterricht von Frau Richter nicht gut?

♪ 4　Laute: Konsonanten [f], [v], [s], [z]　　Sprechen Sie bitte nach!

	am Anfang	in der Mitte	am Ende	
[f]	Fehler Vater Physik	schlafen Kaffee Hannover Philosophen	Beruf Schiff Dativ Philosoph	*f* *ff* *v* *ph*
[v]	weiß Vanillezucker	Krawatte Perspektive		*w* *v*
[s]	Skelett	bester flüssig dreißig	was weiß	*s* *ss* *ß*
[z]	süß	Physik		*s*

Sprachkurse

Deutsch lernen Deutschland kennenlernen

Goethe-Institut

Sprachferien

Deutsch lernen in Deutschland
Deutsch lernen im Urlaub
Wir haben das ideale Programm
für Sie:

- Ferienkurse von 2, 3, 4 oder 6 Wochen
- Unterricht in kleinen Gruppen
- Wohnen bei einer deutschen Familie
- Theater, Konzerte, Vorträge
- Spazie... ...flüge
- Spiel,...

Infor...

UNIVERSITÄT TRIER

Internationaler
Ferienkurs

Ratschläge für den Deutschlandaufenthalt

IV. Die Wohnung

1. Wohnungsvermittlung durch Briefkontakt
2. Gästehäuser für ausländische Wissenschaftler
3. Unterbringung am Sprachinstitut
4. Wohnungstypen
5. Kosten
6. Wohnungssuche
7. Kaution
8. Mietvertrag
9. Hausordnung

Begegnung

Die erste Nacht
im fremden Land
vor fremder Wand
im fremden Bett
Schlaflosigkeit
bemalt
weiß
die Nacht
in frühen Morgenstunden
kommt plötzlich
der Regen
kommt da
irgend jemand
aus der Heimat?

Kim Lan Thai

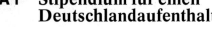

A1 Stipendium für einen Deutschlandaufenthalt

DEUTSCHER AKADEMISCHER AUSTAUSCHDIENST e.V.

5300 BONN 2, KENNEDYALLEE 50, TEL.: (02 28) 8 82-1

Programmbereich II   Referat:

STIPENDIENZUSAGE

Name des Stipendiaten:

Heimatland: Kennziffer:
                                         (bitte in jedem Schreiben angeben)
Dauer des Stipendiums:

Dauer des Sprachkurses:

Bina Boto spricht mit der
Assistentin Susanne Böhlmann.

BB: Susanne, sieh mal! Alli und ich bekommen das Stipendium.
Hier ist die Zusage aus Deutschland.
SB: Das ist ja prima! Herzlichen Glückwunsch!
Und wann fliegst du?
BB: Am 13. Juli.
SB: Das ist ja schon bald. Hast du denn schon alle Papiere
zusammen: Flugticket, Reisepaß, Impfpaß, Zeugnisse?
BB: Na klar! Ach, ich bin schon ganz aufgeregt.
SB: Aber warum denn? Jetzt kann doch nichts mehr passieren!
BB: Wer weiß, ob alles klappt. Bis Frankfurt fliegen Alli und ich
ja noch zusammen. Aber dann … Übrigens, Alli möchte wissen,
ob er von Frankfurt nach Göttingen einfach ein Taxi nehmen
kann. Ich soll dich fragen.
SB: 200 Kilometer mit dem Taxi? Bloß nicht! Das kostet ja ein
Vermögen!
BB: Aber 200 Kilometer sind doch keine große Entfernung!
SB: Das gilt vielleicht für Lilaland, aber nicht für Deutschland.
Nein, Alli fährt am besten mit dem Zug.
BB: Gut. Und dann habe ich selbst auch noch einige Fragen. Ich
weiß nicht, was für Kleidung ich mitnehmen soll. Ob ich ein
Abendkleid brauche?
SB: Nein, auf keinen Fall. Das kannst du viel zu selten anziehen.
Aber denk an warme Sachen! Die Sommer in Deutschland sind
manchmal ziemlich kühl.
BB: Danke für den Tip. Ach weißt du, manchmal frage ich mich,
ob ich im deutschen Alltag überhaupt zurechtkomme. Da ist
sicherlich alles ganz anders als im Unterricht. Ich habe Zweifel,
ob meine Deutschkenntnisse für praktische Dinge – wie zum
Beispiel Einkäufe – ausreichen.
SB: Ach, das schaffst du schon. Am Anfang gibt es vielleicht einige
Schwierigkeiten mit der Verständigung, aber die gehen schnell
vorüber. Ich wünsche dir jedenfalls eine gute Reise.
Und schreib mir mal!

A2 Welche Wörter passen?

Ergänzen Sie bitte!

Bina und Alli bekommen ein ＿＿ für einen ＿＿ in
Deutschland. Vor einigen Tagen ist die ＿＿ gekommen.
Sie haben schon alle ＿＿ zusammen: ＿＿ , ＿＿ ,
＿＿ , ＿＿ . Trotzdem sind sie ganz ＿＿ und haben
viele Fragen. Alli möchte wissen, ob er von Frankfurt nach
Göttingen ein ＿＿ ＿＿ kann. Susanne erklärt, daß ein
Taxi für 200 km ein ＿＿ kostet und daß man am besten
mit dem ＿＿ fährt. Bina findet das erstaunlich, denn in
Lilaland sind 200 km keine große ＿＿ . Sie selbst hat eine
andere Frage. Sie weiß nicht, ob sie ein ＿＿ mitnehmen
soll. Susanne meint, daß warme ＿＿ wichtiger sind. Bina
fragt sich, ob sie im deutschen Alltag ＿＿ , denn sie hat
＿＿ , ob ihre Deutschkenntnisse für praktische Dinge
＿＿ . Doch Susanne meint, daß die Schwierigkeiten mit
der ＿＿ schnell ＿＿ .

Ratschläge für den Deutschlandaufenthalt A 3

Aufgabe

Lesen Sie bitte den Text unten! In welchem Textabschnitt findet man Informationen über

– Tagebuch schreiben? [5]
– Papiere? [ ]
– Verständigung? [ ]
– Wetter? [ ]
– Geld? [ ]
– Kleidung? [ ]

I. Anreise

1. Haben Sie alle Ausweispapiere dabei? Nämlich:
   – Reisepaß;
   – Impfpaß;
   – Internationaler Führerschein (wenn Sie in der Bundesrepublik Deutschland Auto fahren wollen);
   – Stipendienzusage;
   – Zeugnis über Ihre Deutschkenntnisse;
   – einige Paßfotos.

2. Bei Ihrer Ankunft in Deutschland ist es vielleicht kalt, oder es regnet. Nehmen Sie deshalb einen Mantel, einen Pullover, einen Schirm und feste Schuhe mit.

3. In den ersten Tagen braucht man in einem fremden Land meistens etwas mehr Geld. Nehmen Sie deshalb nicht zu wenig Geld mit (nach Möglichkeit auch etwas deutsches Geld).

4. Nehmen Sie ein gutes Wörterbuch und eventuell einen kleinen Sprachführer mit. Sie können zur Not in der Bundesrepublik Deutschland mit Englisch zurechtkommen.

5. In den meisten Sprachkursen müssen Sie über Ihre Erlebnisse bei der Ankunft in Deutschland berichten. Am besten machen Sie sich deshalb gleich auf deutsch Notizen in Ihr Tagebuch.

5

A 4 Nebensätze (2)

Indirekte Fragesätze (2)

Was für Kleidung soll ich mitnehmen?	W-Frage	direkt
Ich weiß nicht, was für Kleidung ich mitnehmen soll.		indirekt
Kann man ein Taxi nehmen?	Entschei-dungs-frage	direkt
Er möchte wissen, **ob** man ein Taxi nehmen kann.		indirekt

A 5 Indirekte Fragesätze

a) Ihr Freund/Ihre Freundin hat ein Ferienkursstipendium bekommen.
   Er/Sie hat viele Fragen, kann aber nicht in den Unterricht kommen.
   Lesen Sie bitte seine/ihre Notizen, und fragen Sie für ihn/sie!
   Benutzen Sie indirekte Fragesätze!
Beispiel:
Soll ich Fotos von unserem Land mitnehmen?

   … möchte gern wissen,
   Ich soll Sie von … fragen, } ob er/sie Fotos von unserem Land mitnehmen soll.

Bitte frage für mich:
1. Brauche ich einen Reisepaß?
2. Muß ich deutsches Geld mitnehmen?
3. Brauche ich Paßfotos?
4. Soll ich ein Wörterbuch mitnehmen?
5. Kann ich in der Bundesrepublik Auto fahren?
6. Brauche ich einen Regenschirm?
7. Muß ich einen Mantel mitnehmen?
8. Spricht man in der Bundesrepublik auch Englisch?
9. Muß ich meine Zeugnisse mitnehmen?
10. Brauche ich meinen Impfpaß?

Und ich möchte wissen, ob ich meine lila Brille mitnehmen soll

b) Und was möchten Sie wissen?
   Stellen Sie bitte weitere Fragen!
Beispiele:
Ich möchte wissen, …   Können Sie mir bitte sagen, …
Ich frage mich, …   Wissen Sie, …

Heut kommt der Hans nach Haus A 6

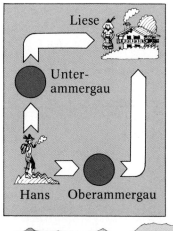

Kanon zu 3 Stimmen   *Aus Bayern*

1. Heut kommt der Hans nach Haus, freut sich die Lies'.

2. Ob er a - ber ü - ber O - ber - am - mer - gau

o - der a - ber ü - ber Un - ter - am - mer - gau

3. o - der a - ber ü - ber - haupt nicht kommt, ist nicht ge - wiß.

Liese
Unter-ammergau
Hans   Oberammergau

Fragen: direkt und indirekt A 7

Sie sollen sich mit einem deutschen Gast treffen. Sie kennen ihn aber nicht. Fragen Sie bitte eine deutsche Kollegin/einen deutschen Kollegen!

Beispiele:
Wie heißt die Dame/der Herr? Kommt sie/er mit dem Flugzeug um 8 Uhr? →
Können Sie mir bitte sagen, ⎰ wie die Dame/der Herr heißt?
Wissen Sie,   ⎱ ob sie/er mit dem Flugzeug um 8 Uhr kommt?

1. Wie ist sie/er angezogen?
2. Ist die Dame/der Herr groß oder klein?
3. Welche Haarfarbe hat sie/er?
4. Hat sie/er eine Brille?
5. In welchem Hotel wohnt sie/er?
6. Kommt sie/er allein oder mit Familie?

7. Wie lange bleibt sie/er bei uns?
8. Soll sie/er ein Taxi nehmen?
9. Was soll ich ihr/ihm unterwegs zeigen?
10. Hat sie/er heute noch eine Verabredung?
11. Wohin soll ich sie/ihn zuerst bringen?
12. Spricht sie/er nur Deutsch?

Fragen von Touristen A 8

Welche typischen Fragen stellen ausländische Touristen bei Ihnen?
Beispiel:
Lara Lenzi: In Lilastadt fragen alle Touristen, wo die Regenbogenbrücke ist und ob wir ihnen den Weg zeigen können.

Ratschläge für den Aufenthalt in Ihrem Land A 9

Geben Sie bitte Deutschen Ratschläge für den Aufenthalt in Ihrem Land!

B1 Aus Alli Algas Tagebuch

Dienstag, den 14. Juli

Die erste Nacht in Deutschland. Ich bin todmüde und friere. Und das im Sommer! Das Zimmer wirkt schrecklich ungemütlich. Die Möbel stehen mitten im Raum. Ich kann kaum meine Koffer aufmachen. Auch das Bett ist ganz anders als bei uns. Es gibt nur eine dünne Decke. Plötzlich fühle ich mich sehr allein. Jetzt merke ich erst, wie sehr ich an meiner Heimat hänge. Ich frage mich, warum ich unbedingt in dieses fremde Land gehen wollte. Alles ist so kalt hier. Ich habe Heimweh.

Mittwoch, den 15. Juli

Heute sieht die Welt schon ganz anders aus! Alles ist nur noch halb so schlimm. Ich habe meinen Zimmernachbarn kennengelernt. Der hat mir geholfen. Die dünne Decke war nur der Bettbezug. Die richtige Decke lag im Schrank. Wir haben sie gleich mit dem Bettbezug bezogen und auf das Bett gelegt. Dann haben wir die Möbel an die Wand gestellt und den Tisch vor das Fenster gerückt. Neben dem Schrank hing ein kitschiges Blumenbild. Ich habe es in den Schrank gelegt und ein Regenbogenplakat an die Wand gehängt. Danach haben wir uns aufs Bett gesetzt und eine Tasse Kaffee getrunken. Jetzt ist meine Stimmung viel besser. Ich fühle mich viel wohler und freue mich fast schon auf morgen.

Aufgaben

1. Am Dienstag ist Herr Alga unglücklich. Am Mittwoch ist er nicht mehr so unglücklich. Welche Sätze aus dem Tagebuch zeigen das?

2. Haben Sie schon einmal etwas Ähnliches erlebt: fremd, allein, ratlos, unglücklich? Erzählen Sie bitte!

B2 Das Zimmer

Dienstag

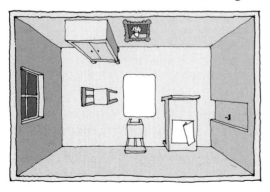

Mittwoch

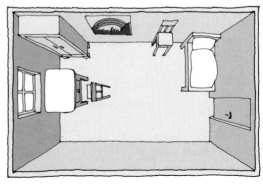

Lesen Sie bitte Allis Algas Tagebuch noch einmal, und sehen Sie sich die Zeichnungen des Zimmers an! Ergänzen Sie dann bitte die Sätze!

Dienstag
Die Möbel *stehen mitten im* Raum.
Das Bett _____ Tür.
Der Tisch _____ Bett.
Die Stühle _____ Tisch.
Das Bild _____ Schrank.
Die dünne Decke _____ Bett.

Mittwoch
Sie haben die Möbel *an die* Wand *gestellt* .
Sie haben den Schrank _____ linke Ecke und das Bett _____ andere Ecke _____ .
Sie haben den Tisch _____ Fenster _____ .
Sie haben das Plakat _____ Wand _____
und das Bild _____ Schrank _____ .
Und sie haben die richtige Decke _____ Bett _____ .
Dann haben sie sich _____ Bett _____ .

Verben mit Direktivergänzung (3): Präposition + Akkusativ

Er	stellt legt hängt setzt	die Möbel die Decke das Bild sich	an auf neben auf	die Wand. das Bett. den Schrank. das Bett.
Subjekt	Verb	Akkusativ- ergänzung	Direktivergänzung	
Nominativ		Akkusativ	Präposition + Akkusativ	
Wer?		Was?/Wen?	Wohin?	

Direktivergänzung: **wohin?** stellen legen hängen sich setzen

Lokalergänzung: **wo?** stehen liegen hängen sitzen

Achtung!
Nicht verwechseln!

Übung: Pyramide, Kugel und Würfel **B 3**

Bilden Sie bitte Direktiv-
und Lokalergänzungen!

Beispiel:
A: Stellen Sie die Kugel auf die Pyramide!
B: So ein Quatsch! Die kann doch nicht auf der Pyramide stehen!
A: Dann hängen Sie sie in den Würfel! –
B: Legen Sie den Würfel auf die Kugel!
C: So ein Quatsch! Der kann doch …
B: Dann …
Und jetzt Sie bitte!

C1 Wohnkultur

„Schön wohnen" ist der Traum von vielen Deutschen. Die
„eigenen vier Wände" – so nennt der Deutsche stolz seine
Wohnung – spielen im Alltagsleben eine immer größere Rolle.
Wohnstil und Wohnungseinrichtung sind beliebte Gesprächs-
themen. Zeitschriften zum Thema Wohnen und Prospekte
von Möbelhäusern machen dies deutlich. Sie beeinflussen die
Vorstellungen und Wünsche ihrer Leser und Kunden und
wecken immer neue Träume.
Wohngeschmack und Wohnstil verändern sich. Jahrelang
wollten die Menschen in der Bundesrepublik „modern"
wohnen: gerade Formen, klare Linien, kein „Schnickschnack". Alte Möbel mit Ornamenten und runden Formen
galten als „unmodern".
Zur Zeit sind die alten Formen wieder beliebt. Aber echte alte
Möbel sind meistens sehr teuer. Ein großes Möbelhaus schlägt
eine Alternative vor: Möbel mit geraden, modernen Formen,
aber mit Funktionen wie in alten Zeiten. So kann zum Beispiel
jeder sein Arbeitszimmer wie Johann Wolfgang von Goethe
einrichten.

Aufgaben

1. Suchen Sie bitte Wörter zum Wortfeld „wohnen" aus dem Text!
Beispiele: wohnen, Wohnkultur, …
2. Was galt als „modern",
was als „unmodern"?
3. Wie sieht die Alternative
des großen Möbelhauses aus?

Gut Wohnen

März 1981/Heft 3

SCHÖNER WOHNEN

4,50 Mark September 9/1983 C 6141 E

DACH(T)RÄUME
AUSBAUEN
UND EINRICHTEN

besser wohnen

schöner wohnen
noch schöner wohnen
immer schöner wohnen
fast so schön wohnen wie
SCHÖNER WOHNEN

Dieter G. Eberl

In der Mitte des Zimmers steht ein Tisch. Rechts davor steht ein Papierkorb. Um den Tisch herum stehen drei Stühle. Rechts an der Wand steht eine Kommode mit Bücherregalen. An der Stirnwand des Zimmers sind zwei Fenster. Dazwischen steht eine kleine Kommode, und darüber hängt ein Spiegel. Auf der Kommode steht eine Lampe. Links an der Wand steht ein großes Schreibpult. Darauf hat Goethe kleine Figuren und Steine gelegt, und darüber hat er Bilder gehängt.

Goethes Arbeitszimmer in Weimar C 2

Pronominaladverbien

davor, dazwischen, daneben, darauf, darüber, darunter

„davor"?

Klar: „vor dem Tisch"!

Zimmer einrichten „wie bei Goethe" C 3

Klassisch – modern wohnen

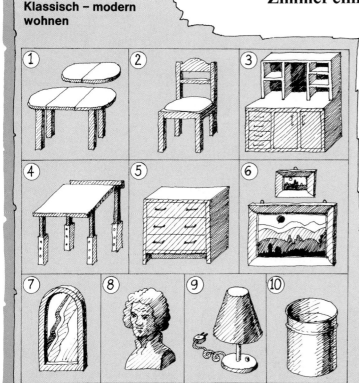

1. Richten Sie bitte ein Zimmer „wie bei Goethe" ein! Machen Sie bitte eine Zeichnung, und tragen Sie die Nummern der Möbelstücke ein!
2. Schreiben Sie bitte einen Werbetext für ein Möbelhaus!

Beispiel:
Zimmer einrichten „wie bei Goethe" ist ganz einfach: Man stellt den Tisch „Werther" in die Mitte des Zimmers. Davor stellt man …

1) Tisch „Werther"
2) Stuhl „Wilhelm Meister"
3) Regalkombination „Egmont"
4) Schreibpult „Faust"
5) Kommode „Gretchen"
6) Bilder
7) Spiegel „Mephisto"
8) Figur „Tasso"
9) Lampe „Erlkönig"
10) Papierkorb „Lotte"

D1 Wohnungen

A) Schülerzimmer:
   unordentlich, individuell
B) Wohnzimmer in Japan:
   man sitzt auf dem Boden
C) Nomadenzelt in Nordafrika:
   Leben unter freiem Himmel
D) „Gute Stube" um 1900:
   voll, aber gemütlich

E) Wohnzimmer eines Lehrerehepaares:
   modisch, organisiert, funktional
F) Zimmer in einem englischen Schloß:
   prächtig, reich, beeindruckend
G) Wohnzimmer eines alleinstehenden
   Ingenieurs: kühl, sachlich, nüchtern
H) Wohnzimmer:
   repräsentativ; man zeigt, was man hat

Wie gefallen Ihnen die Räume?
Tragen Sie bitte die Buchstaben in
die Rangskala ein!

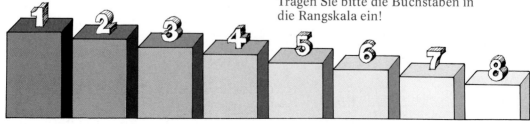

Frau Richter fragt ihre Klasse. **Wo würden Sie sich am wohlsten fühlen?** **D 2**

FR: In was für einem Raum würden Sie sich am wohlsten
fühlen?

CC: Dort, wo man auf dem Boden sitzt. In einem Raum
mit wenigen Möbeln. Das finde ich gemütlich.

DD: Ich liebe das einfache Leben unter freiem Himmel.
Deshalb würde ich mich in einem Zelt am wohlsten
fühlen.

EE: Also, ich finde moderne Möbel toll. Aus Metall und
Glas. Kühle Sachlichkeit. Das ist der Stil unserer Zeit.
Richtig schick.

FF: Ich fühle mich nur dort wohl, wo Ordnung herrscht.
Alles muß an seinem Platz stehen. Alles muß funktional sein. Bloß nicht zu viele Möbel. Sonst wirkt
das Zimmer zu voll.

GG: Nein, gemütlich ist es dort, wo alles herumliegen kann.
So bekommt das Zimmer eine persönliche Note.

HH: Also, ich würde gern in einem Schloß wohnen: in
weiten, prächtigen Räumen mit viel Licht.

II: Mir gefallen repräsentative Möbel: groß und schwer.

JJ: Ich liebe Bequemlichkeit. In meinem Zimmer muß
deshalb ein bequemes Sofa stehen.

1. Welche Bilder passen zu
welchen Aussagen?
Beispiel: Bild B paßt
zu der Aussage von CC.

2. Wie kann ein Zimmer
wirken? Ergänzen Sie
bitte das Gegenteil!

groß	——
eng	weit
——	ordentlich
gemütlich	——
——	unmodern
reich	——
voll	leer

D3 Konjunktiv (1)

Konjunktiv II (1): würde + Infinitiv

	V1		
Ich	würde		
Du	würdest		
Er/Es/Sie	würde	gern in einem Schloß	wohnen.
Wir	würden		
Ihr	würdet		
Sie	würden		

Ergänzen Sie bitte die Endungen!

Wenn du fragen würd____,
was man denken würd____,
wenn ihr sagen würd____,
was wir tun würd____. –
Ich würd____ nicht fragen.

D4 Wo würden Sie am liebsten wohnen?

Sehen Sie sich bitte noch einmal die Bilder auf den Seiten 154 und 155 an!
Vergleichen Sie Ihre Rangskala mit der Ihrer Nachbarn! Begründen Sie
bitte Ihre Wahl! Diskutieren Sie bitte!

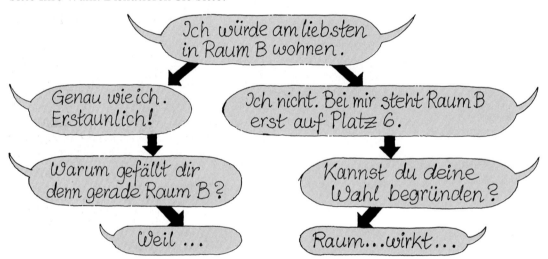

D5 Wo sich Deutsche am wohlsten fühlen
Fünf Interviews zu den Bildern von D1

Aufgabe
Wem gefällt welcher Raum am besten?
Warum?
Lesen Sie bitte die Gründe, und hören Sie
dann die Interviews mehrmals! Tragen Sie
bitte den Buchstaben des Raumes und die
Nummer des Grundes in die Tabelle ein!

Gründe
1. Ich mag große, schwere Möbel.
2. Alles ist funktional, kein Schnickschnack.
3. Man muß zeigen, was man hat.
4. Das ist ordentlich, aber nicht kalt.
5. Die Möbel sind funktional,
   aber trotzdem schön.

Interview mit	Frau Holz (Hausfrau)	Herrn Braun (Techniker)	Fräulein Hansen (Studentin)	Herrn Boll (Lehrling)	Herrn Kruse (Firmenchef)
Raum					
Grund					

Vergleich   **D 6**

Vergleichen Sie bitte die Aussagen der Deutschen (D 5) mit Ihrem eigenen Geschmack! Gibt es Unterschiede? Welche?

Lange Sätze   **D 7**

Deutsche Sätze sind oft sehr lang. Bilden Sie auch einmal lange Sätze mit „daß" und „weil"!
Benutzen Sie bitte die Aussagen von D 5!
Beispiel: Die Hausfrau sagt, daß ihr Zimmer … gefällt, weil …

Lange Wörter: Zusammengesetzte Substantive   **D 8**

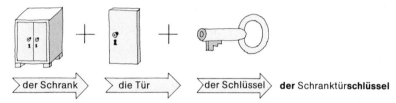

der Schrank > die Tür > der Schlüssel **der** Schranktür**schlüssel**

> Bei zusammengesetzten Substantiven bestimmt das **Grundwort** den Artikel.
> Das Grundwort steht rechts.

1. Unterstreichen Sie bitte das Grundwort, und ergänzen Sie den Artikel!

2. Übersetzen Sie bitte das zusammengesetzte Substantiv in Ihre Muttersprache!

Beispiel: _die_ Viertel<u>stunde</u>

__ Schreibtisch	__ Ferienkursstipendium	__ Deutschlandaufenthalt
__ Glückwunsch	__ Bettbezug	__ Blumenbild
__ Abendkleid	__ Stipendienzusage	__ Regenbogenplakat
__ Wörterbuch	__ Zimmernachbar	__ Akkusativergänzung

Was meint Alli?

Mißverständnis   ♪ 1

sich wohl fühlen

sich vollfüllen

♪2 Intonation: Satzmelodie und Kontext

1. In diesem Jahr gibt es zwei Stipendien für Ferienkurse.   (Vorinformation)

   Diese Stipendien bekommen Herr ⁄Alga und Frau \Boto.   (Neue Information: Nicht jemand anders, sondern Herr Alga und Frau Boto.)

2. Es gibt zwei Bücher und zwei Stipendien.   (Vorinformation)

   Herr ⁄Alga und Frau ⁄Boto bekommen die Sti\pendien.   (Neue Information: Sie erhalten nicht die Bücher, sondern die Stipendien.)

♪3 Übungen

a) Unterstreichen Sie bitte die Vorinformation im ersten Satz!
   Achten Sie dabei auf die Satzmelodie des zweiten Satzes!

1. Für die Reise nach Deutschland braucht man viele Papiere.

   ⁄Alli holt morgen den \Impfpaß ab.

2. Ein Reisepaß kostet Geld.

   Aber Stu⁄denten müssen \nichts bezahlen.

3. Alli und Bina fliegen bis Frankfurt zusammen.

   Von Frankfurt nach ⁄Göttingen fährt Alli al\lein.

b) Achten Sie auf die Vorinformation im ersten Satz!
   Markieren Sie bitte die Satzmelodie im zweiten Satz!

1. In Deutschland regnet es vielleicht.

   Bina muß sich noch einen Regenschirm kaufen.

2. Am Anfang hat man meist Probleme mit der Sprache.

   Daher nehmen alle Studenten ein Wörterbuch mit.

3. Im Sprachkurs muß man oft über die Ankunft berichten.

   Bina will sich deshalb gleich Notizen machen.

♪4 Übung: Silben und Murmellaut [ə]   Sprechen Sie bitte nach!

Brot – Brote, Tisch – Tische, Kopf – Köpfe, er macht – er machte,
er antwortet – er antwortete

♪5 Übung: Silben und Murmellaut [ə]   Sprechen Sie bitte nach!

breit – bereit, Braten – beraten, bricht – Bericht

♪6 Übung [ə]/[ɐ]   Sprechen Sie bitte nach!

ich schreibe – der Schreiber   ich lese – der Leser
ich höre – der Hörer   ich arbeite – der Arbeiter
ich nehme teil – der Teilnehmer   ich feiere – die Feier

Information

Bundesrepublik
Deutschland

Land- und
Forstwirtschaft

Information

Bundesrepublik
Deutschland

Wirtschaft

Information
Bundesrepublik
Deutschland

Außenwirtschaft

Information
Bundesrepublik
Deutschland

Entwicklungs-
politik

Internationale Landwirtschaftsmesse in Lilastadt

Landwirtschaft der Bundesrepublik Deutschland (1990/91)	
Alte Bundesländer: (1990)	
landwirtschaftlich genutzte Fläche	11,8 Mio ha
Zahl der Betriebe (ab 1 ha Lf)	629.740
Durchschnittsgröße der Betriebe	18,7 ha
Neue Bundesländer (vorläufige Zahlen zu 1991):	
landwirtschaftlich genutzte Fläche	5,3 Mio ha
Zahl der Betriebe	18.500
Durchschnittsgröße der Betriebe	286 ha

Koto Kana (KK) und Nuri Nabu (NN) im Gespräch
mit einem Vertreter der deutschen Landwirtschaft (DV)

KK: Entschuldigen Sie bitte, eine Frage …
DV: Ja, worum geht es?
KK: Sind das Fotos von Deutschland?
DV: Ja, von der Bundesrepublik. Warum?
NN: So viele Felder!
DV: Ach, darüber wundern Sie sich! Sie denken sicher bei Deutschland
    nur an die Industrie, nicht wahr?
NN: Ja, von der deutschen Landwirtschaft spricht man doch kaum.
DV: Interessieren Sie sich für das Thema?
KK: Ja, sehr. Können Sie uns ein bißchen informieren?
DV: Gern. Über eine bestimmte Frage?
KK: Ja. – Kann die Bundesrepublik sich selbst versorgen?
DV: Nein, das kann sie nicht. Unsere Bauern haben sich auf wenige subventionierte
    Produkte spezialisiert. Die anderen müssen wir einführen. Deshalb kommen Obst
    und Gemüse zum großen Teil aus anderen Ländern …
NN: Übrigens, Gemüse. Ich habe mich neulich mit einem Deutschen unterhalten.
    Der sagte, er kauft nur noch Bio-Gemüse. Was ist denn das?
DV: Ach, wissen Sie, einige Leute bei uns meinen, daß die moderne Chemie die
    Lebensmittel vergiftet. Und darum kaufen sie nur noch Gemüse, das ohne
    Kunstdünger und andere Chemikalien produziert wird.
NN: Das klingt doch gut. Oder denken Sie anders darüber?
DV: Aber sicher. Bei uns hat man die Verwendung von Chemikalien streng genug
    geregelt. Und Untersuchungen des Landwirtschaftsministeriums zeigen, daß die
    Bio-Produkte nicht besser sind, sondern nur teurer.
KK: Ach wirklich? Und warum entscheiden sich die Leute dann trotzdem für
    Bio-Gemüse?

Fragen

1. Worüber wundern sich Koto Kana und Nuri Nabu?
2. Warum wundern sie sich?
3. Worüber soll der deutsche Vertreter sie informieren?
4. Warum muß die Bundesrepublik Lebensmittel importieren?
5. Warum kaufen einige Deutsche Bio-Produkte?
6. Wie denkt der Vertreter der deutschen Landwirtschaft darüber?

Wie heißen die Fragepronomen? A 2

Ergänzen Sie bitte!

Fragepronomen (4)

| von ...→ | **wovon?** |
| um ...→ | **worum?** |

(Diese Regel gilt nicht für Personen.)

Beispiel: an ... → woran?   mit ... →
auf ... →   nach ... →
aus ... →   über ... →
für ... →   um ... →
gegen ... →   von ... →

Auf der Landwirtschaftsmesse A 3

Bilden Sie bitte Fragen!

Beispiel: Es geht *um die Landwirtschaft.* → *Worum* geht es?

1. Die lilaländischen Messebesucher sprechen *über die Fotos.*
2. Sie wundern sich *über die vielen Felder.*
3. *Von der deutschen Landwirtschaft* wissen sie kaum etwas.
4. Deshalb fragen sie den deutschen Vertreter *nach der Landwirtschaft.*
5. Er antwortet gern *auf ihre Fragen.*
6. Die Lilaländer wollen sich auch *über Bio-Produkte* informieren.
7. Sie haben sich mit deutschen Touristen *über dieses Thema* unterhalten.
8. Einige Deutsche sind *gegen Kunstdünger.*
9. Sie entscheiden sich deshalb *für Bio-Gemüse.*
10. Der deutsche Vertreter denkt anders *über die Verwendung von Chemikalien.*

A 4 Präposition: Bedeutung – Funktion

An jedem Abend stehe ich **an** meinem Fenster und denke **an** mein Lieblingsthema.

Hier hat die Präposition eine **temporale Bedeutung**. Fragepronomen: **Wann?**	Hier hat die Präposition eine **lokale Bedeutung**. Fragepronomen: **Wo?**	Hier hat die Präposition gar **keine Bedeutung**. Sie verknüpft das Verb mit der Ergänzung. Fragepronomen: **Woran?**

Verben mit Präpositionalergänzung (1)

Beispiel: **denken an** + Akkusativ

Präposition und Kasus

Akkusativpräpositionen	:	durch, für, gegen, ohne, um, …
Dativpräpositionen	:	aus, bei, mit, nach, seit, von, zu, …
Wechselpräpositionen	:	an, auf, in, über, unter, vor, zwischen, …

Durch, für, gegen, ohne, um fordern Akkusativ, fidibum!

Aus, bei, mit, nach, seit, von, zu fordern Dativ immerzu!

Suchen Sie bitte in A 1 und A 3 die Verben mit Präpositionalergänzung heraus! Ergänzen Sie hier die Präposition und den Kasus!
Beispiel:
sich unterhalten *über + Akk.*

es geht _____
sich wundern _____
anders denken _____
sprechen _____
sich interessieren _____
informieren _____
sich spezialisieren _____
denken _____
sich entscheiden _____
sprechen _____
wissen _____
fragen _____
antworten _____
sich informieren _____
sein *für / gegen* + _____

Präposition und Kasus A 5

Ergänzen Sie bitte die Präposition und den Artikel!

Beispiel:
In dieser Übung kommt es
auf die Präposition an.

1. In dieser Lektion geht es _____ Landwirtschaft.
2. Die Lehrerin spricht _____ Chemikalien in Lebensmitteln.
3. Der Kurs A diskutiert _____ Verwendung von Kunstdünger.
4. Zwei Studenten interessieren sich nicht _____ Thema.
5. Der Kurs A hat _____ Landwirtschaftsministerium geschrieben.
6. Er hat auch _____ Bio-Produkten gefragt.
7. Das Ministerium hat noch nicht _____ Brief geantwortet.

Krawatten und wichtigere Sachen A 6

● Warum hängen deine Krawatten
,*an der Wand?*
Häng sie lieber *in den Schrank!*
○ Ich hänge doch so *an den Krawatten.*
● Ach, häng dein Herz *an wichtigere Sachen!*

1. Dativ oder Akkusativ? Ergänzen Sie bitte!
Lokalergänzung: Präp. + _____
Direktivergänzung: Präp. + _____
Präpositionalergänzung: an + _____
Präpositionalergänzung: an + _____

2. Ergänzen Sie bitte das Fragepronomen!
a) _____ hängen die Krawatten?
b) _____ soll er sie hängen?
c) _____ hängt er?
d) _____ soll er sein Herz hängen?

3. Variieren Sie bitte den Dialog!
a) die Lampe: Küche → Keller
b) das Bild: Bett → Büro
c) dein Hut: Fenster → Tür

Fragen – Nachfragen – Präzisieren A 7

1. Bestimmen Sie bitte den Kasus, das Pronominaladverb und das Fragepronomen!
2. Üben Sie bitte: Fragen – Nachfragen – Präzisieren!

Beispiel: fragen nach – der Sinn des Lebens
1. fragen nach + Dat. – danach – wonach?
2. ○ Kann man danach fragen?
● Wonach?
○ Nach dem Sinn des Lebens.

Und jetzt Sie bitte!
a) beginnen mit – die Übung
b) sprechen über – das Problem
c) bitten um – die Einladung
d) lachen über – der Witz
e) erzählen von – die Untersuchung
f) antworten auf – die Frage
g) streiten über – der Geschmack
h) aufhören mit – die Übung

B 1 Kommunikationsprobleme bei internationalen Wirtschaftsverhandlungen

Herr M. Mato (MM) im Gespräch mit
seinem deutschen Geschäftspartner
Herrn A. Beck (AB)

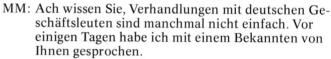

MM: Ach wissen Sie, Verhandlungen mit deutschen Geschäftsleuten sind manchmal nicht einfach. Vor einigen Tagen habe ich mit einem Bekannten von Ihnen gesprochen.

AB: Mit wem denn?

MM: Mit Herrn Schneider aus Düsseldorf.

AB: Ja, das ist ein Geschäftsfreund von mir. Der verkauft Industrieanlagen. Was ist los mit ihm?

MM: Er war vor einigen Tagen bei uns in der Firma.

AB: Davon wußte ich ja gar nichts. Worüber wollte er denn mit Ihnen sprechen?

MM: Er wollte uns über ein neues Projekt informieren. Aber er ist nach dem ersten Vormittag gleich wieder abgereist. Wir haben uns sehr darüber gewundert. Wir konnten uns sein Verhalten nicht erklären.

AB: Ist denn irgend etwas Besonderes passiert?

MM: Nein, gar nicht. Wir waren besonders höflich, denn sein Projekt interessiert uns sehr. Wir haben ihm sogar einen Irish Coffee gemacht.

AB: Und trotzdem ist er abgefahren? Komisch! Worüber haben Sie denn gesprochen?

MM: Na, über das Wetter natürlich!

AB: Was, einen ganzen Vormittag haben Sie sich nur darüber unterhalten?!

MM: Ja. Das ist bei uns so üblich. Aber ich glaube, Herrn Schneider hat das nicht erfreut. Denn er hat plötzlich ganz ungeduldig gefragt: „Wollen Sie das Projekt nun, oder wollen Sie es nicht?" Darauf konnten wir nicht antworten. Wir wußten ja noch gar nicht, worum es ging.

AB: Ah, jetzt verstehe ich: Herr Schneider wollte Ihnen sein Projekt vorstellen. Aber er dachte, Sie interessieren sich nicht dafür, weil Sie immer nur über das Wetter gesprochen haben. Da hat er die Geduld verloren und ist abgereist.

Aufgaben

1. Was hat Herr Schneider aus der Perspektive von Herrn Mato falsch gemacht?
2. Was hat Herr Mato aus der Perspektive von Herrn Schneider falsch gemacht?
3. Spielen Sie bitte den Dialog zwischen Herrn Mato und Herrn Schneider!

Präpositionalergänzungen   B 2

Präpositionalergänzungen: pronominal

Diese Regel gilt
für Personen.

Diese nicht !

	Sie sprechen **über** *Herrn Schneider.*
Fragepronomen:	**Über wen?**
Präp. + Personalpronomen:	**Über ihn.**

	Sie sprechen **über** *das Wetter.*
Fragepronomen:	**Worüber?**
Pronominaladverb:	**Darüber.**

Unterstreichen Sie bitte alle Präpositionalergänzungen
in B 1!

Worum geht es hier eigentlich?   B 3

Stellen Sie bitte Fragen, und antworten Sie mit der
richtigen Präpositionalergänzung aus der Liste links!
Achtung, nicht alle Präpositionalergänzungen passen!

über Herrn Schneider
über das Projekt
über Frau Lenzi
mit dem Wetter
mit Frau Lenzi
nach Herrn Schneider
nach seinem Projekt
auf die Reiseleiterin
auf Wirtschaftsverhand-
lungen
von dem Projekt
von Herrn Schneider

Beispiel:
Wir haben uns neulich *über ihn* unterhalten.
– *Über wen?* – Wir haben uns neulich
über Herrn Schneider unterhalten.

1. Wir haben neulich *mit ihr über ihn* gesprochen.
2. Wir haben uns sehr *über sie* gewundert.
3. Wir haben sie *danach* gefragt.
4. Sie hat sich *darauf* spezialisiert.
5. Aber *von ihm* wußte sie nichts.
6. Deshalb konnte sie uns *darüber* nicht informieren.

Kommunikationsprobleme im Restaurant   B 4

Erzählen Sie bitte die Geschichte!

C 1 Löhne und Gehälter

Die Zahlen sind ja schon ziemlich alt!

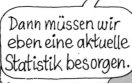

Dann müssen wir eben eine aktuelle Statistik besorgen.

Und was ist mit den Frauen?

Durchschnittliche Monatsverdienste der Männer (brutto in DM) in der Bundesrepublik Deutschland
Stand: April 1983

Briefträger	Industriearbeiter	Bankangestellter	Lehrer	Richter	Leitender Angestellter (Industrie)
2175	2990	3600	4117	4643	4740

Was, so viel?

Ja, aber davon gehen noch durchschnittlich 33% Steuern und Sozialabgaben ab.

Aha, dann verdient der Briefträger also 1.458,-DM netto im Monat.

Aufgaben

1. Was verdiente ein Briefträger in der Bundesrepublik 1983 brutto/netto im Monat/Jahr?
2. Wie hoch ist der Unterschied im Verdienst von Arbeitern und leitenden Angestellten in der Industrie?
3. Was verdient bei Ihnen ein Briefträger/ein Lehrer/ein Richter?

C 2 Zwölf Minuten für ein Brot

Eine Untersuchung des Wirtschaftsministeriums zeigt, daß 1983 ein Industriearbeiter mit 2110,- DM Nettomonatsverdienst zwölf Minuten für ein Kilo Brot (à 2,50 DM) arbeiten mußte. Für ein Oberhemd zum Preis von 25,- DM waren es schon zwei Stunden. Ein Paar einfache Schuhe für achtzig Mark kosteten ihn 6½ Stunden Arbeitszeit, und die 150 DM für ein Transistorradio verdiente er in zwölf Arbeitsstunden. Für alle diese Verbrauchsgüter mußte er 1983 viel weniger arbeiten als noch vor zehn Jahren.

1. Machen Sie bitte eine Tabelle!

Verbrauchsgüter	Preis	Arbeitszeit
1 Kilo Brot	2,50 DM	12 Minuten

2. Steht das im Text?
   1973 kosteten ein Brot, ein Hemd usw. weniger Arbeitszeit als 1983.

   ja ☐   nein ☐

3. Wie lange muß man bei Ihnen für ein Brot, ... arbeiten? Vergleichen Sie bitte!

> Hier bekommt man Informationen über die Bundesrepublik aus der Perspektive der Regierung.

```
An das                    Kurs A
Presse- und               Sprachinstitut
Informationsamt           Lila
der Bundesregierung       Regenbogenstr. 13
Welckerstr. 11            Lilastadt
D-5300 Bonn 1             12. Oktober...

Informationen über Löhne und Preise in der
Bundesrepublik Deutschland

Sehr geehrte Damen und Herren,

wir behandeln im Deutschunterricht gerade
das Thema Wirtschaft und interessieren uns
deshalb für aktuelle Informationen und
Statistiken. Würden Sie bitte so freund-
lich sein und uns über Löhne und Preise in
der Bundesrepublik informieren.
Vielen Dank im voraus.

Mit freundlichen Grüßen
                    Ihr  Kurs A
```

Weitere Informationen   C 4

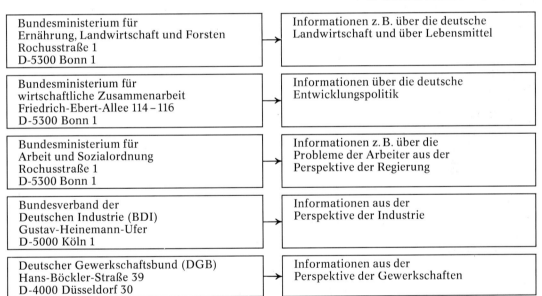

Bundesministerium für Ernährung, Landwirtschaft und Forsten Rochusstraße 1 D-5300 Bonn 1	→ Informationen z. B. über die deutsche Landwirtschaft und über Lebensmittel
Bundesministerium für wirtschaftliche Zusammenarbeit Friedrich-Ebert-Allee 114 – 116 D-5300 Bonn 1	→ Informationen über die deutsche Entwicklungspolitik
Bundesministerium für Arbeit und Sozialordnung Rochusstraße 1 D-5300 Bonn 1	→ Informationen z. B. über die Probleme der Arbeiter aus der Perspektive der Regierung
Bundesverband der Deutschen Industrie (BDI) Gustav-Heinemann-Ufer D-5000 Köln 1	→ Informationen aus der Perspektive der Industrie
Deutscher Gewerkschaftsbund (DGB) Hans-Böckler-Straße 39 D-4000 Düsseldorf 30	→ Informationen aus der Perspektive der Gewerkschaften

1. Wer informiert über
   – Essen und Trinken?
   – Löhne/Gehälter der Frauen?
   – Arbeitszeit?
   – Probleme der Bauern?
   – Entwicklungspolitik?
   – Industrie?
   – Zahl der Ausländer?

2. Schreiben Sie einen Brief, und bitten Sie um aktuelle Informationen!

Informationen aus Ihrem Land   C 5

1. Wo können sich Deutsche über wirtschaftliche Themen in Ihrem Land informieren? Machen Sie bitte eine Liste mit Adressen!
2. Informieren Sie bitte eine deutsche Freundin/Bekannte oder einen deutschen Freund/Bekannten über wirtschaftliche Fragen Ihres Landes!

D 1 Lebensmittel in einem deutschen Supermarkt

GUT UND PREISWERT – ABC Supermarkt

Deutscher Kopfsalat	Belgische Eier	Italienischer Reis	Deutsche Markenbutter
Stück **–,99**	10 Stück **1,95**	1 Pfd. **2,89**	½ Pfd. **2,39**

Spanische Oliven Glas **2,20**

RISO

Dänische Hähnchen 1000 g **3,98**

Bulgarische Tomaten 1 kg **2,99**

Rindfleisch 1 kg **29,90**

Frische Vollmilch 1 l **1,29**

Mexikanischer Honig 450 g-Glas **6,80**

Aus Neuseeland: Kiwi Stück **–,89**

Frisches Landbrot 1000 g **3,50**

Schweizer Käse 100 g **2,20**

Lesen Sie bitte!

Tatsächlich, da gibt es ja Lebensmittel aus aller Welt!

100 g = hundert Gramm	1 kg	= ein Kilo(gramm)
1 ℔ = ein Pfund (= 500 g)	½ Pfd.	= ein halbes Pfund
1 l = ein Liter	–,10	= zehn Pfennig
	2,20	= zwei Mark zwanzig

D 2 Internationaler Geschmack

Nebensätze (3): Relativsatz

Hauptsatz	Relativsatz
Aus welchem Land kommt der Mensch,	[der] belgische Eier ißt? ⟨den⟩ dänische Hähnchen erfreuen? ⟨dem⟩ Schweizer Käse schmeckt? [dessen Geschmack] international ist?

1. Bestimmen Sie bitte in den Relativsätzen das Subjekt, die Akkusativergänzung und die Dativergänzung!

Relativpronomen   2. Vergleichen Sie bitte!

	der bestimmte Artikel				das Relativpronomen			
	m	n	f	Pl.	m	n	f	Pl.
Nom.	der	das	die	die	der	das	die	die
Akk.	den	das	die	die	den	das	die	die
Dat.	dem	dem	der	den	dem	dem	der	**denen**
Gen.	des	des	der	der	**dessen**	**dessen**	**deren**	**deren**

3. Üben Sie bitte!

Beispiel: Der Mensch, der belgische Eier ißt, kommt wahrscheinlich
aus … Der Mensch, den … (= Tabelle S. 168 unten)
a) die Frau   b) das Kind   c) die Leute

Ergänzen Sie bitte!   **Nationalitäten** **D 3**

Beispiel: 1. *dänisch* _____ Dänemark   8. neuseeländisch _____
            2. _____ Belgien   9. französisch _____
            3. _____ Deutschland   10. chinesisch _____
            4. _____ Spanien   11. irisch   *Irland* _____
            5. _____ Italien   12. portugiesisch _____
            6. _____ Bulgarien   13. luxemburgisch _____
            7. _____ Griechenland   14. britisch _____

Lebensmittel aus aller Welt **D 4**

Woher kommen die Lebensmittel?

Beispiel: 1. französischer Käse
mexikanischer Honig →   2. belgische Eier
Mexikanischer Honig ist   3. bulgarische Tomaten
Honig, der aus Mexiko   4. chinesischer Tee
kommt.   5. deutsche Butter
                                 6. irischer Whiskey
                                 7. griechischer Wein
                                 …

Aber Käse, der aus der Schweiz kommt, heißt Schweizer Käse.

Essen und Trinken in der Europäischen Gemeinschaft (EG) **D 5**

a) Formen Sie die Sätze   1. Die Franzosen trinken Bier aus Großbritannien.
   bitte um!   2. Die Briten essen Butter aus Dänemark.
Beispiel: Die Deutschen   3. Die Dänen trinken Wein aus Italien.
essen Käse aus Frankreich.   4. Die Italiener essen Eier aus Belgien.
→ In der Bundesrepublik   5. Die Belgier trinken Whiskey aus Irland.
Deutschland ißt man fran-   6. Die Iren essen Hähnchen aus Luxemburg.
zösischen Käse.   7. Die Luxemburger essen Oliven aus Griechenland.
b) Variieren Sie bitte!   8. Die Griechen trinken Milch aus den Niederlanden.
Wir essen gern …   9. Die Niederländer trinken Wein aus Portugal.
Trinkst du oft …?   10. Die Portugiesen essen Fisch aus Spanien.
Bei uns ißt/trinkt man   11. Die Spanier trinken Bier aus der Bundesrepublik
(kein) …   Deutschland.

E1 Ölnüsse

JUMBO und CHELONIA

Gespräch über uns und andere Entwicklungsländer

Jumbo   Chelonia

Früher gab es hier schöne Reisfelder, Chelonia, und jetzt? *Ölnüsse.*
Lecker! Aber wo sind die Bauern? *Die sind in die Stadt
gegangen. Hier gibt es nämlich fast keine Arbeit mehr, weil die
Ölnußmaschinen alles machen.* Oh, schön. *Von wegen! In
der Stadt gibt's auch keine Arbeit! Und die Bauern hungern!*
So ein Unsinn! Warum hat man denn nicht einfach die Reisfelder behalten?
Wegen der Ölnüsse, logisch! Wieso? *Fremde Leute
haben der Regierung gesagt: Wenn ihr von uns Ölnußmaschinen kauft und Ölnüsse anbaut, dann kaufen wir eure
Ölnüsse, und ihr habt Devisen.* Braucht die Regierung denn
Devisen? *Logisch! Mit einem Teil der Devisen kauft sie Milchpulver für die Bauern, die in der Stadt hungern.* Aber die
brauchen doch gar kein Milchpulver, wenn sie ihre Reisfelder behalten.
*Aber dann gibt es auch keine Ölnüsse. Und ohne Ölnüsse
gibt es keine Devisen. Und ohne Devisen kann man die Ölnußmaschinen nicht bezahlen.* Chelonia? *Ja?* Oh, Chelonia, auf
einmal finde ich Ölnüsse gar nicht mehr lecker.

1. Was steht im Text?
   Welcher Nebensatz paßt zu welchem Hauptsatz?

(1) haben die Bauern keine Arbeit.

a) Wenn man Reis anbaut,
b) Wenn man Ölnüsse anbaut,

(2) haben die Bauern Arbeit.
(3) gehen die Bauern in die Stadt.
(4) bleiben die Bauern auf den Feldern.

(5) kann man Milchpulver kaufen.
(6) braucht man kein Milchpulver.
(7) hat die Regierung keine Devisen.
(8) kann die Regierung die Ölnußmaschinen bezahlen.

2. Denken Sie bitte weiter!
a) Welche Länder kaufen „Ölnußmaschinen"?
b) Welche Länder verkaufen „Ölnußmaschinen"?
c) Welche Länder produzieren „Ölnußmaschinen"?

Norden
Industrieländer

Entwicklungsländer
Süden

3. Denken Sie bitte noch weiter! Was meinen Sie? Kreuzen Sie bitte an!

Ölnußmaschinen

schaffen Arbeitsplätze

vernichten Arbeitsplätze

in den Industrieländern.

in den Entwicklungsländern.

in den Entwicklungsländern.

in den Industrieländern.

Das stimmt.	☐	☐	☐	☐
Das stimmt nicht.	☐	☐	☐	☐
Das weiß ich nicht.	☐	☐	☐	☐

12

E3 Reis und Ölnüsse sind Beispiele

Reis und Ölnüsse sind nur Beispiele für andere landwirtschaftliche Produkte.
Diskutieren und entscheiden Sie bitte, welche Produkte besser in die Kategorie
Reis (R) oder in die Kategorie Ölnüsse (Ö) passen!
Beispiel: Ich glaube, Tabak paßt besser in die Kategorie Ö.

Tabak

Kaffee

Weizen

Kategorie Ö _____   _____   _____

Zucker

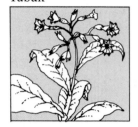

Maniok

Baumwolle

_____   _____   _____

E4 Auch die Ölnußmaschine ist nur ein Beispiel

Auch Ölnußmaschinen sind nur ein Beispiel für andere Industrieprodukte.
Diskutieren und entscheiden Sie bitte, welches Produkt in die
Kategorie Ölnußmaschine paßt (= ÖM) und welches nicht (≠ ÖM)!
Beispiel: Ich glaube, Hacke paßt nicht in die Kategorie ÖM.

Traktor _____

Hacke   Schaufel
≠ ÖM _____   _____

Mähdrescher _____

Pflug mit Zugkühen _____

Ein Werbeplakat? E5

Das Plakat (E 1) kommt aus
dem Industrieland Bundes-
republik Deutschland.

☐ Für die Entwicklungspolitik der Industrieländer

1. Was meinen Sie: Wie soll
man es dort verstehen?
Kreuzen Sie bitte an!
Auch mehrere Antworten
sind möglich.

☐ Gegen die Entwicklungspolitik der Industrieländer

☐ Gegen die Wirtschaftspolitik der Entwicklungsländer

☐ Für die Wirtschaftspolitik der Entwicklungsländer

2. Wie versteht man das
Plakat in Ihrem Land?

☐ Für eine andere Entwicklungspolitik

Teufelskreis der Armut E6

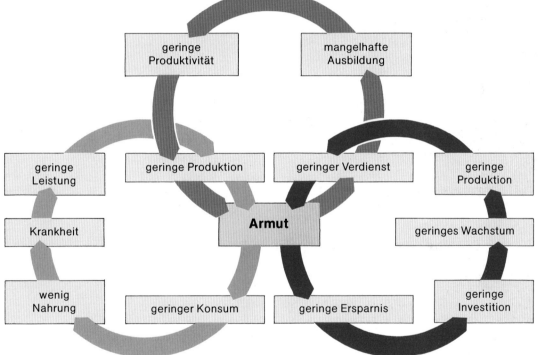

Die Landwirtschaft ist nur ein Teil des Nord-Süd-
Problems. Der „Teufelskreis der Armut" zeigt, daß die
Zusammenhänge viel komplizierter sind.

Aufgaben

1. Suchen Sie bitte die unbekannten Wörter im Wörterbuch
oder im Glossar!
2. Beschreiben Sie bitte die Zusammenhänge!
Beispiele:
wenig Nahrung → Krankheit → geringe Leistung
Wenig Nahrung ist ein Grund für Krankheit.
Krankheit führt zu geringer Leistung.

Und jetzt Sie bitte!

ein Grund sein für + Akk.
führen zu + Dat.

♪1 Intonation: Erweiterte Nominalgruppe

 a) Sprechen Sie bitte nach!

Ge/spräch mit einem Vertreter der deutschen \Lándwirtschaft

/Fotos aus \Deútschland

Ver/wendung von Chemi\kálien

Unter/suchungen des \Lándwirtschaftsministeriums

b) Wo liegt die Hauptakzentsilbe?
c) Markieren Sie bitte den Hauptakzent und die Sprechmelodie!

Beispiel: Ver/dienst von leitenden \Ángestellten

Bundesministerium für Ernährung, Landwirtschaft und Forsten

Bundesministerium für wirtschaftliche Zusammenarbeit

Bundesministerium für Arbeit und Sozialordnung

Bundesverband der Deutschen Industrie

Informationen über die deutsche Landwirtschaft

Informationen aus der Perspektive der Gewerkschaften

♪2 Laute: Vokale im Vergleich Sprechen Sie bitte nach!

[a:] [o:] las – los	[y:] [i:] für – vier
[a] [ɔ] Dach – doch	[ʏ] [ɪ] küssen – Kissen
[o:] [u:] tot – tut	[i:] [e:] bieten – beten
[ɔ] [ʊ] Schloß – Schluß	[ɪ] [ɛ] bitten – Betten
[u:] [y:] fuhr – für	[e:] [ø:] lesen – lösen
[ʊ] [ʏ] Kuß – Küsse	[ɛ] [œ] kennen – können

[ø:] [o:] schön – schon
[œ] [ɔ] fördern – fordern

♪3 Laute: Konsonant [ʃ] Sprechen Sie bitte nach!

[ʃ]	Schule	Tasche	komisch	sch
[ʃp]	Sprache	versprechen		sp-
[ʃt]	Stadt	verstehen		st-

Fischers Fritz fischt frische Fische.
Frische Fische fischt Fischers Fritz.

♪4 Laute: Konsonant [ʒ] in Fremdwörtern Sprechen Sie bitte nach!

[ʒ]	Journalist	j
	Ingenieur	g

♪5 Übung: [ʃ] – [ʒ] Sprechen Sie bitte nach!

Schuhe – Journalist, Schere – Ingenieur

Lektion **13**

Die Fernseh-Woche

MONTAG

DIENSTAG

MITTWOCH

DONNERSTAG

FREITAG

SAMSTAG

SONNTAG

Internationale FilmFestspiele Berlin

A 1 Thema Freizeit

Nuri Nabu interviewt
Gerda Klinger.

NN: Ich möchte gern wissen, womit sich die Deutschen in ihrer Freizeit am liebsten beschäftigen.

GK: Moment, dazu habe ich hier eine Statistik. Sie wissen ja, bei uns gibt es für alles eine Statistik. Diese hier behandelt allerdings nur die Freizeitaktivitäten von Arbeitern und von leitenden Angestellten. Beide Gruppen – und zwar 65 Prozent der leitenden Angestellten und 56 Prozent der Arbeiter – bleiben in ihrer Freizeit am liebsten gemütlich zu Hause.

NN: „Gemütlich zu Hause bleiben" – was heißt das? Darunter kann ich mir nichts Genaues vorstellen.

GK: Man sagt: „Es ist gemütlich", wenn man sich wohl fühlt. Und für sehr viele Leute spielt dabei das Fernsehen eine wichtige Rolle. 64 Prozent der Arbeiter und leitenden Angestellten sehen in ihrer Freizeit zu Hause am liebsten fern.

NN: Aha, fast wie bei uns. Aber das muß man wohl eher „Freizeitpassivität" nennen, oder?

GK: Gute Idee! Leider gibt es das Wort im Deutschen noch nicht. – Nach dem Fernsehen steht Spazierengehen an dritter Stelle.

NN: Spazierengehen? Also laufen? Ohne Zweck? Seltsam!

GK: So, finden Sie? Darüber habe ich noch nicht nachgedacht. Bei uns gehen die Leute gern ein, zwei Stunden im Freien umher. Nur so, zur Erholung.

NN: Wirklich? Das kennen wir gar nicht. Bei uns treiben die Leute viel Sport.

GK: Das tut man in der Bundesrepublik auch. Da gibt es allerdings einen großen Unterschied zwischen den befragten Gruppen: bei den Arbeitern treiben 15 Prozent aktiv Sport, bei den leitenden Angestellten sind es doppelt soviel. Aber etwa gleich viel Arbeiter und leitende Angestellte – nämlich 16 beziehungsweise 18 Prozent – beschäftigen sich passiv mit Sport, das heißt, sie besuchen Sportveranstaltungen, aber nur als Zuschauer.

NN: Und was ist mit der Kultur? Steht dazu auch etwas in Ihrer Statistik?

GK: Ja, hier. Zum Beispiel gehen 16 Prozent der Arbeiter und 26 Prozent der leitenden Angestellten in ihrer Freizeit am liebsten ins Kino, Theater, Konzert oder in die Oper.

NN: Ah ja? Interessant.

Freizeitaktivitäten von Arbeitern und leitenden Angestellten   A 2

Was tun Sie in Ihrer Freizeit am liebsten? Angaben in % der Befragten (mit Mehrfachangaben)

	Arbeiter	Leitende Angestellte	Arbeiter	Leitende Angestellte	
Gemütlich zu Hause bleiben			33	28	Aufräumen, etwas reparieren
	64		30	24	Nichts tun, sich ausruhen
	53	61			Sport treiben
Zeitung, Zeitschriften lesen	53	59			Ins Kino gehen, Theater, Opern, Konzerte bes.
Wegfahren, verreisen	39	62	25	27	Karten, Schach spielen
Sich mit der Familie beschäftigen	45	48			Sportveranstaltungen besuchen
Freunde, Verwandte besuchen	43	47	20	19	Nachbarn, Mitmenschen helfen
Bücher lesen	28	63	11	17	In einer Gruppe, einem Verein mitarbeiten
Gäste einladen	35	47	22	11	Etwas Geld dazuverdienen
Radio hören	42	37	5	23	Sich weiterbilden, Kurse besuchen
Im Garten arbeiten	39	33	8	21	Ausstellungen, Museen besuchen
Sich mit den Kindern beschäftigen	32	34	6	14	Musizieren
Basteln, Handarbeiten	35	28	3	9	Sich mit Politik beschäftigen, in einer Partei mitarbeiten

1. Ergänzen Sie bitte die Tabelle!
2. Vergleichen Sie bitte die Freizeitaktivitäten der beiden Gruppen!
3. Was ist bei Ihnen anders/genauso?

Freizeit oder Arbeit?   A 3

Welche Aktivität aus der Tabelle A 2 gehört für Sie zur Freizeit, welche ist für Sie Arbeit? Diskutieren Sie bitte!

Beispiel: Kurse besuchen
⊂ Das ist für mich keine Freizeit. Das ist Arbeit!
● Nein, für mich gehört das zur Freizeit.

Was machen Sie in Ihrer Freizeit am liebsten?   A 4

1. Machen Sie bitte Interviews in Ihrem Kurs!
2. Machen Sie bitte eine Statistik von Ihrem Kurs!

Freizeitaktivität	Frauen	Männer
Freunde / Verwandte besuchen		
Tanzen		
Feste feiern		
Fußball spielen		

Projekt: Freizeitaktivitäten in Ihrem Land   A 5

Informieren Sie bitte eine/n Deutsche/n über Freizeitaktivitäten in Ihrem Land! Machen Sie sich dazu bitte Notizen!
Beispiel: Theater – selten; lieber Kino

B 1 Theater in der Bundesrepublik Deutschland

Aus Bina Botos Kurstagebuch:

> In Stuttgart habe ich Silvia kennengelernt. Silvia ist Schauspielerin. Aber außerdem arbeitet sie als Taxifahrerin. Zwei Berufe – das ist selten in Deutschland.
>
> Silvia erzählte mir, daß sie an einem kleinen Privattheater spielt. In der Bundesrepublik gibt es noch mehr Theater als bei uns. Viele davon sind jedoch keine Privattheater, sondern Staatstheater. Sie werden zum großen Teil mit Steuergeldern subventioniert. "Das heißt, sie bekommen Zuschüsse vom Staat", erklärte mir Silvia. "In Stuttgart zum Beispiel werden die Staatstheater mit mehr als 67 Millionen Mark unterstützt. 67 Millionen Mark im Jahr!"
>
> Silvia findet das nicht gut. "Da wird die Kunst abhängig und geht kaputt", sagte sie. Viele kleine Privattheater bekommen dagegen fast gar keine Unterstützung. Dort wird deshalb das meiste von den Schauspielern selbst gemacht: Bühnenbild, Kartenverkauf, Garderobe. Sogar die Getränke werden in der Pause von ihnen verkauft. Trotzdem reicht das Geld oft nicht aus. Kein Wunder, daß Silvia Taxi fahren muß!

Staatstheater Stuttgart

GROSSES HAUS

Fr 25. 10.	19.30–22.15	**Falstaff** (Verdi)* – 44/1, fr. Verk., VB/DGB
Sa 26. 10.	20.00–23.00	Ballett: **Kameliendame** (Neumeier/Chopin) – 54/1, fr. Verk., VB/DGB
So 27. 10.	19.00–22.30	**Otello** (Verdi)* – 63/1, fr. Verk., VB/DGB
Mo 28. 10.	19.00–22.30	**Echnaton** (Glass) – 04/1, fr. Verk., VB/DGB
Di 29. 10.	19.00–21.15	Ballett: **Onegin** (Cranko/Tschaikowsky/Stolze) – 14/1, fr. Verk., VB/DGB
Mi 30. 10.	19.30–22.15	**Cavalleria rusticana** (Mascagni) / **Der Bajazzo** (Leoncavallo)* – 30/1, fr. Verk., VB/DGB
Do 31. 10.	19.30–22.30	Ballett: **Kameliendame** – 34/1, fr. Verk., VB/DGB
Fr 1. 11.	17.30–22.30	**Tristan und Isolde** (Wagner) – Fr. Verk.
Sa 2. 11.	19.00–23.00	**Figaros Hochzeit** (Mozart) – 51/2, fr. Verk., VB/DGB
So 3. 11.	19.00–21.15	Ballett: **Onegin** – 64/1, fr. Verk., VB/DGB
Mo 4. 11.	19.00–22.30	**Echnaton** – 40/1, fr. Verk., VB/DGB
Di 5. 11.	19.00–21.15	Ballett: **Onegin** – Fr. Verk., VB/DGB
Mi 6. 11.	19.00–22.15	**Don Giovanni** (Mozart)* – 23/1, fr. Verk., VB/DGB
Do 7. 11.	20.00–22.15	Ballettabend: **Vergessenes Land** (Kilián/Britten) / **Brouillards** (Cranko/Debussy) / **Sacre du Printemps** (Tetley/Strawinsky) – 31/2, fr. Verk., VB/DGB
Fr 8. 11.	19.30–22.15	**Cavalleria rusticana** / **Der Bajazzo** * – 41/2, fr. Verk., VB/DGB

* in italienischer Sprache

KLEINES HAUS

So 27. 10.	19.30–21.45	Gastspiel Merce Cunningham Dance Company: **Phrases** (Tudor), **Native Green** (King), **Pictures** (Behrman) – Fr. Verk.
Mo 28. 10.	19.30–21.30	Gastspiel Merce Cunningham Dance Company:

Spielplan

THEATER IM WESTEN
Rosebühlstraße 89, Feuersee
7000 Stuttgart 1

November '85

Fr.	1.11. 20.00 Uhr	MASCHA-KALEKO-ABEND: "Mein schönstes Gedicht, ich schrieb es nicht…" mit: Ute Fuchs und Volker Zöbelin
Sa.	2.11. 20.00 Uhr	DER EINGEBILDETE KRANKE Komödie v. Molière
So.	3.11. 20.00 Uhr	Regie: Rolf B. Wessels
Mo.	4.11. 20.00 Uhr	mit P. Hofmann jr., B. Melis, M. Mittler
Di.	5.11. 20.00 Uhr	U. Ohnesorge, I. Sauer, R. Siemsen, J. Soppa,
Mi.	6.11. 20.00 Uhr	M. Simon-Weidner, H. Zahn

theaterhaus STUTTGART

theater »tri-bühne«

Eberhardstr. 61, Stuttgart 1, T. 25 62 77 u. 23 46 10 – „Maria Stuart" von F. Schiller: Fr. 25., Sa. 26., Do. 31. 10., Fr. 1., Sa. 2. 11., **19.30 h** – „Der Diener zweier Herren" v. C. Goldoni: Mi. 30. 10., **19.30 h** – „Lache, alles stimmt mit ein…", ein Mascha-Kaléko-Abend mit Uwe Brehmer: So, 3. 11., **19.30 h**

Stuttgarter Puppen + Figuren Theater

Picknick im Felde, Fernando Arrabal, Puppenzentrum Frankfurt (Erw.) Fr 25. u. Sa 26. Okt., jeweils 20 Uhr
Stips bei Opa Staps, Optical-Figurenbühne (ab 4 J.) Sa. 26. Okt., 15 Uhr. So 27. Okt. 11 Uhr
Vorschau November:
Der Bettwurf, (ab 4 J.) Sa 2. Mi 6. Do 7. 11. 15 Uhr. So 3. 11. 11 Uhr
Theatrum Nostalgicum, Fr 8. u. Fr. 15. 11. jeweils 20 Uhr
Archibald u. seine Arche, (ab 6 J.) Sa 9. Mi 13. Do. 14. Sa. 16. 11. Uhr. So. 10. u. 11 Uhr.

Aufgaben **B2**

1. Lesen Sie bitte die Theateranzeigen, und beantworten Sie die Fragen!

a) Welche Staatstheater/Privattheater gibt es in Stuttgart?
b) Wo werden Opern von Mozart und Wagner gespielt?
c) In welchem Theater gibt es Ballett?
d) Wie heißt das Theaterstück von Schiller, das im Theater „tri-bühne" gespielt wird?
e) Wo gibt es Opern in italienischer Sprache?

2. Wie steht das im Tagebuch? Vergleichen Sie bitte!

Beispiel:
Der Staat subventioniert die Staatstheater zum großen Teil mit Steuergeldern.
Tagebuch: Sie werden zum großen Teil mit Steuergeldern subventioniert.

a) In Stuttgart bekommen die Staatstheater zum Beispiel mehr als 67 Millionen Mark Unterstützung.
b) In den kleinen Privattheatern machen die Schauspieler das meiste selbst.
c) Sie verkaufen sogar die Getränke.

Vergleichen Sie bitte! **Passiv – Aktiv** **B3**

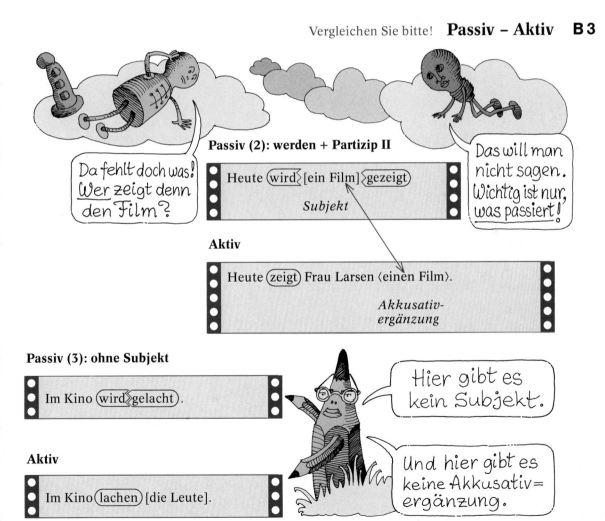

Passiv (2): werden + Partizip II

Heute wird [ein Film] gezeigt
Subjekt

Da fehlt doch was! Wer zeigt denn den Film?

Das will man nicht sagen. Wichtig ist nur, was passiert!

Aktiv

Heute zeigt Frau Larsen ⟨einen Film⟩.
Akkusativ-ergänzung

Passiv (3): ohne Subjekt

Im Kino wird gelacht.

Hier gibt es kein Subjekt.

Aktiv

Im Kino lachen [die Leute].

Und hier gibt es keine Akkusativ= ergänzung.

Unterstreichen Sie bitte die Passivformen in Bina Botos Tagebuch (B1)!

B 4   Komisches Eßtheater

Bilden Sie bitte Passivsätze!

1. Du, guck mal, da fotografiert jemand die Teller!
2. Und jetzt, guck mal, jetzt wirft jemand die Teller gegen die Wand!
3. Nein, guck doch, da essen die Leute die Stühle!
4. Und jetzt schnell, jetzt spielen die Leute Fußball!
5. Du, da küßt jemand lila Käse!
6. Oh, schade, jetzt stellt jemand einen Schrank vor die Tür!

B 5   Das darf man im Theater nicht machen

Bilden Sie bitte Passivsätze ohne Subjekt!
Beispiel:
Bitte nicht rauchen! →
Hier wird nicht geraucht!

1. Bitte nicht schlafen!
2. Bitte nicht essen!
3. Bitte nicht reden!
4. Bitte nicht trinken!
5. Bitte nicht küssen!

B 6   Von wem wird was getan?

Passiv (4) mit Präpositionalergänzung: von + Dativ

Die Theater werden <u>vom Staat</u> subventioniert.

Üben Sie bitte!

Beispiel:
Die Theater werden subventioniert. | *der Staat*
Die Theater werden *vom Staat*
subventioniert.

1. Das Theaterstück wird geschrieben. | *der Kurs A*
2. Die Rollen werden gelernt. | *die Teilnehmer*
3. Der Staat wird um eine finanzielle | *der Direktor*
   Unterstützung gebeten.
4. Das Bühnenbild wird selbst gemacht. | *die Lehrerin*
5. Die Karten werden verkauft. | *Bina Boto*
6. Die Klingers werden eingeladen. | *Herr Tossu*
7. Das Stück wird gespielt. | *die Schauspieler*

Werden   B 7

„Da wird die Kunst abhängig".
Ist das auch Passiv?

Nein, das ist das Verb
werden + Adjektivergänzung.
Vergleichen Sie bitte!

werden (1): Bedeutung und Funktion

Das Theater (wird) subventioniert.	=	Passiv: werden + Partizip II
Das Theater (wird) ⟨abhängig⟩.	=	werden + Adjektivergänzung
Silvia (wird) ⟨Schauspielerin⟩.	=	werden + Nominalergänzung

Aus einem kitschigen Liebesfilm

A: Warum wirst du rot?
B: Mir wird ganz heiß und kalt.
C: Ja, ja, das passiert immer, wenn es Frühling wird.
A: Wann werden wir ein Paar?
B: Im Sommer, wenn unter den Bäumen getanzt wird.
C: Achtung, dann werdet ihr abhängig!
AB: Das ist nicht so schlimm. Hauptsache, die Hochzeit wird gefeiert!

Präsens (3): werden

1. Ergänzen Sie bitte
   die Tabelle!

Sg.	1. Pers.	ich werde	Pl.	wir …
	2. Pers.	du …		… …
	3. Pers.	… …		… …
Infinitiv: werden				

2. Welche Funktion/Bedeutung hat „werden" in den Sätzen aus dem Liebesfilm: Passiv; werden + Adjektivergänzung/Nominalergänzung?

3. Übersetzen Sie bitte die Beispiele in Ihre Muttersprache!

B 8 Ein reiches Kulturangebot in Stuttgart

 Ein Interview mit zwei Besuchern aus den USA in der Sendung „Journal am Morgen"

 a) Lesen Sie bitte die Fragen! Hören Sie dann, was die Amerikanerin sagt! Beantworten Sie danach bitte die Fragen!

1. Was gibt es in Stuttgart: ☐ Stadttheater? ☐ Staatstheater?
2. Was wird dort gespielt? _____
3. Ist das Kulturangebot für die Amerikanerin ☐ normal? ☐ ungewöhnlich?

b) Lesen Sie bitte die Fragen! Hören Sie dann, was der Amerikaner sagt! Beantworten Sie danach bitte die Fragen!

1. Ist in Amerika das Kulturangebot im Vergleich zur Bundesrepublik Deutschland

☐ besser? ☐ genauso gut? ☐ schlechter?

2. Gibt der Staat in Amerika im Vergleich zur Bundesrepublik Deutschland

☐ mehr ☐ genausoviel ☐ weniger Geld für Kultur?

3. Was machen die Amerikaner in ihrer Freizeit?

B 9 Projekt: Kulturaustausch

1. Werden Theaterstücke, Opern aus dem deutschen Sprachgebiet bei Ihnen gespielt? Welche?
   Auf deutsch oder übersetzt?

2. Werden deutsche Filme bei Ihnen gezeigt? Welche? Wo? In welcher Sprache?

3. Gibt es Besuche von Theatergruppen/ Autoren/Orchestern/... aus dem deutschen Sprachgebiet in Ihrem Land?

4. Wissen Sie, ob Theaterstücke/Filme/... aus Ihrem Land in der Bundesrepublik Deutschland gespielt werden? Welche?

Intonation: Erweiterte Verbalgruppe ♪1

a) Sprechen Sie bitte nach!

b) Wo liegt die Hauptakzentsilbe?
c) Markieren Sie bitte den Hauptakzent und die Sprechmelodie!

Was Leute gern machen:

– mit dem \Aúto fahren

– mit dem Auto ans \Meér fahren

– am liebsten mit dem Auto ans \Meér fahren

– Zeitung lesen

– im Garten arbeiten

– sich mit den Kindern beschäftigen

– Verwandte oder Freunde besuchen

Übung ♪2

Verändern Sie bitte die Intonation!

Beispiel: Die The/ater werden subventio\níert.

Die The/ater werden vom \Staát subventioniert.

Üben Sie bitte die Veränderung der Intonation mit den Sätzen von B 6!

Zeitungsnotiz:
Zweiundzwanzig zahme Zwergziegen zwängten sich zwischen zwei zersplitterten Zaunstützen durch die Umzäunung des Zwergziegenstalles. Die Zwergziegenzüchter waren verzweifelt.

Brigitte Peter

Sprechen Sie bitte nach! **Laute: Kombinationen (1)** ♪3

	am Anfang	in der Mitte	am Ende	
[ts]	Zahl	Medizin	kurz	z
			nichts	ts
		Hitze	Platz	tz
			Lektion	-t(ion)
[ŋ]		hängen	jung	ng
[ŋk]		Enkel	Dank	nk
[ks]		Taxi	Max	x
			Volkswagen	ks
		Wechsel	sechs	chs
			montags	gs
[kv]	Quatsch	bequem		qu
[pf]	Pfennig	Apfel	Kopf	pf
[ps]	Psychologin			ps
		Erbse	du liebst	bs

Sprechen Sie bitte nach! **Laute: Kombinationen (2)** ♪4

[t] + [d] Wie heißt du?
Was macht der Mann?
Sie hat doch kein Geld!

[k] + [g] Er mußte schnell zurückgehen.
Sie ist am Montag gekommen.
Die Fluggäste waren pünktlich.

[p] + [b] Der Bus geht ab Bonn?
Bitte, bleib' bei mir!

C 1 Die Fremden

Liesl Karlstadt (LK) und Karl Valentin (KV)

LK: Wir haben in der letzten Unterrichtsstunde über die
Kleidung des Menschen gesprochen, und zwar über
das Hemd. Wer von euch kann mir nun einen Reim
auf Hemd sagen?

KV: Auf Hemd reimt sich fremd! 5

LK: Gut – und wie heißt die Mehrzahl von fremd?

KV: Die Fremden.

LK: Jawohl, die Fremden. – Und aus was bestehen die
Fremden?

KV: Aus „frem" und aus „den". 10

LK: Gut – und was ist ein Fremder?

KV: Fleisch, Gemüse, Obst, Mehlspeisen und so weiter.

LK: Nein, nein, nicht w a s er ißt, will ich wissen,
sondern w i e er ist.

KV: Ja, ein Fremder ist nicht immer ein Fremder. 15

LK: Wieso?

KV: Fremd ist der Fremde nur in der Fremde.

LK: Das ist nicht unrichtig. – Und warum fühlt sich ein
Fremder nur in der Fremde fremd?

KV: Weil jeder Fremde, der sich fremd fühlt, ein Fremder 20
ist, und zwar so lange, bis er sich nicht mehr fremd
fühlt, dann ist er kein Fremder mehr.

LK: Sehr richtig! – Wenn aber ein Fremder schon lange
in der Fremde ist, bleibt er dann immer ein Fremder?

KV: Nein. Das ist nur so lange ein Fremder, bis er alles 25
kennt und gesehen hat, denn dann ist ihm nichts
mehr fremd.

LK: Es kann aber auch einem Einheimischen etwas
fremd sein!

KV: Gewiß, manchem Münchner zum Beispiel ist das 30
Hofbräuhaus[1] nicht fremd, während ihm in der
gleichen Stadt das Deutsche Museum, die Glypto-
thek[2], die Pinakothek[2] und so weiter fremd sind.

LK: Damit wollen Sie also sagen, daß der Einheimische
in mancher Hinsicht in seiner eigenen Vaterstadt 35
zugleich noch ein Fremder sein kann. – Was sind
aber Fremde unter Fremden?

KV: Fremde unter Fremden sind: wenn Fremde über eine
Brücke fahren, und unter der Brücke fährt ein Eisenbahnzug mit Fremden durch, so sind die durch- 40
fahrenden Fremden Fremde unter Fremden, was Sie,
Herr Lehrer, vielleicht so schnell gar nicht begreifen
werden.

LK: Oho!

Karl Valentin, Kabarettist und
Komiker aus München (1882–1948)

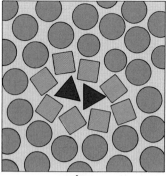

unter

Wenn in der Bundesrepublik
Deutschland Italiener unter
Türken sind, dann sind das
Fremde unter Fremden.

über

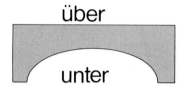

unter

1 *berühmte Gaststätte in
München*
2 *Museen in München*

C 2 Aufgaben

1. In dem Dialog wird mit der Sprache gespielt. Wo und
wie? Suchen Sie bitte die Zeilen!

Zeilen

a) Reim: Hemd – fremd ＿＿＿＿＿

b) Spiel mit dem Plural: fremd – die Fremden ＿＿＿＿＿

c) Spiel mit den Silben: die Fremden – „frem" + „den" ＿＿＿＿＿

d) klingt gleich: ist – ißt ＿＿＿＿＿

e) Spiel mit der doppelten Bedeutung
der Präposition: Fremde <u>unter</u> Fremden ＿＿＿＿＿

2. Beantworten Sie bitte
   die Fragen!

a) Wo ist der Fremde fremd?
b) Warum fühlt sich ein Fremder nur in der Fremde fremd?
c) Wann ist ein Fremder kein Fremder mehr?
d) Was ist manchem Münchner fremd, was nicht?

3. Welche Ausdrücke bedeuten das Gegenteil (≠)?　　　　Ordnen Sie bitte zu!

(1) fremd	a) das kennt er	(1) ≠ _____
(2) ein Fremder	b) in der Heimat	(2) ≠ _____
(3) die Fremde	c) ein Einheimischer	(3) ≠ *e/f*
(4) in der Fremde	d) ein Bekannter	(4) ≠ _____
(5) das ist ihm fremd	e) die Heimat	(5) ≠ _____
(6) er fühlt sich fremd	f) die Bekannte	(6) ≠ _____
	g) er fühlt sich wie zu Hause	
	h) bekannt	

4. Wie finden Sie den Text? ☐ langweilig ☐ komisch ☐ schwierig

5. Als Fremder/Fremde in der eigenen Heimat – kennen Sie so etwas? Erzählen Sie bitte!

Ergänzen Sie bitte die Tabelle!

Substantivierte Adjektive (1): Personen　C 3

	Singular				Plural	
	m		f		m = f	
Nom.	der Fremde	ein Fremder	die Fremde	eine Fremde	die Fremden	Fremde
Akk.	den	einen				
Dat.	dem					
Gen.	des					

Substantivierte Adjektive werden
wie Adjektive dekliniert.

Fremde unter Fremden　C 4

Lesen Sie bitte Karl Valentins letzte
Antwort noch einmal, und variieren Sie das
Sprachspiel!

Beispiel:
Was ist ein Beamter unter Beamten?
Ein Beamter unter Beamten ist, wenn Beamte
über eine Brücke fahren, und unter …

Was ist ein Angestellter unter Angestellten/
eine Verwandte unter Verwandten?
Was sind Deutsche unter Deutschen?

Ergänzen Sie bitte die substantivierten
Adjektive!

Angst vor der Prüfung　C 5

Substantivierte Adjektive (2): Abstrakta

1. ◠ Du, ich habe etwas _____ gehört.
   (wichtig)
2. ◗ So? Hoffentlich nichts _____ .
   (schlimm)
3. ◠ Doch, die Prüfung ist am Freitag, dem
   13. Das bedeutet nichts _____ . (gut)
4. ◗ So etwas _____ ! (abergläubisch)
   Kannst du nicht von etwas _____
   sprechen? (vernünftig)

	Singular Neutrum	
Nom. Akk.	etwas } nichts }	Neues/Besonderes
Dat.	von/mit etwas } nichts }	Neuem/ Besonderem

D 1   Sport

Herr Klinger (HK) und Herr Tossu (TT) kommen vom Volleyballspielen.

HK: Das hat Spaß gemacht! Danke, daß Sie mich mitgenommen haben. Zu
   Hause spiele ich jeden Donnerstag Volleyball, um fit zu bleiben.
TT: So? Ein Bekannter hat mir erzählt, daß Volleyball in der Bundes-
   republik fast unbekannt ist.
HK: Das stimmte bis 1972. Da hatten wir die Olympischen Spiele in   5
   München. Seitdem interessieren sich bei uns viel mehr Leute für
   Volleyball. Aber so verbreitet wie Fußball ist diese Sportart natürlich
   noch nicht.
TT: Also, wissen Sie, Fußball ist mir zu aggressiv. Ab und zu sehe ich
   internationale Spiele im Fernsehen. Dann bin ich immer wieder   10
   erstaunt über die Zuschauer.
HK: Wieso?
TT: Na ja, die machen große Reisen, bezahlen viel Geld – und das alles
   nur, um 90 Minuten lang – wie sagt man? – für ihre Mannschaft zu
   schreien.   15
HK: „... um ihre Mannschaft anzufeuern“, sagen wir. – Ich sehe das anders.
   Fußball begeistert mich. Bei einem guten Spiel gibt es 90 Minuten
   Spannung, Kampf und Höchstleistungen. Das kann schon sehr
   faszinierend sein.
TT: In Ihrem Land hält man viel von Wettbewerb, Leistung und   20
   Konkurrenz, nicht wahr?
HK: Man spielt, um zu gewinnen. Wettbewerb und Leistung gehören
   einfach zusammen. Im Sport und im Leben.
TT: Ich weiß nicht. Denken Sie nur an die Krawalle! Bei wichtigen
   Spielen hat es sogar schon Tote gegeben. Das hat doch mit Sport   25
   nichts mehr zu tun. Sport als Ersatzkrieg – nein danke!
HK: Das lehne ich auch ab! Aber man muß auch die positive Seite sehen.
   Sport fördert die Völkerverständigung. Nichts ist besser geeignet als
   eine internationale Sportveranstaltung, um Vorurteile abzubauen.
TT: Ich habe eine Idee. Wir können uns ja mal zusammensetzen, um ein   30
   Freundschaftsspiel zu organisieren: Ihre Volleyballmannschaft aus
   Nürnberg gegen unsere „Lila Drachen“. Was halten Sie davon?

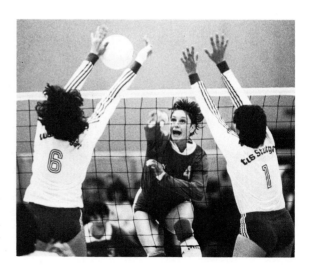

Aufgabe D 2

Von welchen Zeilen des
Dialogs sind diese Sätze
eine Zusammenfassung?

Beispiel:
Herr Klinger spielt oft und gern Volleyball. _Zeilen 1 + 2_

1. In der Bundesrepublik ist Fußball beliebter
   als Volleyball. _____
2. Herr Tossu wundert sich über die Zuschauer
   bei großen Fußballspielen. _____
3. Herr Klinger sieht die Vorteile eines guten
   Fußballspiels. _____
4. Herr Tossu beschreibt die Nachteile internationaler Sportveranstaltungen. _____
5. Herr Klinger meint, daß Sport die Völkerverständigung fördert. _____
6. Herr Klinger und Herr Tossu wollen ein
   Volleyballspiel organisieren. _____

Nebensätze (4): um ... zu + Infinitiv **Wozu? Zu welchem Zweck? D 3**

> Herr Klinger spielt Volleyball. Er möchte fit bleiben.
> Herr Klinger spielt Volleyball, **um** fit **zu** bleiben.
>
> Die Zuschauer machen große Reisen. Sie wollen ihre Mannschaft anfeuern.
> Die Zuschauer machen große Reisen, **um** ihre Mannschaft anzufeuern.
>
> Das Verb im Nebensatz wird **nicht** konjugiert, weil der **Nebensatz kein eigenes Subjekt** hat: Das Subjekt des Hauptsatzes ist auch Subjekt des Nebensatzes.

Alles hat einen Zweck D 4

Bilden Sie bitte Sätze mit „um zu"!

Beispiel: Herr Klinger ist nach Lilaland gefahren. Er will mit
Herrn Tossu sprechen. →
Herr Klinger ist nach Lilaland gefahren, um mit Herrn
Tossu zu sprechen.

1. Herr Klinger ist nach Lilaland gefahren. Er will neue
   Reiseziele finden. →
2. Frau Klinger ist mit ihrem Mann gefahren. Sie will für
   ihre Zeitung über Lilaland berichten. →
3. Beate ist mit ihren Eltern gefahren. Sie will das Land
   kennenlernen. →
4. Peter ist mit Beate und seinen Eltern nach Lilaland
   gefahren. Er will nicht allein zu Hause bleiben. →
5. Lara Lenzi ist zum Flughafen gefahren. Sie will die
   Klingers begrüßen. →
6. Herr Klinger hat mit Herrn Tossu gesprochen. Er will
   ihm die Vorteile des Tourismus erklären. →
7. Frau Klinger hat einen Vortrag gehalten. Sie will die
   Lilaländer über die Bundesrepublik informieren. →
8. Herr Tossu hat an die Klingers geschrieben.
   Er will sie zum Essen einladen. →

D 5 **Sport und Verständigung**

Nationalismus

Wir, ruft er, wir
und umarmt mich,
ein wildfremder Mann
in der U-Bahn
nach dem Fußballspiel
gegen Dingsbums,
wir haben gewonnen.

Arnfried Astel

Bei Olympiaden kündigt man die
Jugend der Welt an.
Tatsächlich kommt aber nur die
Jugend der Nationen.

Werner Schneyder

Sport spricht alle Sprachen

FUSSBALL: EIN ERSATZKRIEG IN SEINER SCHÖNSTEN FORM

Der Hamburger Sport-Bund feiert das

1:0

für die Völkerverständigung

Uluslar arası anlaşma 1:0 ileride

1-0 για τη συνεννόηση των λαών

*Tor! Joooor!!
Eins zu null!*

Wie verstehen Sie diese Texte?
Sprechen sie für oder gegen den Sport?
Diskutieren Sie bitte!

Lektion 14

Menschliches, Allzumenschliches

A1 Höflich – aber mißverständlich

Lara Lenzi und Gerda Klinger im Hotel in Lilastadt

LL: Guten Morgen, Frau Klinger. Entschuldigen Sie bitte die Störung! Ich weiß, es ist nicht üblich, so früh bei fremden Leuten vor der Tür zu stehen.

GK: Guten Morgen, Frau Lenzi. Na, so fremd sind wir uns ja nicht mehr. Kommen Sie doch bitte herein!

LL: Danke!

GK: Ist etwas passiert?

LL: Nein, nicht direkt. Mmh. Es ist mir peinlich. Wissen Sie, es fällt mir nicht leicht, darüber zu sprechen. Wahrscheinlich ist alles nur ein Mißverständnis. Aber vielleicht können Sie mir einen Rat geben.

GK: Ja, gern. Worum geht's denn?

LL: Vor einigen Tagen brauchte ein deutscher Kollege auf der Messe ganz schnell zehn Video-Bänder. Ich habe ihm versprochen, die Bänder sofort zu besorgen. Und weil ich ihm einen Gefallen tun wollte, habe ich ihm meine eigenen Bänder gegeben.

GK: Und er hat vergessen, Ihnen die Bänder zu bezahlen.

LL: Nein, das ist nicht das Problem. Ich möchte kein Geld dafür. Ich möchte die Bänder zurückhaben. Wissen Sie, mein Vater hat sie mir aus dem Ausland mitgebracht, eine ganz besondere Qualität.

GK: Ja, haben Sie denn dem Herrn nicht gesagt, daß das Ihre eigenen Bänder sind und daß Sie sie ihm nur leihen wollten?

LL: Aber Frau Klinger! Nein! Unmöglich, so direkt zu sein. Vor allem bei einem Gast in unserem Land! Aber ich habe natürlich erwartet, daß er nachfragt. Bei uns ist es üblich, in solchen Situationen nachzufragen. Sicher war es ungeschickt von mir, so zurückhaltend zu sein.

GK: Ach, wissen Sie, andere Länder, andere Sitten! Sagen Sie dem Herrn doch einfach, daß es sich um ein Mißverständnis handelt.

LL: Meinen Sie wirklich, ich kann das tun? Ist das auch bestimmt nicht zu unhöflich? Theoretisch weiß ich ja, daß man bei Ihnen über vieles offener spricht als bei uns. Aber für mich ist es manchmal schwierig, mich genauso zu verhalten. Ich muß wohl lernen, auch mal über meinen eigenen Schatten zu springen.

Da siehst du es mal wieder: Höflichkeit ist gut und schön, aber weiter kommt man ohne sie.

So darfst du das nicht sehen. Höflichkeit gibt es in allen Kulturen, nur sind die Formen überall anders.

Was ist geschehen? A 2

Ergänzen Sie bitte!

1. Ein deutscher Kollege hat Frau Lenzi auf der Messe gebeten, ihm zehn Video-Bänder ___ ___ .
2. Frau Lenzi hat ihm nicht gesagt, daß sie ihm ihre eigenen Bänder nur ___ wollte.
3. In Lilaland ist es üblich, in solchen Situationen ___ .
4. Weil der deutsche Kollege das nicht getan hat, gab es ein ___ .
5. Jetzt muß Frau Lenzi mit dem deutschen Kollegen offen ___ sprechen.
6. Das ist für sie schwierig, aber sie will versuchen, über ihren eigenen Schatten ___ ___ .

Höflich oder unhöflich? A 3

Hören und lesen Sie bitte!

Frau Lenzi spricht mit dem deutschen Kollegen über die Video-Bänder.
1. Welche Aussage klingt höflich (+), welche unhöflich (−)?

Achten Sie bitte auf:

- Entschuldigungen
- die Modalverben: ich möchte/will
- lange/kurze Sätze
- Satzeinleitungen/ Satzanfänge (z. B. „Ich glaube …"/ „Wissen Sie …")
- direkte Aussagen/ Fragen
- indirekte Um-schreibungen
- die Intonation

a) Warum haben Sie die Bänder einfach mitgenommen? Bei uns ist es üblich, in solchen Situationen nachzufragen, ob man etwas behalten kann oder zurückgeben muß.

b) Entschuldigen Sie bitte! Ich glaube, wir haben uns neulich mißverstanden. Verstehen Sie, ich habe Ihnen meine eigenen Bänder nur geliehen, und ich möchte sie gern zurückhaben, weil es spezielle Bänder aus dem Ausland sind. Es ist mir ja peinlich, aber …

c) Ich will meine Bänder zurückhaben. Ich erwarte von Ihnen, daß Sie sie mir sofort zurückgeben. Sie können doch nicht einfach mit meinen Bändern abreisen. Ich finde das unmöglich!

d) Es ist mir unangenehm, darüber zu sprechen. Sie haben mich doch neulich gebeten, Ihnen Video-Bänder zu besorgen. Entschuldigen Sie bitte vielmals, aber ich habe Ihnen nicht gesagt, daß ich Ihnen meine eigenen Bänder gegeben habe. Sie verstehen sicher, daß ich sie gern zurückhaben möchte. Wissen Sie, mein Vater hat sie mir aus dem Ausland mitgebracht.

2. Wann klingt bei Ihnen etwas höflich, wann unhöflich?
3. Sie haben einer/einem Deutschen ein Buch geliehen. Sie möchten es gern zurückhaben. Was sagen Sie zu ihr/ihm?

A4 Infinitivsätze

Nebensätze (5): zu + Infinitiv (persönlich)

Wer tut das (nicht), was der Infinitiv bezeichnet?

Er hat **sie** gebeten, ⟨ihm die Bänder **zu besorgen**⟩.
Sie hat ihm versprochen, ⟨die Bänder **zu besorgen**⟩.
Es fällt **ihr** nicht leicht, [darüber **zu sprechen**].

Sie besorgt die Bänder.
Sie besorgt die Bänder.
Sie spricht nicht gern
darüber.

Nebensätze (6): zu + Infinitiv (unpersönlich)

Es ist üblich, [offen **zu sprechen**].
Es ist unhöflich/nicht höflich, [direkt **zu fragen**].

Man spricht offen.
Man fragt nicht direkt.

1. Bestimmen Sie bitte: Wer tut das (nicht), was der Infinitiv bezeichnet?

Beispiel: Gerda empfiehlt Lara, das Mißverständnis zu klären. → *Lara*

    a) Es ist unmöglich, so direkt zu sein. →
    b) Lara bittet Gerda, mit Herrn Beck zu sprechen. →
    c) Gerda verspricht Lara, ihn anzurufen. →
    d) Es ist normal, höflich zu sein. →
    e) Es fällt ihr nicht leicht, ihn zu fragen.→

2. Unterstreichen Sie bitte in A1 alle Infinitivsätze,
   und bestimmen Sie: Wer tut das (nicht), was der Infinitiv bezeichnet?

A5 Frau Klinger ruft Herrn Beck an

Ergänzen Sie bitte das Gespräch!

◌ Hier Beck.
● Guten Tag, Herr Beck. Entschuldigen Sie bitte die
  Störung. Ich bin Gerda Klinger, eine Bekannte von
  Frau Lenzi. Erinnern Sie sich an sie?
◌ Frau Lenzi? Natürlich, sie war so freundlich, mir _die_
  Video-Bänder zu besorgen .
● Ja, darum geht es. Frau Lenzi fällt es schwer, mit Ihnen
  _____.
◌ Ach, habe ich vergessen, _____?
● Das ist nicht das Problem. Frau Lenzi hatte keine
  Zeit, _____. Darum hat sie Ihnen ihre eigenen
  geliehen. Jetzt ist es ihr unangenehm, Ihnen _____.
◌ Warum hat sie mir das nicht gleich gesagt?
● Hier ist es unhöflich, _____.
◌ Ich verstehe. Und deshalb bitten Sie mich jetzt, ihr
  _____.
● Ja, unter Deutschen ist es ja üblich, _____.

die Video-Bänder
besorgen

darüber offen sprechen
die Bänder bezahlen

neue Bänder besorgen
das erklären

so direkt sein

die Bänder zurückgeben
offen sprechen

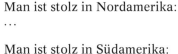

Worauf man in Europa stolz ist
Dieser Erdteil ist stolz auf sich,
und er kann auch stolz auf sich
sein.
Man ist stolz in Europa:
Deutscher zu sein.
Franzose zu sein.
Engländer zu sein.
Kein Deutscher zu sein.
Kein Franzose zu sein.
Kein Engländer zu sein.
Kurt Tucholsky

Worauf man in Europa stolz ist   A 6

Variieren Sie bitte!

Man ist stolz in Europa:
Deutsche zu sein.
Französin zu sein.
…

Man ist stolz in Nordamerika:
…

Man ist stolz in Südamerika:
…

Man ist stolz in Afrika:
…

Man ist stolz in Asien:
…

Man ist stolz in Australien:
…

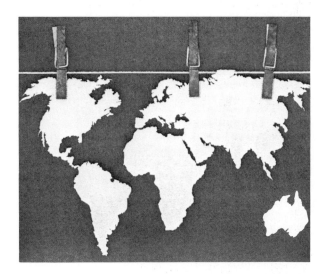

Konventionen – z. B. bei Mahlzeiten   A 7

Sind Konventionen international? Vergleichen Sie bitte!

Beispiel:
In Deutschland ißt man Schweinefleisch.

a) Bei uns ist es *auch üblich*,
Schweinefleisch zu essen.
b) In … ist es *nicht üblich*,
Schweinefleisch zu essen.
c) Bei uns/In … ist es *verboten*, …

1. In Deutschland trinkt man Alkohol.
2. In Deutschland ißt man Käse.
3. In Deutschland legt man die Hand
   beim Essen nicht unter den Tisch.
4. In Deutschland raucht man nicht
   beim Essen.
5. In Deutschland ißt man nicht mit
   den Händen.
6. In Deutschland betet man manchmal
   vor dem Essen.
7. In Deutschland sagt man vor dem
   Essen oft „Guten Appetit!".

auch üblich
nicht üblich
normal
erlaubt
verboten
höflich
unhöflich

B 1 Höflich sein = lügen?

Der Kuchen macht wirklich immer sehr viel Arbeit. Wenn ich ehrlich bin, muß ich ihm sagen, daß ich ihm nicht jedesmal einen Kuchen backen kann.

Ich habe ganz schnell noch einen Kuchen gebacken, extra für Sie. – Na, wie schmeckt er Ihnen heute?

Hoffentlich ißt er nicht so viel! Morgen kommt meine Schwiegermutter, und ich habe keine Zeit, einen neuen Kuchen zu backen.

Das freut mich aber! Nehmen Sie doch noch ein Stück.

Gott sei Dank! Da habe ich ja Glück gehabt!

Es tut mir wirklich leid, daß Sie von Ihrem Lieblingskuchen nur ein Stück essen können.

Schon wieder Kuchen! Ich bin wirklich bedauernswert! Immer muß ich diesen Kuchen essen, den ich gar nicht mag. Aber ich habe ja selbst schuld. Es war wirklich dumm von mir, ihn beim ersten Mal so zu loben.

Mmh, der schmeckt wieder ausgezeichnet!

Hoffentlich versteht sie heute endlich meine Andeutungen, daß ich ihren Kuchen nicht mag.

Vielen Dank! Aber ein Stück ist wirklich genug. Sie wissen ja, daß ich so leicht Magenschmerzen bekomme.

Sprüche

EURE REDE ABER SEI JA, JA, NEIN, NEIN. WAS DARÜBER IST, DAS IST VON ÜBEL.

Bibel, Neues Testament, Matthäus 5, 37

Höflichkeit kostet nichts.

Da lob ich mir die Höflichkeit, Das zierliche Betrügen. Du weißt Bescheid, ich weiß Bescheid: Und allen macht's Vergnügen.

Wilhelm Busch

Im Deutschen lügt man, wenn man höflich ist.

Goethe

Für den Japaner ist Höflichkeit kein Lügen. Sie ist ein freundliches Entgegenkommen, ein Geschenk, das man dem anderen gibt.

Hisako Matsubara

Höflichkeit schafft Harmonie zwischen den Menschen.

1. Was ist mit den beiden los? Warum sagen sie nicht, was sie denken?   **Aufgaben**   **B 2**
2. Was gilt in Ihrem Land/in anderen Ländern als höflich?
3. Was ist Ihre persönliche Meinung: Lügt und betrügt man, wenn man höflich ist?
4. Schreiben Sie bitte selbst Sprüche über Höflichkeit!

Wahrheiten – nicht ausgesprochen   **B 3**

Wer denkt was? Kreuzen Sie bitte an!

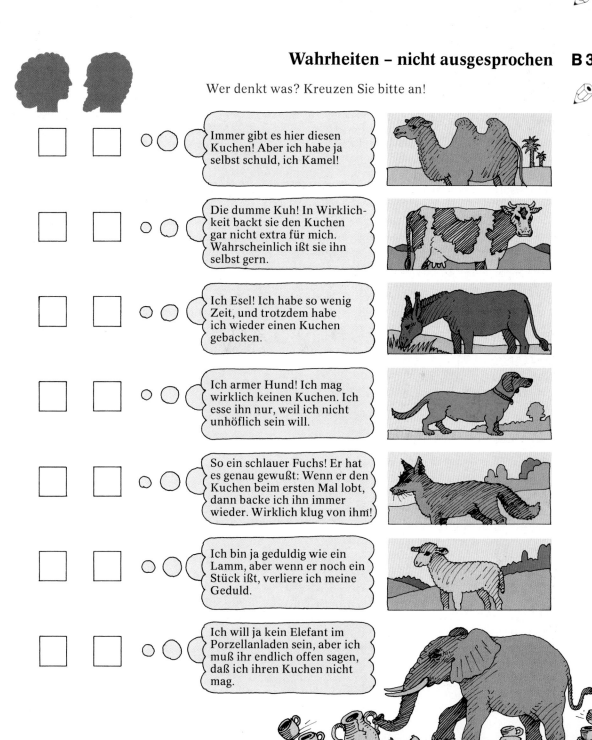

B 4 Vergleich: Mensch und Tier

In B 3 gibt es Vergleiche zwischen Mensch und Tier.
1. Welche Eigenschaften werden diesen Tieren in B 3 gegeben? Ordnen Sie bitte zu!

> bedauernswert – dumm – geduldig
> klug – schlau – ungeschickt

Beispiel: Tier	Eigenschaft
Kuh	dumm
…	…

2. Welche Eigenschaften werden diesen Tieren bei Ihnen gegeben?
Beispiel:
Bei uns gilt der Esel als ein kluges Tier.

3. Welche Tiere werden bei Ihnen mit Menschen verglichen? Darf man diese Vergleiche nur denken oder auch sagen?

B 5 Schimpfen

Dumme Kuh! Altes Kamel!

Pfui! Wie unhöflich!

Denken erlaubt – Sagen problematisch

B 6 Rollenspiele

Spielen Sie bitte! Zum Beispiel:
„Eine Einladung zum Essen"
a) Nicht sagen, was man denkt.
b) Sagen, was man denkt.

Armes Schwein
Ein Esel traf auf der Straße ein weinendes Schwein. „Warum weinst du?" fragte der Esel. „Wie soll ich nicht weinen", antwortete das Schwein, „wenn die Menschen schimpfen, so brauchen sie meinen Namen. Hat irgend jemand etwas Schlechtes getan, so sagt man: Er ist ein Schwein. Hat jemand einen betrogen, so sagt man: Er ist ein Schwein. Ist irgendwo Schmutz und Unordnung, so sagt man: Das ist eine Schweinerei." Der Esel überlegte lange und sagte: „Ja, das ist wirklich eine Schweinerei!"

Paul Alverdes

Das Kamel
Bedauernswert ist das Kamel!
– Das Tier muß es ertragen,
daß seine Freunde, geht was fehl,
„Du Mensch" verächtlich sagen.

Mascha Kaléko

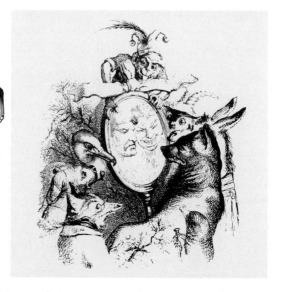

Höflich? **B 7**

1. A zeigt B eine Uhr, die er seiner Freundin schenken will.
   A: Wie gefällt dir die Uhr?
   B: Überhaupt nicht.

2. C hat ein neues Kuchenrezept ausprobiert. Er fragt seine
   Gäste: „Wie schmeckt euch der Kuchen?" Alle finden
   den Kuchen zu süß. Aber sie antworten:
   D: Ausgezeichnet, wirklich toll!
   E: Mmh, gut, hast du den selbst gebacken?
   F: Ein bißchen süß, nicht? Hast du ein Stück Brot für mich?
   G: Wie Zucker!
   H: Nicht schlecht, aber ein bißchen süß, oder?
   I: Na ja, fast so gut wie mein Lieblingskuchen.

Wie finden Sie die Antworten? Beispiel: Ich finde Antwort B …	zu höflich zu freundlich	höflich freundlich ehrlich ironisch	unhöflich unfreundlich unehrlich

Schreiben Sie bitte zu den Bildern einen Text!　　　**Die Höflichen** **B 8**

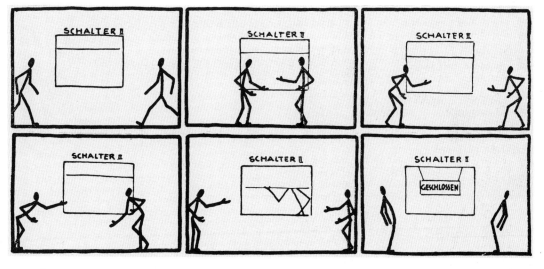

Situationen **B 9**

Wie würden Sie sich verhalten? Was würden Sie sagen?
Schreiben Sie bitte kleine Dialoge für diese Situationen, und machen Sie Rollenspiele!

1. Ein deutscher Bekannter/Eine deutsche Bekannte lädt Sie zu seinem/ihrem Geburtstag ein. Sie haben an dem Abend schon eine Einladung.
2. Eine deutsche Freundin fragt Sie, wie Sie ihr neues Kleid finden. Die Farbe gefällt Ihnen, aber Sie finden es zu lang.
3. Jemand aus Ihrem Kurs möchte Ihr Wörterbuch für eine Woche leihen. Sie brauchen es aber selbst.
4. Ein deutscher Bekannter/Eine deutsche Bekannte ruft Sie an. Er/Sie ist krank und möchte, daß sie ihn/sie besuchen. Sie haben aber eine wichtige Arbeit.

C 1 Zwei Zoobesucher

○ Das ist ja ein wunderschönes Tier! Ist das ein Schaf?
● Ja, ein Mondschaf.
○ Ob es Schokolade mag? Ich würde ihm gern ein Stück geben.
● Tu das ja nicht! Du weißt ja, Mondschafe fressen Wolken!
○ Richtig, das ist ja bekannt.

> ja = Gegenteil von nein

Partikeln (1): ja

Staunen	Das ist **ja** ein wunderschönes Tier.
Drohen	Tu das **ja** nicht!
Übereinstimmung	Du weißt **ja**, .../Das ist **ja** bekannt.

Übersetzen Sie bitte die Beispiele in Ihre Muttersprache!

C 2 Zwei Spaßmacher

○ Sag mal, Franz! Hast du schon mal einen Esel mit Krawatte gesehen?
● Nein, noch nie!
○ Na, dann guck mal in den Spiegel! –
● Du Fritz, hör mal! Hast du schon mal ein Kamel mit Hosen gesehen?
○ Ja, schon zweimal: gestern dich und heute mich!

> **mal** = einmal (zweimal, dreimal, x-mal)

Partikeln (2): mal

Informelles Auffordern	Sag **mal**! Guck **mal**! Hör **mal**!

Übersetzen Sie bitte die Beispiele in Ihre Muttersprache!

Zwei neue Bekannte   C 3

Jetzt hab' ich dir schon mein halbes Leben erzählt.
Aber von dir weiß ich noch gar nichts.
Wie heißt du eigentlich?
- Rat mal!
- Julia?
- Fast. Eigentlich sollte ich so heißen, aber meiner
  Mutter gefiel der Name nicht.
- Schade! Ich heiße nämlich Romeo. Darf ich dich
  trotzdem heute abend zu einem Spaziergang einladen?
- Hm, eigentlich wollte ich Briefe schreiben.

Zwei alte Bekannte   C 4

« SAG, HERMANN,
WARUM LIEBST
DU MICH
EIGENTLICH ?»

« TJA, EIGENTLICH
HAST DU
RECHT.»

Eigentlich ist dieser
Cartoon frauenfeindlich!

Ja, schlimm: immer gegen
die Frauen! Komm, wir
zeichnen ihn neu!

Partikeln (3): eigentlich

Interesse an einer neuen Information: meistens, um im Gespräch zu einem etwas anderen Thema zu kommen	Wie heißt du **eigentlich**? Warum liebst du mich **eigentlich**?
Einschränkung/Modifizierung von Aussagen/Meinungen, Entscheidungen, Absichten	**Eigentlich** hast du recht. **Eigentlich** sollte ich Julia heißen. **Eigentlich** wollte ich Briefe schreiben.

Steht nur
in Fragen!

Übersetzen Sie bitte die Beispiele in Ihre Muttersprache!

C 5 Partikeln

---

① Interesse an neuen Informationen, um im Gespräch zu einem etwas anderen Thema zu kommen. | **eigentlich**

Sie sprechen über die Partikeln in der „Sprachbrücke" und wollen zu einem etwas anderen Thema kommen: Sie möchten weitere Informationen zum Lehrwerk haben.
Stellen Sie bitte Fragen! Welche Fragen passen zu den Informationen?

Informationen:

a) 15 Lektionen.
b) Weil Lila eine schöne Farbe ist.
c) Das sind die Autoren.
d) Ernst Klett Verlag.
e) Aus Stuttgart.

Beispiel:
Information: Weil Sprache eine Brücke zwischen Menschen, Ländern und Kulturen sein kann.
Frage: Warum heißt das Buch eigentlich „Sprachbrücke"?

---

② Informelles Auffordern | **mal**

➢ „Sprachbrücke" ist ein höfliches Buch. In den Übungen steht immer „bitte".
➥ Stimmt, die Aufforderungen sind höflich, aber ich finde sie zu formell.
   Im Unterricht kann man das auch informeller und persönlicher sagen.
➢ Versuch mal!

Beispiel: Lesen Sie bitte! → Lesen Sie mal!/Lies mal!
Und jetzt Sie bitte! Machen Sie mal die Aufforderungen in Lektion 14 informeller und persönlicher!

---

③ Staunen | **ja**

Staunen Sie über:

das Wetter, das Essen,
das neue Kleid Ihrer Freundin,
die neue Wohnung von
Bekannten

Welches Adjektiv paßt?

ausgezeichnet, eng,
gemütlich, gut, kalt,
prima, schrecklich …

Beispiel:
das Essen / kalt
Das Essen ist ja kalt!

---

④ Einschränken einer Absicht/Aussage | **eigentlich**

Schränken Sie bitte die Absicht/Aussage ein!

Beispiel: ➢ Kommen Sie/Kommst du mit ins Kino?
➥ Eigentlich wollte ich Briefe schreiben./
   Eigentlich bin ich müde.

a) Spielen Sie/Spielst du mit Fußball?
b) Kommen Sie/Kommst du mit zum Stammtisch?
c) Möchten Sie/Möchtest du den Kuchen probieren?

Absicht/Aussage:

Briefe schreiben wollen
müde sein
ins Theater gehen wollen
keinen Kuchen essen

---

⑤ Drohen | **ja**

Drohen Sie mal! Bilden Sie bitte Imperativsätze mit „ja"!
Beispiel: pünktlich kommen → Komm ja pünktlich!/Kommt ja pünktlich!
a) ruhig sein
b) nicht zu spät kommen
c) die Aufgaben machen
d) nicht ins Kino gehen
e) Geld mitbringen
f) keinen Alkohol trinken

⑥ Übereinstimmen | **ja**

Zeigen Sie bitte, daß Sie mit Ihrem Gesprächspartner übereinstimmen!
Beispiel: ◯ Du darfst nicht allein gehen. ● Ich gehe ja nicht allein.
a) Du mußt die Aufgaben machen.
b) Bitte kommen Sie zurück!
c) Sie können mir glauben.
d) Gehen Sie bitte nicht weg!
e) Du darfst nicht unhöflich sein.
f) Sie müssen pünktlich kommen.
g) Sprechen Sie bitte den Satz nach!
h) Sie müssen das Buch bezahlen.

Partikeln am 1. April   C 6

Ergänzen Sie bitte die Partikeln „ja", „mal", „eigentlich"!

H: Du, sag _____ Uschi, hast du _____ in letzter Zeit mit
Willy gesprochen?
U: Nein, wieso?
H: Hm, das ist eine komische Geschichte. Du weißt _____,
daß Willy und ich eine Weltreise machen wollen und –
U: Helmut, fang _____ nicht wieder mit dieser
Geschichte an!
H: Ich weiß _____, daß du _____ davon nichts hören
willst. Aber da ist ein neues Problem.
U: Wirklich? Na, dann erzähl _____!
H: Der Willy ist abgefahren – mit dem ganzen Geld!
U: WAAAAS? Das ist _____ schrecklich! Siehst du, ich hab
es _____ gleich gesagt, dieser Willy! Warum hast du ihm
_____ das ganze Geld gegeben?
H: Weil er die Flugtickets kaufen sollte. Aber heute kam
ein Brief von ihm. Rat _____, woher.
U: Na?
H: Aus Singapur.
U: Das ist _____ nicht möglich! Du, warte _____, welches
Datum haben wir heute _____?
H: Den 1. April. ... Oh, Uschi, jetzt geht mir ein Licht
auf: April! April! Hast du schon _____ so einen Esel wie
mich gesehen?

Partikeljagd   C 7

Gehen Sie auf Partikeljagd! Suchen Sie bitte
in den Lektionen Beispiele für die Partikeln
„ja", „mal", „eigentlich"! Versuchen Sie, ihre
Funktion und Bedeutung zu bestimmen!

D 1 Wo und wie haben Sie Ihren Ehepartner kennengelernt?

Sechs Interviews

A *Erna Thiedemann, Jahrgang 1936, Hausmeisterin aus Aachen:*
Wie wir uns kennengelernt haben? Sie werden lachen, durch eine Heiratsanzeige. In meinem Dorf hatte ich keine Gelegenheit, den richtigen Mann zu finden. Da habe ich einfach eine Anzeige aufgegeben. Und ich hatte Glück. Unsere Ehe hält nun schon über 25 Jahre. Vor zwei Jahren hatten wir unsere Silberhochzeit.

Junges Mädchen (20) sucht netten Mann zum Heiraten. Zuschriften unter Z 4568

B *Etsuo Araki, geboren 1955, Musiklehrer aus Japan:*
Wie ich meine Frau kennengelernt habe? Wissen Sie, mein Elternhaus war sehr konservativ. Als ich alt genug war, haben meine Eltern einen Heiratsvermittler engagiert. Der hat auch die richtige Frau für mich gefunden. In Deutschland gibt es Heiratsanzeigen in den Zeitungen. Das erinnert mich ein bißchen an unsere Tradition.

C *Mahmud Kamal, Jahrgang 1950, Diplomchemiker aus Marokko:*
Als ich nach einem langen Studium einen guten Posten bekam, habe ich mir eine Frau gesucht. Ein Mann kann ja nicht ewig allein sein. Am Ende war es eine meiner vielen Cousinen. Richtig, sie ist mit mir verwandt, aber nur entfernt. Das ist bei uns möglich.

D *Abio Ogundipe, Jahrgang 1958, Journalist aus Nigeria:*
Als ich 25 war, haben mein Vater und meine älteren Brüder eine Frau ausgesucht, aus einem anderen Dorf. Früher hat bei uns der Mann die Ehefrau gekauft. Das gibt es heute nicht mehr. Heute macht man meistens nur größere Geschenke.

E *Susan Murray, Jahrgang 1965, ohne Beruf, aus den USA:*
Darüber möchte ich nicht sprechen.
Ich habe mich gerade von meinem Mann getrennt.

F *Gitte Simonsen, Jahrgang 1960,*
Sekretärin aus Dänemark:
Ich kam damals aus Dänemark und habe in
Blaubeuren Deutsch gelernt. Hans-Günther
war mein Deutschlehrer. Im Sprachlabor
haben wir uns sofort hoffnungslos
ineinander verliebt. Erst haben wir drei
Jahre ohne Trauschein zusammengelebt.
Aber als dann das erste Kind kam, haben
wir doch geheiratet, auf dem Standesamt
in Ulm.

Standesamt?

Das Standesamt ist eine staatliche Behörde, die Geburt, Heirat und Tod registriert.

Welche Zusammenfassung paßt zu welchem Interview?
Tragen Sie bitte den Buchstaben ein!

Wer war's? **D 2**

1. Ich habe eine entfernte Verwandte geheiratet.
2. An meine Hochzeit möchte ich im Moment nicht
   denken.
3. Beim Deutschunterricht habe ich ihn kennengelernt.
4. Meine Eltern haben jemanden gebeten, eine Frau für mich
   zu suchen.
5. Die Männer in meiner Familie haben für mich einen
   Ehepartner gefunden.
6. Wir haben uns durch eine Heiratsanzeige kennengelernt.

Wenn – als **D 3**

Nebensätze (7): wenn – als

Vergleichen Sie bitte!

<u>Wenn</u> die anderen nein sagen, bin ich glücklich. <u>Wenn</u> du nein sagst, bin ich unglücklich.	**Gegenwart/** **Zukunft**	
Immer <u>wenn</u> andere nein sagten, war er glücklich. <u>Als</u> sie nein sagte, war er verzweifelt.	**Vergangenheit**	
(immer) **wenn** = etwas passiert **immer wieder** in der **Vergangenheit** **als** = etwas passiert **einmal** in der **Vergangenheit**		

zum Beispiel: heute/morgen

Unterstreichen Sie bitte die Nebensätze mit „als" in den Interviews (D 1)!

D 4 Eine Liebesgeschichte

Bilden Sie bitte Nebensätze mit „als"!
Beispiel: Sie kam nach Deutschland. Sie lernte Deutsch. →
          Als sie nach Deutschland kam, lernte sie Deutsch.

1. Er unterrichtete am Sprachinstitut. Er lernte sie kennen. →
2. Sie tanzten zum ersten Mal zusammen. Sie verliebten sich. →
3. Er lud sie zum ersten Mal ins Kino ein. Sie brachte eine Freundin mit. →
4. Er wollte sie heiraten. Sie sagte nein. →
5. Dann wollte sie ihn heiraten. Er sagte nein. →
6. Sie ging ins Ausland. Er blieb zu Hause. →
7. Sie kam wieder. Er war glücklich. →
8. Sie heirateten. Sie waren beide 26 Jahre alt. →

D 5 Eine Freundschaft geht zu Ende

Schreiben/Erzählen Sie bitte
die Geschichte weiter!

Wenn er morgen kommt, sitze ich hier.
Wenn er spricht, höre ich nicht zu.
Wenn er mich fragt, antworte ich nicht.
Wenn er mich ansieht, sehe ich weg.
Wenn er aufsteht, bleibe ich sitzen.
Wenn er geht, sage ich nicht „Auf Wiedersehen".
Dann ist alles zu Ende.

Nun ist alles zu Ende:
Als er gestern kam, saß ich hier.
Als …

D 6 Liebe im Schlager

Ergänzen Sie bitte
den Text!

Die Liebe ist ein seltsames _____ .
Sie _____ und _____ von einem zum andern.
Sie _____ uns alles, doch sie _____ auch viel zuviel.
Die _____ ist ein _____ Spiel!

D 7 Auf einer Parkbank

© BULLS   S. Kochan.   Erzählen Sie bitte!

Sprichwort **Liebe macht blind.** **Liebe literarisch** **E**

Ungewiß

Ich habe Augen
weil ich dich sehe
Ich habe Ohren
weil ich dich höre
Ich habe einen Mund
weil ich dich küsse

Habe ich
dieselben Augen und Ohren
wenn ich dich nicht
sehe und höre
und denselben Mund
wenn ich dich nicht küsse?

Erich Fried

Ich will mit dem gehen, den ich liebe

Ich will mit dem gehen, den ich liebe.
Ich will nicht ausrechnen, was es kostet.
Ich will nicht nachdenken, ob es gut ist.
Ich will nicht wissen, ob er mich liebt.
Ich will mit dem gehen, den ich liebe.

Bertolt Brecht

Er heiratete sie,
weil er sie liebte.
Sie liebte ihn,
weil er sie heiratete.

Jean Paul

Aufgaben

a) Zum Text von Brecht

1. Wer ist „ich" in dem Text –
   eine Frau oder ein Mann?
2. Was bedeutet „Liebe" in
   dem Text?
   Beispiel: Liebe bedeutet,
   mit dem zu gehen,
   den man …
3. Stimmen Sie mit allen
   Aussagen des Textes
   überein?
   Was wollen Sie über die
   Frau/den Mann (nicht)
   wissen, die/den Sie lieben?
4. Schreiben Sie das Gedicht
   bitte um!
   Beispiel!
   Ich will mit **der** gehen,
   die ich liebe.

b) Zum Text von Fried

1. Wer ist „ich" in dem Text –
   eine Frau oder ein Mann?
   Was meinen Sie?
2. Stellen Sie bitte „Warum"-
   Fragen zu den „Weil"-
   Sätzen im Text!
   Beispiel: „weil ich dich
   sehe" → Warum habe ich
   Augen?
3. Wozu hat der Mensch
   Augen, Ohren und Mund?
   Was meinen Sie?
   Antworten Sie bitte!
   Beispiel: Der Mensch hat
   Augen, um zu sehen.
4. Vergleichen Sie bitte die
   Antworten auf die
   „Wozu"-Fragen mit den
   Antworten auf die
   „Warum"-Fragen!
5. Wie würden Sie die Frage
   beantworten, die im
   zweiten Teil des Textes
   gestellt wird?

c) Zu allen Texten

1. „Liebe macht blind" heißt
   ein deutsches Sprichwort.
   Zu welchem Text paßt
   Ihrer Meinung nach
   dieses Sprichwort?
2. Sind die Texte Ihrer
   Meinung nach Liebes-
   gedichte?
3. Welche Assoziationen
   haben Sie bei den
   Gedichten?
4. Wie finden Sie die Texte?
   Welcher Text gefällt
   Ihnen, welcher nicht?

♪1 Intonation: Partikel „ja"

a) Sprechen Sie bitte nach!

b) Markieren Sie bitte Satzakzent und Satzmelodie!

> Staunen:
> /Dàs ist ja ein \wúnderschönes Tier!

Das Wetter ist ja kalt!

> Drohen: Tu das /já\ nicht!

Kommen Sie ja nicht zu spät!

> Übereinstimmung: /Dàs ist ja be\kánnt.

Sie haben ja recht!

♪2 Intonation: Partikel „mal"

a) Sprechen Sie bitte nach!

b) Markieren Sie bitte Satzakzent und Satzmelodie!

> Informelles Auffordern:
> /Lìes mal bitte den \Téxt!

Erklär mir mal bitte die Grammatik!

♪3 Intonation: Partikel „eigentlich"

a) Sprechen Sie bitte nach!

b) Markieren Sie bitte Satzakzent und Satzmelodie!

> Interesse an neuer Information:
> Wie /heißt\ du eigentlich?

Warum lernen Sie eigentlich Deutsch?

> Einschränkung/Modifizierung:
> /Èigentlich sollte ich\ Júlia heißen.

Eigentlich wollte ich ins Theater gehen.

♪4 Intonation: Grundtendenzen der Satzmelodie

a) Sprechen Sie bitte nach! Achten Sie dabei auf die Veränderungen in der Intonation!

/Lì\laland   /Vì\deo-Bänder

Ein Be/kannter aus \Lilaland   die /Wìrtschaft auf \Video-Bändern

Informa/tionen über die Wirtschaft auf \Video-Bändern

Ein Bekannter aus /Lilaland braucht Informa/tionen über die Wirtschaft auf \Video-Bändern.

b) Bestimmen Sie bitte selbst die Intonation: erst für die Teile des Satzes, dann für den ganzen Satz!

Nürnberg   Tagebuch

Frau Klinger aus Nürnberg   am Wochenende in ihr Tagebuch

ihre Erlebnisse am Wochenende in ihr Tagebuch

Frau Klinger aus Nürnberg schreibt ihre Erlebnisse am Wochenende in ihr Tagebuch.

In zwei
Sprachen leben
Berichte, Erzählungen, Gedichte
von Ausländern

dtv

EINE SPRACHE ZWEI SPRACHEN
IST EIN LEBEN SIND ZWEI LEBEN

Wer fremde Sprachen nicht kennt, weiß nichts von seiner eigenen.
Goethe

„Ich habe eine neue Welt gefunden."
Eine Türkin nach Besuch eines deutschen Sprachkurses

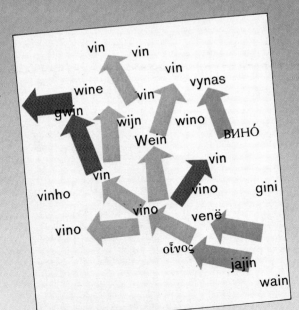

vin vin
vin
vin vynas
wine vin
gwin wijn wino
Wein ВИНÓ
vin
vin vino gini
vinho vino venë
vino οἶνος
jajin
wain

Ja|lou|sie *franz. [schalusi],* die: -, -ien; (Rolladen, Fensterschutz); die **Ja|lou-se|t|ten**

Jam|mer, der: -s; der **Jammerlappen** (feiger Kerl); **jämmerlich, jammerschade; jammern:** es ist zum Jammern

Ja|nu|ar, der: -(s), -e

jap|sen: (nach Luft schnappen)

Jar|gon *franz. [schargong],* der: -s, -s; (Sondersprache einer Berufsgruppe oder einer sozialen Schicht)

Jas|min *span.,* der: -s, -e; (Strauch mit duftenden Blüten)

jä|ten: (Unkraut entfernen)

Jau|che, die: -, -n

jauch|zen: der **Jauchzer** (lauter, freudiger Aufschrei)

Jazz *amerik. [dschäß]* oder *[jaz],* der: -; (Musikrichtung, die sich aus der Volksmusik der amerik. Neger entwickelte); die **Jazzband,** der **Jazzer,** der **Jazzfan; jazzen**

je: seit je — je länger, je lieber — je größer, desto besser — je nachdem; **jemals**

Jeans *engl. [dschins],* die: -

je|den|falls

je|der: auf jeden Fall — jeder einzelne — zu jeder Zeit; **jedermann, jederzeit, jedesmal**

je|doch

Jeep *amerik. [dschip],* der: -s, -s; (geländegängiges Auto mit Vierradantrieb)

je|mand: irgend jemand — jemand anders — jemand Fremdes

je|ner: in jener fernen Zeit — er sagte dieses und jenes

jen|seits: *Präp. mit Gen.* jenseits des Flusses; das **Jenseits**

Jer|sey *engl. [dschö'si],* der: -s, -s; (Stoffart; Sporttrikot)

Je|sus *griech.:* (übersetzt Gott hilft); **Jesus Christus,** das **Jesuskind,** die **Jesus People,** der **Jesuit** (Mitglied eines Ordens)

Jet *engl. [dschät],* der: -s, -s; (Düsenflugzeug); der **Jet-set** (Mitglieder der wohlhabenden Gesellschaftsschicht, die viel reisen, um überall „dabei zu sein"); **jetten** (mit dem Jet fliegen)

jetzt: von jetzt an — jetzt und immerdar; das **Jetzt** ist mir lieber als das Später

je|weils

Jiu-Jitsu *japan. [dschiu-dschizu],* das: -(s); (Kunst der Selbstverteidigung); → Judo

Job *engl.-amerik. [dschob],* der: -s, -s; (berufliche Tätigkeit, Gelegenheitsarbeit, Arbeitsstelle); **jobben**

A 1 Zwischen zwei Kulturen

Die Geschichte eines Halbdrachen

Ich las einmal die Geschichte eines Halbdrachen:
Mutter Nilpferd, Vater Drache. Der Halbdrache hatte
einen Nilpferdkopf und einen Krokodilschwanz. Da er
kein richtiger Drache war, durfte er nicht in der
Drachenstadt wohnen. So lebte er einsam und traurig in
seinem Vulkan vor der Drachenstadt.
Wer weiß, wie das ist, ein Halbdrache zu sein?
Meine Augen waren zu hell, meine Nase zu hoch. Man
sah es mir an. Die Blicke sagten mir: Du bist
Ausländerin. In einer einheitlichen Welt fällt das auf.
Als man mir einmal ‚Halbdrache' nachrief, weinte ich
vor Wut. Ich wollte wie alle anderen sein. Erst nach
Jahren entdeckte ich, daß dieser Mangel keine Armut,
sondern ein Reichtum sein kann. Ich bin arm und reich
zugleich. Ich bin weder noch, ich bin beides.
China ist das Land meines Vaters.
Deutsch ist die Sprache meiner Mutter.
Ich wuchs in meinem Vaterland auf. Aber das Land, in
dem man meine Muttersprache spricht, lernte ich erst
viel später kennen.

**In zwei
Sprachen leben**

Berichte, Erzählungen, Gedichte
von Ausländern

dtv

Nach Nai-Li Ma
(Volksrepublik China,
geboren 1945, seit 1979 in der
Bundesrepublik Deutschland)

Aufgaben

1. Was sagt die Autorin über den Halbdrachen und über
   sich selbst?
   Machen Sie bitte eine Tabelle mit Stichwörtern!

Beispiel:

Halbdrache	Autorin
Mutter Nilpferd	

2. Warum vergleicht die Autorin sich mit dem Halbdrachen?
3. Wie sieht die Autorin ihre Situation: a) am Anfang,
   b) später?
4. Was meint sie mit dem Satz „Ich bin weder noch, ich
   bin beides"?

A 2 Zwischen den Sprachen

Arthur Koestler (1905–1982); Schriftsteller, geboren in
Budapest, Sohn einer Österreicherin und eines Ungarn;
Kindheit und Jugend in Ungarn und Österreich; 1926
Korrespondent bei einem deutschen Zeitungsverlag in
Berlin; 1933–1940 Emigrant in Frankreich; 1940 Emigration
nach England. In seiner Autobiographie beschreibt
Koestler, wie er von Land zu Land und Sprache zu Sprache
wechselte.

① Ich war ein fleißiger Schüler, las viel und sprach mit zwölf Jahren Ungarisch, Deutsch, Französisch und Englisch ziemlich fließend.

② Bis zu meinem vierzehnten Lebensjahr sprach ich zu Hause Deutsch und in der Schule Ungarisch. Schule und nationale Umgebung übten den stärkeren Einfluß aus. Deshalb dachte ich ungarisch. Meine ersten kindlichen schriftstellerischen Versuche waren auch auf ungarisch.

③ Als ich vierzehn war, zogen wir nach Wien. Dort besuchte ich nun eine österreichische Schule. Trotzdem dachte und schrieb ich noch eine ganze Zeit lang ungarisch.

④ Dann wurde Deutsch allmählich die wichtigere Sprache. Meine ersten Liebesgedichte reimte ich auf deutsch, doch manchmal schrieb ich noch ungarische Erzählungen. Mit einundzwanzig Jahren wurde ich Korrespondent deutscher Zeitungen. Von jetzt an dachte und schrieb ich bis zu meinem fünfunddreißigsten Jahr deutsch.

⑤ 1940 mußte ich – ganz plötzlich und ohne Übergang – die Sprache zum zweitenmal wechseln, von Deutsch zu Englisch. „Sonnenfinsternis" war das letzte Buch, das ich in deutscher Sprache schrieb. Seitdem schreibe ich nur noch englisch.

⑥ Davor, in den sieben Jahren meiner Pariser Emigration, lebte ich wie die meisten der Emigranten in einer Art Gettoexistenz ohne französische Kontakte. Damals fuhr ich fort, deutsch zu schreiben und zu denken.

⑦ Doch in England begann ich, englisch zu schreiben. Ich war unter englischen Freunden und hörte auf, Flüchtling zu sein. Seitdem denke ich auch englisch.

⑧ Nur nachts träume ich weiter ungarisch, deutsch oder französisch. So wird meine Frau oft durch mein vielsprachiges Kauderwelsch geweckt.

Nach Arthur Koestler

Aufgaben   A 3

1. Welche Aussage paßt zu welchem Abschnitt? Tragen Sie bitte die Nummer ein!

☐	a) In Frankreich schrieb Koestler weiter deutsch.
☐	b) Er träumt in vielen Sprachen.
☐	c) In England fand der Autor eine neue Heimat.
1	d) Als Kind sprach Koestler schon vier Sprachen.
☐	e) In der ersten Zeit in Wien dachte und schrieb er ungarisch.
☐	f) 1926 begann Koestler, für deutsche Zeitungen zu schreiben.
☐	g) Als Kind sprach er mit seinen Eltern Deutsch, aber er dachte ungarisch.
☐	h) Nach „Sonnenfinsternis" schrieb der Autor kein Buch mehr auf deutsch.

2. Ergänzen Sie bitte die Tabelle!

Jahre	1905–1919	1926–1933	1933–1940	seit 1940
Land	Ungarn			
Wichtigste Sprache		Deutsch		Englisch
Grund			Getto-existenz	

A4 Position I und das Subjekt

1. Lesen Sie bitte den Text von Arthur Koestler (A 2) noch
   einmal, und suchen Sie das Subjekt in den Hauptsätzen!
   Markieren Sie das Subjekt mit eckigen Klammern!
   Beispiel: [Ich] war ein fleißiger Schüler.
2. Steht das Subjekt **immer** auf Position I?

A5 Position I und Satzverknüpfung

1. Informieren Sie sich bitte in Lektion 10/E1 noch einmal über die Satzglieder auf
   Position I!
2. Stellen Sie bitte fest, was für Satzglieder in dem Text von Arthur Koestler (A 2) auf
   Position I stehen!
   Beispiel: I
   Abschnitt ②: (Bis zu meinem vierzehnten Lebensjahr) sprach ich zu Hause Deutsch.
                               (Angabe)

A6 Wiederaufnahme von Informationen

Satzverknüpfung (2): Wiederaufnahme von Informationen

Frühere Information:	Er kam zu spät.
Lange Wiederaufnahme:	(Weil er zu spät kam),
Neue Information:	mußte sie warten.
Verkürzte Wiederaufnahme:	(Deshalb)

Satzverknüpfung (3): Verkürzte Wiederaufnahme von Informationen

(damals) – (dann) – (davor) – (deshalb) – (dort) – (seitdem) – (so) – (trotzdem) –
(von jetzt an) …

Diese Angaben nehmen verkürzt Informationen aus früheren Sätzen wieder auf und
stellen die Verknüpfung mit der neuen Information her.

Lesen Sie bitte den Text von Arthur Koestler noch einmal, und stellen Sie fest,
welche Information aus früheren Sätzen durch die Angaben wiederaufgenommen wird!

Beispiel:

Abschnitt	Angabe	Information aus früheren Sätzen
②	deshalb	*Schule und nationale Umgebung übten den stärkeren Einfluß aus.*
③	trotzdem	
④	dann	
④	von jetzt an	
⑤	seitdem	
⑥	davor	
⑥	damals	
⑦	seitdem	
⑧	so	

Sprachbiographie   A 7

Als ich ein Kind war, lebten wir in Kairo. Mein Vater war Lehrer an der deutschen Schule. Meine Mutter ist Französin. Wir sprachen in der Familie meistens Französisch. Wir sprachen Deutsch, wenn mein Vater und ich allein waren. Wir sprachen auch Deutsch in der Schule. Wir sprachen Arabisch, wenn ich mit meinen Freunden spielte. Ich wußte nicht, welche Sprache mir am besten gefiel. Meine Eltern schickten mich auf eine private Schule in Deutschland, als ich 10 Jahre alt war. Ich blieb drei Jahre. Ich denke und schreibe deutsch. Meine Eltern zogen mit mir nach Mexiko. Ich mußte Spanisch lernen. Alle Kinder der deutschen Schule sprachen nur Spanisch, wenn sie unter sich waren. Das war gut für mich. Ich bin in Genf Übersetzerin für drei Sprachen: Französisch, Spanisch, Deutsch. Ich bin sehr zufrieden mit meinem Beruf. Ich habe noch ein Ziel. Ich versuche in meiner Freizeit, besser Arabisch zu lernen. Ich kann vielleicht Übersetzerin für vier Sprachen werden.

(dort)

(deshalb)
(manchmal)

(dort)
(seitdem)/(dann)
(plötzlich)/(dort)

(heute)

(natürlich)
(trotzdem)
(dann)

Aufgabe
Der Text klingt so nicht gut. Wie klingt er besser? Schreiben Sie den Text bitte neu!
Achten Sie dabei auf die Position I, und gebrauchen Sie Angaben zur Satzverknüpfung!
Angaben zur Satzverknüpfung finden Sie rechts vom Text.
Beispiel:
Als ich ein Kind war, lebten wir in Kairo.
Mein Vater war Lehrer an der deutschen Schule. →   (dort)
Als ich ein Kind war, lebten wir in Kairo.
Dort war mein Vater Lehrer an der deutschen Schule.

Ein Gedicht   A 8

1. Suchen Sie bitte eine Überschrift zu diesem Gedicht!

???

In meiner Sprache
fehlte mir das Wort AMOR,
und ich wanderte aus zu dir
und lernte LIEBE kennen.
Doch ich kannte nicht
die Abgründe deiner Sprache,
noch die Kälte in deinem Land,
und ich kehrte zurück in die Heimat ...
wieder in dein Land,
wieder zurück,
immer wieder hin
und zurück.
Ich bin jetzt der ewige Auswanderer
in zwei Sprachen
ohne Liebe.

Elisabeth Gonçalves

2. Vergleichen Sie bitte die Texte A 1, A 2, A 7, A 8! Welche Unterschiede gibt es? Was sind die Gründe für das Leben in mehreren Sprachen/Kulturen? Welche Vorteile/Nachteile bringt dieses Leben? Kennen Sie ähnliche Beispiele? Erzählen Sie bitte!

B1 Fremde Wörter in der deutschen Sprache

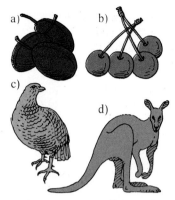

a) b)

c)

d)

1 Skythen: altes Volk in Süd-
  rußland
2 junger Fisch (Hering)
3 Rindfleisch in Würfeln
4 Rum mit heißem Wasser und
  Zucker

Am gastlichen Tisch der deutschen Sprache sitzt die
gesamte Menschheit und ißt nicht nur englisches *Steak*
mit französischer *Sauce* (Soße), sondern auch *Pflaumen*[a)]
und *Kirschen*[b)] aus dem Lateinischen, *Datteln* aus dem
Griechischen, *Butter* aus dem Skythischen[1] und *Quark*
aus dem Polnischen, russisches *Rebhuhn*[c)], italienische
Kartoffeln, holländische *Matjes*[2] und türkischen *Joghurt*.
Das *Gulasch*[3] kommt aus dem Ungarischen, die *Banane*
aus einer Kongosprache (Afrika), die *Kaper* aus dem
Persischen, die *Mandel* aus dem Syrischen, der *Zucker* aus
dem Indischen, der *Zimt* aus dem Malayischen, die
Schokolade aus der Mayasprache (Mexiko), und dazu
raucht man indianischen *Tabak* und trinkt chinesischen
Tee oder türkischen (arabischen) *Kaffee* und englischen
Grog[4] und französischen *Kognak* und lateinischen *Wein*
und italienischen *Sekt* und arabischen *Arrak*, und wenn es
einmal *Känguruh*[d)] gibt, kommt das aus dem Australischen.

Nach Franz Fühmann

B2 Aufgaben

1. Aus welcher Sprache kommt was?
   Machen Sie bitte eine Tabelle!

Beispiel:

Steak	Englisch

2. So heißen die Wörter in der Sprache,
   aus der sie kommen:

Was gehört zusammen?
Ordnen Sie bitte zu!
Beispiel: *prunum* – Pflaume
            – Dattel
            – Quark
            – Matjes
            – Gulasch
            – Kartoffeln
            – Wein
            – Kaffee
            – Kirsche
            – Schokolade
            – Tabak

3. Übersetzen Sie bitte diese fremden
   Wörter in Ihre Muttersprache!
4. Sind das auch in Ihrer Sprache
   fremde Wörter?

Fällt (…) ein fremdes Wort in den
Brunnen einer Sprache, so wird es darin
so lange umgetrieben, bis es ihre Farbe
annimmt und (…) wie ein heimisches
aussieht.

Jacob Grimm

Sprachaustausch: Hängematte   B 3

Hängematte klingt und sieht aus wie ein deutsches Wort.
Aber der Schein trügt: Das Wort stammt aus Haiti. Dort
lernten Christoph Kolumbus und seine Leute die
Hängematte kennen. Sie fanden sie bequem und brachten
sie mit dem indianischen Wort nach Spanien: „hamaca".
Die Spanier gaben mit der Sache auch das Wort an die
anderen europäischen Länder weiter. So kamen Sache und
Wort nach Deutschland. In Deutschland nahm das Wort
die Farbe der deutschen Sprache an und sah bald aus wie
ein einheimisches Wort: Hängematte – eine Matte, die hängt.

Fragen 1. Auf welchem Weg kam die Hängematte nach Deutschland?
2. Warum sieht „Hängematte" wie ein deutsches Wort aus?

Sprachaustausch: Wein   B 4

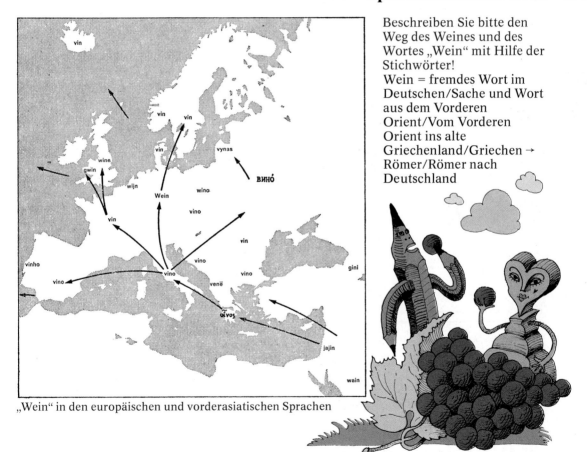

Beschreiben Sie bitte den
Weg des Weines und des
Wortes „Wein" mit Hilfe der
Stichwörter!
Wein = fremdes Wort im
Deutschen/Sache und Wort
aus dem Vorderen
Orient/Vom Vorderen
Orient ins alte
Griechenland/Griechen →
Römer/Römer nach
Deutschland

„Wein" in den europäischen und vorderasiatischen Sprachen

Sprachaustausch zwischen dem Deutschen und Ihrer Sprache   B 5

1. Gibt es in Ihrer Sprache Wörter, die aus dem Deutschen kommen?
2. Wissen Sie, ob es im Deutschen Wörter gibt, die aus Ihrer Muttersprache kommen?

C1 Wo stehen die Ergänzungen?

Doch, aber die hängt von vielen Faktoren ab. Auch die Intonation spielt eine Rolle.

Also, die Verbstellung ist klar. Aber gibt es keine Regeln für die Stellung der Ergänzungen?

Satzgliedstellung im Mittelfeld (1)

I	II	Mittelfeld			
In Lilaland	darf	man die Hand	beim Essen nicht	auf den Tisch	legen.
In Lilaland	legt	man die Hand	beim Essen nicht	auf den Tisch.	
		Subjekt und andere Ergänzungen mit Linkstendenz	In der Mitte: Angaben	Ergänzungen mit Rechtstendenz	
	V1	←E	a	E→	V2

Halt, nicht so viel auf einmal! Rechtstendenz? Linkstendenz? Was bedeutet denn das?

C2 Stellung der Ergänzungen

Stellung der Akkusativergänzung (1)

Vergleichen Sie bitte die Stellung der Akkusativergänzung in den Sätzen (1)–(3)!

Vor-information		In Deutschland kann man bei einer Einladung Blumen mitbringen.			
	I	II	Mittelfeld		
(1)	Man	gibt	⟨die Blumen⟩	immer	der Dame des Hauses.	
(2)	Man	darf	ihr	aber	⟨keine roten Rosen⟩	schenken.
(3) Denn	⟨rote Rosen⟩	schenkt	ein Herr	nur	der Dame seines Herzens.	
	V1	←E	a	E→	V2

Die Akkusativergänzung hat keine feste Position.
Wenn sie bekannte Informationen enthält, tendiert sie nach links im Mittelfeld (1), oder sie steht auf Position I (3).
Wenn sie neue oder wichtige Informationen enthält, tendiert sie nach rechts (2).

C3 Was für Informationen enthält die Akkusativergänzung?

Suchen Sie bitte in den folgenden Sätzen die Akkusativergänzung, und bestimmen Sie: Ist die Information bekannt, neu, wichtig?

Vorinformation: Auf dem Tisch liegen mehrere Bücher. Alli nimmt eins und fragt Bina:

1. ◠ Kennst du eigentlich dieses Buch? *⟨dieses Buch⟩ = wichtige Information*
2. ● Das habe ich schon dreimal gelesen. _____
3. ◠ Kannst du es mir denn empfehlen? _____
4. ● Ja. Aber ich habe es schon der Assistentin versprochen. _____
5. ◠ Kannst du mir denn ein anderes Buch empfehlen? _____

1. Vergleichen Sie bitte die Stellung und
den Artikel der Akkusativergänzung!

Bekannte und neue Informationen   C 4

Stellung der Akkusativergänzung (2)

Vor-information	Lara will mit ihrem Freund zum Fest gehen. Sie hat nur ein kurzes Kleid.				
I	II	Mittelfeld			
Lara	will	⟨das kurze Kleid⟩	nicht schon wieder		tragen.	(1)
Sie	will		lieber	⟨ein langes Kleid⟩	kaufen.	(2)
	V 1	←E	a	E→	V 2

Bekannte Information – bestimmter Artikel – Linkstendenz – (1).
Neue Information – unbestimmter Artikel – Rechtstendenz – (2).

2. Üben Sie bitte die Stellung der Akkusativergänzung!

Beispiele:
 ⟳ Kennen Sie ⟨das Buch⟩ schon?◗ Ja, ich kenne ⟨es⟩ schon./Nein, ich kenne ⟨es⟩
   noch nicht.
 ⟳ Haben Sie schon ⟨ein Buch⟩? ◗ Ja, ich habe schon ⟨eins⟩./Nein, ich habe noch ⟨keins⟩.
Und jetzt Sie bitte!
einen Schlüssel, die Zeitung, den Brief, einen Bleistift, ein Heft, ein Foto

1. Vergleichen Sie bitte die Stellung der
Akkusativergänzung in den Sätzen (1)–(3)!

Akkusativergänzung   C 5

Stellung der Akkusativergänzung (3)

Vor-information	Die Assistentin trifft den Vertreter Herrn Beck.				
I	II	Mittelfeld			
Die Assistentin	zeigt			*Herrn Beck* ⟨das Videoband⟩.	(1)
Sie	verkauft	⟨es⟩		*dem Vertreter* aber nicht.	(2)
Lieber	schenkt	[sie]	⟨es⟩	*ihm*.	(3)

Wenn die Akkusativergänzung eine Nominalgruppe (mit neuer Information) ist,
steht sie meistens rechts von der Dativergänzung (1).
Wenn die Akkusativergänzung ein unbetontes Personalpronomen ist, steht sie links
von der Dativergänzung (2).
Und wenn nur Personalpronomen im Mittelfeld stehen, dann gilt die Grundfolge:
Subjekt, Akkusativergänzung, Dativergänzung (3).

2. Antworten Sie bitte mit dem Personalpronomen!

Beispiele: ⟳ Hast du/Haben Sie noch mein Wörterbuch?
   ◗ Ach ja, Entschuldigung! Aber morgen bringe ich es dir/Ihnen
    bestimmt zurück.
Und jetzt Sie bitte!   Schere, Fotoapparat, Videobänder, Regenschirm, Sonnenbrille

D1 Sprache der Großeltern

Aus einem alten Deutschlehrbuch:

— Mein Herr, ich wünsche Ihnen einen guten Morgen. Es freut mich, Sie zu sehen. Wie befindet sich Ihre werte Gemahlin?
+ Sie befindet sich sehr wohl.
— Das freut mich. Empfehlen Sie mich ergebenst.

Die Schrift kann ich nicht lesen.

Die steht nur in alten Büchern! Hier! Lies den Text von diesem Zettel!

Heute würde man das so sagen:
– Guten Morgen, Herr Klinger. Wie geht es Ihrer Frau?
+ Danke, sehr gut.
– Grüßen Sie sie bitte von mir.

– Mein Herr, ich wünsche Ihnen einen guten Morgen. Es freut mich, Sie zu sehen. Wie befindet sich Ihre werte Gemahlin?
+ Sie befindet sich sehr wohl.
– Das freut mich. Empfehlen Sie mich ergebenst.

D2 Jugendsprache – Sprache der Erwachsenen

Beate Klinger, Lara Lenzi und Gerda Klinger sprechen über ein altes Deutschlehrbuch.

BK: Mensch, Lara, was ist denn das hier?
LL: Was? Ach, das Buch da – damit hat meine Großmutter Deutsch gelernt.
BK: Irre, was? So spricht doch heute kein Mensch mehr! Hör dir das mal an: „Wie befindet sich Ihre werte Gemahlin?" – Dabei will der Macker bloß wissen, wie's der Alten von dem anderen Typ geht. Echt stark!
GK: Moment mal, Beate. Euch Jugendliche verstehen wir Erwachsenen ja auch kaum mehr. Was soll da erst ein Ausländer sagen, der gerade anfängt, Deutsch zu lernen?
LL: Ja, stimmt das denn, was Beate sagt? Ist diese Sprache mit den vielen Höflichkeitsformeln wirklich so veraltet?
GK: Ja, ziemlich. Solche Formeln stehen fast nur noch in alten Lehrbüchern für Ausländer. Nur ältere Leute gebrauchen sie noch manchmal, wenn sie sehr formell sein wollen.
LL: Aber was sagen Sie stattdessen?
GK: Eigentlich gar nichts. Diese alten Höflichkeitsformeln klingen meistens nicht mehr echt. Darum verzichten wir lieber darauf.
LL: Das finde ich schade! Bei uns kann man sie nicht weglassen. Unsere Sprache würde sonst unhöflich klingen. – Aber sollen wir denn jetzt die Jugendsprache lernen?
BK: Ja, das ist echt Spitze!
GK: Das finde ich nicht. Am besten lernen Sie ein neutrales Deutsch, das von Jungen und Alten verstanden wird.

Fragen   D 3

1. Worüber wundert sich Beate? Mit welchen Worten wundert sie sich?
2. Welches Wort benutzt sie für „Gemahlin", welches für „Mann"? Was sagt sie für „Das ist prima!"?
3. Wer benutzt die alten Höflichkeitsformeln im Deutschen noch? Wann?
4. Warum ist Frau Klinger gegen die alten Höflichkeitsformeln?
5. Benutzt man in Ihrer Sprache Höflichkeitsformeln, die Sie im Deutschen vermissen?
6. Für Sie ist Deutsch eine Fremdsprache. Würden Sie Wörter der Jugendsprache benutzen? Wann und warum? Warum nicht?

Wer spricht wie zu wem?   D 4

1. Ordnen Sie bitte zu! Achten Sie dabei bitte auf das Alter und den Beruf der Gesprächspartner und auf die Situation!

A Beim Kaffeetrinken

☐ Kannst du mir bitte mal den Zucker geben? – Danke.

a) Ein Bruder zu seiner jüngeren Schwester.

☐ Gib mal den Zucker rüber, Kleine!

b) Eine Sekretärin zu ihrer Kollegin.

☐ Würden Sie vielleicht so freundlich sein und mir den Zucker reichen? – Herzlichen Dank.

c) Eine alte Dame zu einer anderen alten Dame, die sie kaum kennt.

B Wiederholen des Namens

☐ Wie heißt du noch mal?

d) Empfangsdame in einem Hotel zu einem älteren Gast.

☐ Wie war noch bitte Ihr Name?

e) Ein Arbeiter zu einem neuen Kollegen.

☐ Entschuldigen Sie bitte, wie war Ihr werter Name? Würden Sie ihn bitte noch einmal wiederholen?

f) Am Telefon: Sekretärin zu einem Geschäftsmann.

C Auf einem Fest

☐ Herr Peters, gestatten Sie? Frau Peters, darf ich Sie um den nächsten Tanz bitten?

g) Ein vierzehnjähriges Mädchen zu ihrem Freund.

☐ Wollen wir tanzen?

h) Ein Student zu einer Studentin.

☐ Echt stark die Musik! Komm!

i) Ein älterer Herr (70 Jahre alt) zu dem Ehepaar, das neben ihm sitzt.

2. Wer benutzt den Konjunktiv, „du", „Sie", verkürzte Sätze, Imperative?

D 5   Tussi, Macker & Co.

Neutrales Deutsch

Vater: Wer oder was spricht wen oder was an? Der Mann: Nominativ –
die Frau: Akkusativ. Versteh das doch mal!

Sohn: Das verstehe ich nicht!

Mutter: Also, das ist wirklich zuviel. Schimpf nicht so mit dem Kleinen! Der versteht das
heute nicht mehr.

Aufgaben

1. Machen Sie bitte ein deutsch-deutsches Glossar!

	Neutrales Deutsch	Jugendsprache
Beispiel:	ansprechen	anmachen

2. Gibt es auch bei Ihnen eine Jugendsprache? Wenn ja: Wer findet sie wie?

Perfekte Aussprache – ja oder nein?   E 1

Vier Teilnehmer eines Ferienkurses in der Bundesrepublik Deutschland diskutieren über
die Frage: „Wie deutsch soll die Aussprache eines Ausländers klingen?"

Aufgaben

1. Ziel: Perfekte Aus-
sprache. Wer ist dafür,
wer ist dagegen?
Kreuzen Sie bitte an!

	Mitsuo (M) Japan	Nüket (N) Türkei	Luis (L) Kolumb.	Chantal (C) Frankreich
dafür				
dagegen				

2. Lesen Sie bitte die folgenden Argumente! Hören Sie dann bitte die Diskussion noch
   einmal, und ordnen Sie die Argumente zu!

Beispiel: Meine Aussprache ist den Deutschen sympathisch.   (C)

a) Bei guter Aussprache denken Deutsche oft, daß man auch deutsche Sitten gut kennt.( )
b) Wenn Deutsche hören, daß man aus einem anderen Land kommt, sprechen sie
   nur noch darüber.   ( )
c) Deutsche werden netter, wenn man eine perfekte Aussprache hat.   ( )
d) Eine fremde Aussprache ist richtig, weil man ja kein Deutscher werden will.   ( )
e) Verständlichkeit ist wichtiger als eine perfekte Aussprache.   ( )
f) Deutsche achten weniger auf Grammatikfehler als auf eine gute Aussprache.   ( )
g) Eine schlechte Aussprache ist gut, wenn man Hilfe braucht.   ( )
h) Wenn Deutsche hören, daß man Ausländer ist, werden sie manchmal unfreundlich. ( )

Weitere Argumente für und gegen perfekte Aussprache   E 2

1. Lesen Sie bitte die weiteren Argumente!
i) Wenn man eine gute Aussprache hat, denken viele Deutsche, man kann gut Deutsch.
   Das ist ein Vorteil.
j) Gute Aussprache kann aber auch ein Nachteil sein: Deutsche merken dann oft nicht,
   wenn man Hilfe braucht.
k) Perfekte Aussprache ist wichtig für die Prüfung.
l) Wenn man keine gute Aussprache hat, antworten viele Deutsche immer gleich auf
   englisch. Und dann lernt man überhaupt nichts mehr.
m) Mit einer guten Aussprache fühlt man sich sicherer.
n) Beides soll perfekt sein: die Grammatik <u>und</u> die Aussprache.
o) Perfekte Aussprache bedeutet viel Arbeit für nichts.

2. Welche Argumente von E 1 und E 2 sind für, welche gegen eine perfekte Aussprache?

dafür	h								
dagegen									

Wettbewerb   E 3

Welche Gruppe bringt ihre Argumente am besten? Bilden Sie bitte zwei Gruppen
(2–4 Personen)! Die eine Gruppe ist für perfekte Aussprache, die andere Gruppe ist
dagegen. Jede Gruppe darf zweimal drei Minuten sprechen. Achten Sie bitte auf die
Verknüpfung der Argumente, und bringen Sie Beispiele für Ihre Argumente!

♪1 Intonation: Informationen zum Thema

Thema	Informationen zum Thema
<u>Der Sohn eines Ungarn</u>	[reimte (in Wien) (seine ersten Liebesgedichte) (auf deutsch)].

Satzakzente Sprechen Sie bitte nach! Achten Sie auf die Satzakzente!

Der Sohn eines Ùngarn	reimte auf deútsch.
Der Sohn eines Ùngarn	reimte in Wìen auf deútsch.
Der Sohn eines Ùngarn	reimte in Wìen seine ersten Lìebesgedichte auf deútsch.

Bei mehreren Informationen zum Thema steht die wichtigste
so weit wie möglich am Ende. Sie trägt den _____akzent.   Ergänzen Sie bitte!

Satzmelodie Sprechen Sie bitte nach! Achten Sie auf die Satzmelodie!

Der Sohn eines /Ungarn	reimte auf \deutsch.
Der Sohn eines /Ungarn	reimte in /Wien auf \deutsch.
Der Sohn eines /Ungarn	reimte in /Wien seine ersten /Liebesgedichte auf \deutsch.

♪2 Übung

a) Unterstreichen Sie bitte das Thema, und setzen Sie die Informationen zum Thema in
   Klammern!
b) Markieren Sie bitte die Satzakzente! Welche Information trägt den Hauptakzent?
c) Markieren Sie bitte die Satzmelodie!

1. Der Halbdrachen mit dem Krokodilschwanz lebte einsam in seinem Vulkan vor der

   Drachenstadt.

2. Die Übersetzerin erhält nach einer Prüfung das Diplom für Arabisch.

Anhang

Grammatikregister

Das Grammatikregister verweist auf die Grammatik, die im Lehrbuch explizit behandelt wird. Es enthält nur die grammatische Terminologie, die im Lehrbuch vorkommt. Hinweise auf andere Bezeichnungen gibt das Handbuch für den Unterricht.

Verben

tehen in dieser Liste jeweils nur unter dem Stammverb,
:h vorkommt. (Beispiel: abfahren s. fahren)

	Pers. Sg.	Präteritum	Perfekt
		stieß an	hat angestoßen
		wuchs auf	ist aufgewachsen
		backte	hat gebacken
		begann	hat begonnen
begreifen		begriff	hat begriffen
behalten → halten			
bekommen → kommen			
beraten → raten			
beschreiben → schreiben			
besitzen → sitzen			
bestehen → stehen			
betragen → tragen			
betrügen → trügen			
beziehen → ziehen			
biegen		bog	hat gebogen
bitten		bat	hat gebeten
bleiben		blieb	ist geblieben
sitzenbleiben		blieb sitzen	ist sitzengeblieben
braten	brät	briet	hat gebraten
brechen	bricht	brach	hat gebrochen
bringen		brachte	hat gebracht
mitbringen		brachte mit	hat mitgebracht
vollbringen		vollbrachte	hat vollbracht
denken		dachte	hat gedacht
nachdenken		dachte nach	hat nachgedacht
weiterdenken		dachte weiter	hat weitergedacht
dürfen	→ L9 A3	durfte	hat gedurft
einladen	lädt ein	lud ein	hat eingeladen
empfehlen	empfiehlt	empfahl	hat empfohlen
enthalten → halten			
entscheiden		entschied	hat entschieden
entwerfen → werfen			
erkennen → kennen			
erscheinen → scheinen			
essen	ißt	aß	hat gegessen
fahren	fährt	fuhr	ist gefahren
abfahren	fährt ab	fuhr ab	ist abgefahren
durchfahren	fährt durch	fuhr durch	ist durchgefahren
fortfahren	fährt fort	fuhr fort	ist fortgefahren
wegfahren	fährt weg	fuhr weg	ist weggefahren
fallen	fällt	fiel	ist gefallen
auffallen	fällt auf	fiel auf	ist aufgefallen
ausfallen	fällt aus	fiel aus	ist ausgefallen
gefallen	gefällt	gefiel	hat gefallen
leichtfallen	fällt leicht	fiel leicht	ist leichtgefallen

Infinitiv	Präsens: 3. Pers. Sg.	Präteritum	Perfekt
fangen	fängt	fing	hat gefangen
anfangen	fängt an	fing an	hat angefangen
finden		fand	hat gefunden
stattfinden		fand statt	hat stattgefunden
fliegen		flog	ist geflogen
fressen	frißt	fraß	hat gefressen
frieren		fror	hat gefroren
geben	gibt	gab	hat gegeben
achtgeben	gibt acht	gab acht	hat achtgegeben
angeben	gibt an	gab an	hat angegeben
aufgeben	gibt auf	gab auf	hat aufgegeben
dazugeben	gibt dazu	gab dazu	hat dazugegeben
herübergeben	gibt herüber	gab herüber	hat herübergegeben
zurückgeben	gibt zurück	gab zurück	hat zurückgegeben
gefallen → fallen			
gehen		ging	ist gegangen
abgehen		ging ab	ist abgegangen
angehen		ging an	ist angegangen
aufgehen		ging auf	ist aufgegangen
ausgehen		ging aus	ist ausgegangen
kaputtgehen		ging kaputt	ist kaputtgegangen
spazierengehen		ging spazieren	ist spazierengegangen
umhergehen		ging umher	ist umhergegangen
vorübergehen		ging vorüber	ist vorübergegangen
weggehen		ging weg	ist weggegangen
zugehen		ging zu	ist zugegangen
zurückgehen		ging zurück	ist zurückgegangen
gelten	gilt	galt	hat gegolten
geschehen	geschieht	geschah	ist geschehen
gewinnen		gewann	hat gewonnen
gießen		goß	hat gegossen
haben	→ L2 E1	hatte	hat gehabt
anhaben	→ L2 E1	hatte an	hat angehabt
zurückhaben	→ L2 E1	hatte zurück	hat zurückgehabt
zusammenhaben	→ L2 E1	hatte zusammen	hat zusammengehabt
halten	hält	hielt	hat gehalten
behalten	behält	behielt	hat behalten
enthalten	enthält	enthielt	hat enthalten
unterhalten	unterhält	unterhielt	hat unterhalten
verhalten	verhält	verhielt	hat verhalten
hängen		hing	hat gehangen
heißen		hieß	hat geheißen
helfen	hilft	half	hat geholfen
kennen		kannte	hat gekannt
erkennen		erkannte	hat erkannt
klingen		klang	hat geklungen
kommen		kam	ist gekommen
ankommen		kam an	ist angekommen
bekommen		bekam	hat bekommen
entgegenkommen		kam entgegen	ist entgegengekommen
hereinkommen		kam herein	ist hereingekommen
mitkommen		kam mit	ist mitgekommen
weiterkommen		kam weiter	ist weitergekommen
wiederkommen		kam wieder	ist wiedergekommen

Infinitiv	Präsens: 3. Pers. Sg.	Präteritum	Perfekt
zukommen		kam zu	ist zugekommen
zurechtkommen		kam zurecht	ist zurechtgekommen
zurückkommen		kam zurück	ist zurückgekommen
können	→ L3 F1	konnte	hat gekonnt
lassen	läßt	ließ	hat gelassen
laufen	läuft	lief	ist gelaufen
verlaufen	verläuft	verlief	ist verlaufen
zurücklaufen	läuft zurück	lief zurück	ist zurückgelaufen
leihen		lieh	hat geliehen
lesen	liest	las	hat gelesen
liegen		lag	hat gelegen
herumliegen		lag herum	hat herumgelegen
lügen		log	hat gelogen
messen	mißt	maß	hat gemessen
mißverstehen → stehen			
mögen	mag	mochte	hat gemocht
mögen	→ L3 F1		
müssen	→ L3 F1	mußte	hat gemußt
nehmen	nimmt	nahm	hat genommen
annehmen	nimmt an	nahm an	hat angenommen
aufnehmen	nimmt auf	nahm auf	hat aufgenommen
mitnehmen	nimmt mit	nahm mit	hat mitgenommen
teilnehmen	nimmt teil	nahm teil	hat teilgenommen
wiederaufnehmen	nimmt wieder auf	nahm wieder auf	hat wiederaufgenommen
nennen		nannte	hat genannt
raten	rät	riet	hat geraten
beraten	berät	beriet	hat beraten
reiben		rieb	hat gerieben
riechen		roch	hat gerochen
rufen		rief	hat gerufen
anrufen		rief an	hat angerufen
nachrufen		rief nach	hat nachgerufen
schaffen		schuf	hat geschaffen
scheinen		schien	hat geschienen
erscheinen		erschien	ist erschienen
schlafen	schläft	schlief	hat geschlafen
einschlafen	schläft ein	schlief ein	ist eingeschlafen
schlagen	schlägt	schlug	hat geschlagen
nachschlagen	schlägt nach	schlug nach	hat nachgeschlagen
vorschlagen	schlägt vor	schlug vor	hat vorgeschlagen
schneiden		schnitt	hat geschnitten
schreiben		schrieb	hat geschrieben
abschreiben		schrieb ab	hat abgeschrieben
aufschreiben		schrieb auf	hat aufgeschrieben
beschreiben		beschrieb	hat beschrieben
umschreiben		schrieb um	hat umgeschrieben
schreien		schrie	hat geschrien
sehen	sieht	sah	hat gesehen
ansehen	sieht an	sah an	hat angesehen
aussehen	sieht aus	sah aus	hat ausgesehen
wegsehen	sieht weg	sah weg	hat weggesehen
sein	→ L2 E1	war	ist gewesen
singen		sang	hat gesungen
sitzen		saß	hat gesessen

Infinitiv	Präsens: 3. Pers. Sg.	Präteritum	Perfekt
besitzen		besaß	hat besessen
sollen	→ L9 A3	sollte	hat gesollt
sprechen	spricht	sprach	hat gesprochen
ansprechen	spricht an	sprach an	hat angesprochen
aussprechen	spricht aus	sprach aus	hat ausgesprochen
nachsprechen	spricht nach	sprach nach	hat nachgesprochen
versprechen	verspricht	versprach	hat versprochen
springen		sprang	ist gesprungen
stehen		stand	hat gestanden
aufstehen		stand auf	ist aufgestanden
bestehen		bestand	hat bestanden
mißverstehen		mißverstand	hat mißverstanden
verstehen		verstand	hat verstanden
steigen		stieg	ist gestiegen
sterben	stirbt	starb	ist gestorben
streiten		stritt	hat gestritten
tragen	trägt	trug	hat getragen
betragen	beträgt	betrug	hat betragen
eintragen	trägt ein	trug ein	hat eingetragen
treffen	trifft	traf	hat getroffen
treiben		trieb	hat getrieben
umtreiben		trieb um	hat umgetrieben
trinken		trank	hat getrunken
trügen		trog	hat getrogen
betrügen		betrog	hat betrogen
tun		tat	hat getan
unterhalten → halten			
unterheben		hob unter	hat untergehoben
unterstreichen		unterstrich	hat unterstrichen
verbieten		verbot	hat verboten
vergessen	vergißt	vergaß	hat vergessen
vergleichen		verglich	hat verglichen
verhalten → halten			
verlaufen → laufen			
verlieren		verlor	hat verloren
vermeiden		vermied	hat vermieden
verschwinden		verschwand	ist verschwunden
versprechen → sprechen			
verstehen → stehen			
vollbringen → bringen			
wegfahren	→ fahren		
werden	→ L13 B7	wurde	ist geworden
werfen	wirft	warf	hat geworfen
entwerfen	entwirft	entwarf	hat entworfen
zurückwerfen	wirft zurück	warf zurück	hat zurückgeworfen
wiegen		wog	hat gewogen
wissen	→ L2 E1	wußte	hat gewußt
weiterwissen	→ L2 E1	wußte weiter	hat weitergewußt
wollen	→ L5 B2	wollte	hat gewollt
ziehen		zog	hat gezogen
anziehen		zog an	hat angezogen
beziehen		bezog	hat bezogen
hinausziehen		zog hinaus	ist hinausgezogen

Alphabetische Wortliste

– Die alphabetische Wortliste dokumentiert den Wortschatz aller Texte, zu denen es im Lehrbuch Aufgaben gibt, den Wortschatz der Übungsanweisungen und den Wortschatz der Grammatik.
– Der Wortschatz von Texten mit illustrativem Charakter (z. B. einiger Sprichwörter, Gedichte etc.) ist nur in die Glossare aufgenommen.
– Der Wortschatz der Auftaktseiten (AS) ist in die alphabetische Wortliste nur dann aufgenommen, wenn er im Zertifikat Deutsch als Fremdsprache vorkommt, ansonsten findet man ihn an entsprechender Stelle in den Glossaren.
– Der Wortschatz der HV- und LV-Texte steht dem didaktischen Ansatz entsprechend weder in der alphabetischen Wortliste noch in den Glossaren.

Die Buchstaben und Zahlen hinter dem Worteintrag geben an, wo das Wort zum ersten Mal im Lehrbuch vorkommt. Das Zeichen * verweist auf die Liste der unregelmäßigen Verben.

ab **L3A1**
ab und zu **L13D1**
abbauen **L13D1**
   Vorurteile abbauen **L13D1**
ABC, das ,- **L1B7**
abend **L3A8**
  heute abend **L3A8**
Abend, der ,-e **L1A1**
  guten Abend **L1A1**
Abendessen, das **L9B3**
Abendkleid, das ,-er **L11A1**
abends **L3A9**
Abenteuer, das ,- **L5E1**
Abenteuerlust, die **L7E4**
Abenteuerreise, die ,-n **L7E4**
Abenteurer, der ,-/in f **L8D1**
aber *(Konjunktor)* **L2A4**
aber *(adversativ)* **L2B6**
aber *(Partikel)* **L3A8**
abergläubisch **L2B6**
abfahren* **L12B1**
abgehen* von **L12C1**
Abgrund, der ,-̈e **L15A8**
abhängig sein **L13B1**
ablehnen **L13D1**
abreisen **L12B1**
Abschlußfest, das ,-e **L3A1**
Abschnitt, der ,-e **L15A3**
abschreiben* **L7F1**
Absicht, die ,-en **L14C4**
Abstraktum, das ,Abstrakta **L13C5**
abstürzen **L8D1**
ach **L3A8**
ach ja! **L3A8**
ach so! **L1B1**
ach wirklich? **L12A1**
acht **L2B1**
achtgeben* **L8♪1**
achten auf **L3F1**
Achtstundentag, der ,-e **L8A1**
Achtung! **L2A4**
achtzig **L2B1**
Adjektiv, das ,-e **L6C1**
Adjektivdeklination, die ,-en **L6C2**
Adjektivendung, die ,-en **L6C3**
Adjektivergänzung, die ,-en **L13B7**
Adresse, die ,-n **L9A1**

Adverb, das ,-ien **L3A9**
Afrika **L14A6**
aggressiv **L13D1**
Ägypten **L5A3**
äh **L7F1**
aha! **L6C3**
ähnlich **L10B2**
Ähnlichkeit, die ,-en **L10B2**
Akk. (= Akkusativ) **L1B4**
Akkusativ, der ,-e **L1B3**
Akkusativergänzung, die ,-en **L6E1**
Akkusativpräposition, die ,-en **L12A4**
aktiv **L13A1**
Aktiv, das **L13B3**
aktuell **L3B5**
Aktuelles **L3A1**
Alkohol, der **L9A1**
all- **L5C1**
alle **L4A1**
allein **L2B7**
alleinstehend **L11D1**
allerdings **L13A1**
alles **L5C1**
alles **L11B1**
alles Gute **L3C6**
allesamt **L4B7**
allgemein **L10A1**
allmählich **L15A2**
Alltag, der **L7A1**
Alltagsleben, das **L11C1**
Alphabet, das ,-e **L1B7**
als **L5A1**
als *(bei Komparativ)* **L6A1**
als *(Subjunktor)* **L14D3**
alsbald **L8E1**
also **L1C1**
alt **L4A1**
Alte, die ,-n **L15D2**
Alten, die **L8C1**
Alter, das **L6B1**
Alternative, die ,-n **L11C1**
am = an dem *(lokal)* **L2C1**
am = an dem *(temporal)* **L3A8**
Ameise, die ,-n **L7AS**
Amerika **L6♪2**
Amerikaner, der ,-/in f **L13B8**
amerikanisch **L9D2**
Amt, das ,-̈er **L14D1**

an **L2C1**
anbauen **L12E1**
ander- **L3C4**
ändern, sich **L7B1**
anders **L6A1**
Änderung, die ,-en **L3A1**
Andeutung, die ,-en **L14B1**
Anfang, der ,-̈e **L3B1**
anfangen* **L3A2**
Anfänger, der ,-/in f **L1C1**
Anfangsbuchstabe, der ,-n **L9♪1**
anfeuern **L13D1**
Angabe, die ,-n **L10D1**
angeben* **L9D5**
Angeber, der ,-/in f **L9D5**
Angebot, das ,-e **L13B8**
angehen* **L8B1**
Angestellte, der/die ,-n **L8B7**
  leitende/r Angestellte/r **L12C1**
angezogen sein **L6A1**
Angola **L5A3**
Angst, die ,-̈e **L5E1**
Angst haben **L5E1**
Angst vor **L10C1**
anhaben* **L6C1**
ankommen* auf **L10C1**
ankreuzen **L6A1**
ankündigen **L13D5**
Ankunft, die **L6A1**
anmachen **L15D5**
Anmeldung, die ,-en **L1A2**
anmotzen **L15D5**
annehmen* **L15B2**
  Farbe annehmen **L15B2**
anpassungsfähig **L9C4**
Anrede, die ,-n **L1A5**
Anreise, die **L11A3**
anrufen* **L9A1**
ans = an das **L7B5**
anschließend **L8B1**
ansehen* **L8F2**
  jemandem etwas ansehen **L15A1**
  sich ansehen **L6C1**
ansprechen* **L15D5**
anstoßen* **L6C1**
anstrengend **L6F1**
Anteil, der ,-e **L9B7**

Antwort, die ,-en **L1D1**
antworten **L1A6**
antworten auf **L12A3**
Antwortsatz, der ,-¨e **L8A5**
Anzahl, die **L5A3**
Anzeige, die ,-n **L14D1**
anziehen* **L6A1**
Anzug, der ,-¨e **L6A2**
Apparat, der ,-e **L4D1**
Apfel, der ,-¨ **L9B3**
Appetit, der **L10D2**
  guten Appetit! **L10D2**
April, der **L3C1**
Arabien **L6F5**
Arabisch **L5A3**
arabische Zahlen **L2B1**
Arbeit, die ,-en **L4D1**
  das macht Arbeit **L4D1**
arbeiten **L2B7**
Arbeiter, der ,-/in f **L12C1**
Arbeitsbuch, das ,-¨er **L2C6**
Arbeitsleistung, die ,-en **L8A1**
Arbeitsplatz, der ,-¨e **L7A2**
Arbeitsstunde, die ,-n **L12C2**
Arbeitstag, der ,-e **L8B1**
Arbeitswelt, die ,-en **L7B1**
Arbeitswoche, die ,-n **L8A2**
Arbeitszeit, die ,-en **L8A1**
Arbeitszeitverkürzung, die ,-en **L8A1**
Arbeitszimmer, das ,- **L11C1**
Architekt, der ,-en/in f **L1C5**
Architektenwettbewerb, der ,-e **L2A9**
ärgern **L6A1**
Argument, das ,-e **L15E1**
arm **L8E1**
Arm, der ,-e **L10B1**
Armut, die **L12E6**
Arrak, der ,-s **L15B1**
Art, die ,-en **L9D3**
Artikel, der ,- **L1B1**
  bestimmter Artikel **L1B3**
  unbestimmter Artikel **L1B3**
Arzt, der ,-¨e/Ärztin f **L1C5**
ärztlich **L11A3**
Asiate, der ,-n/Asiatin f **L9C4**
Asien **L14A6**
Assistent, der ,-en/in f **L1C1**
Assoziation, die ,-en **L14E**
auch **L1B8**
auch noch **L6C1**
auf **L1E1**
auf *(lokal)* **L2C1**
auf Wiedersehen! **L1A7**
Aufenthalt, der ,-e **L11A1**
auffallen* **L15A1**
Aufforderung, die ,-en **L14C5**
Aufgabe, die ,-n **L3A9**
aufgeben* **L14D1**
aufgehen* (Sonne) **L8E1**
aufgeregt sein **L11A1**
aufhören mit **L12A7**
aufmachen **L11B1**
aufnehmen* **L15A6**

aufräumen **L13A2**
aufschreiben* **L9C3**
aufstehen* **L8B1**
Auftrag, der ,-¨e **L9A3**
aufwachen **L8B1**
aufwachsen* **L15A1**
Auge, das ,-n **L6C1**
August, der **L3A1**
aus **L1C1**
Ausbildung, die ,-en **L12E6**
ausdehnen **L10F3**
Ausdruck, der ,-¨e **L7E1**
ausdrücken **L5E1**
ausfallen* **L3A1**
Ausflug, der ,-¨e **L7E3**
Ausgang, der ,-¨e **L2A1**
ausgehen* **L3A8**
ausgezeichnet **L9B1**
Auskunft, die ,-¨e **L1C6**
Ausland, das **L4C1**
Ausländer, der ,-/in f **L5A2**
ausländisch **L9B7**
Auslandsgeschäft, das ,-e **L6F5**
Ausnahme, die ,-n **L3A9**
ausprobieren **L9C3**
ausrechnen **L14E**
Ausrede, die ,-n **L8C5**
ausruhen, sich **L13A2**
ausreichen **L11A1**
Aussage, die ,-n **L10C2**
Aussagesatz, der ,-¨e **L2D1**
aussehen* **L6A1**
aussehen* mit **L8A1**
außerdem **L5A1**
außereuropäisch **L6A2**
Aussprache, die **L5E1**
aussprechen* **L14B3**
Ausstellung, die ,-en **L13A2**
aussuchen **L14D1**
Australien **L5A3**
australisch **L15B1**
ausüben **L15A2**
Auswahl, die **L5A3**
Auswanderer, der ,-/Auswanderin f **L15A8**
auswandern **L15A8**
Ausweispapiere, die *(Plural)* **L11A3**
Auto, das ,-s **L7A2**
Autobiographie, die ,-n **L9D2**
Autor, der ,-en/in f **L2C5**

Baby, das ,-s **L9A1**
backen* **L9C1**
Backpulver, das **L9C1**
Bahn, die ,-en **L8J3**
bald **L9B1**
  bis bald **L9B1**
Ball, der ,-¨e **L10F2**
Ballett, das ,-e **L13B1**
Banane, die ,-n **L4J4**
Band, das (Video) ,-¨er **L14A1**
Bangladesch **L5A3**
Bank, die ,-en **L11A3**

Bank, die ,-¨e **L14D7**
Bankangestellte, der/die ,-n **L12C1**
Bankkonto, das ,-konten **L11A3**
Barriere, die ,-n **L5E1**
Base, die ,-n **L4A3**
basteln **L13A2**
Bauch, der ,-¨e **L9C1**
Bauchschmerz, der ,-en **L9C1**
bauen **L10AS**
Bauer, der ,-n/Bäuerin f **L12A1**
Baum, der ,-¨e **L1B6**
Baumwolle, die **L12E3**
Bayer, der ,-n/in f **L5A4**
Bayern **L5A4**
Bayrisch **L5A4**
beachten **L9A1**
Beamte, der ,-n/Beamtin f **L6C1**
beantworten **L3B5**
bedauernswert **L14B1**
bedeuten **L6D1**
Bedeutung, die ,-en **L12A4**
beeindruckend **L11D1**
beeinflussen **L11C1**
beenden **L6J2**
befragen **L13A1**
befreien **L8C1**
Befürworter, der ,-/in f **L6F6**
begeistern **L13D1**
beginnen* **L3A3**
beginnen* mit **L12A7**
begreifen* **L7E1**
begründen **L11D4**
begrüßen, sich **L6F3**
Begrüßungsform, die ,-en **L6F3**
Begrüßungstheater, das **L6F4**
behalten* **L12E1**
behandeln **L10F1**
Behandlung, die ,-en **L11A3**
Behörde, die ,-n **L14D1**
bei *(lokal)* **L2A6**
bei *(temporal)* **L4C1**
beide **L8F2**
beim = bei dem **L6C1**
Bein, das ,-e **L7AS**
Beispiel, das ,-e **L1A5**
bekannt **L7B1**
Bekannte, der/die ,-n **L10A3**
Bekanntheit, die **L10B2**
bekommen* **L6F1**
Belgien **L5A1**
Belgier, der ,-/in f **L12D5**
belgisch **L12D1**
beliebt **L11C1**
Belohnung, die ,-en **L8D1**
Bengali **L5A3**
benutzen **L1C5**
bequem **L11D2**
Bequemlichkeit, die **L11D2**
beraten* **L11J5**
Bereich, der ,-e **L8A1**
bereit **L11J5**
Berg, der ,-e **L7A1**

Bericht, der ,-e **L11**♩5
berichten über **L10F1**
Beruf, der ,-e **L1C1**
 von Beruf sein **L1C6**
Berufstätige, der/die, -n
 L12A1
Berufstätigkeit, die **L10A1**
berühmt **L7A1**
Berühmtheit, die **L10B2**
beschäftigen: sich ~ mit **L13A1**
Bescheid wissen* **L14B1**
beschreiben* **L2C2**
besetzt **L2C7**
besiegen **L8C1**
besitzen* **L8E1**
besonder- **L6B1**
besonders **L9B4**
besorgen **L12C1**
besser (→gut) **L9B1**
beständig **L7F1**
bestätigen **L8D6**
Bestätigung, die ,-en **L8D5**
Bestätigungsfrage, die ,-en
 L8D5
bestäuben **L9C1**
Besteck, das ,-e **L9B1**
bestehen* aus **L9D3**
besten: am ~ (→gut) **L9B1**
bestimmen **L10E2**
bestimmt **L1B3**
 bestimmter Artikel **L1B3**
bestimmt (= sicher) **L14A1**
Besuch, der ,-e **L7E4**
besuchen **L7E4**
Besuchsreise, die ,-n **L7E4**
beten **L7E4**
betragen* **L8A1**
Betrieb, der ,-e **L12A1**
betrügen* **L14B1**
Bett, das ,-en **L11B1**
Bettbezug, der ,-̈e **L11B1**
beugen **L10B1**
Bevölkerung, die ,-en **L7B1**
Bevölkerungsdichte, die **L7B1**
beweglich **L9C4**
bewölkt **L7B1**
bezahlen **L12E1**
bezeichnen **L6A2**
beziehen* **L11B1**
beziehungsweise **L13A1**
Bibel, die ,-n **L14B1**
Bibliothek, die ,-en **L2A1**
Bibliotheksnummer, die ,-n
 L2B2
biegen* **L10B1**
Bier, das **L8B1**
Bild, das ,-er **L2C1**
bilden **L7E1**
bilden **L8C3**
Bildungsreise, die ,-n **L7E4**
Bildungsstätte, die ,-n **L9D2**
Bio-Gemüse, das **L12A1**
Biologenkongreß, der
 ,-kongresse **L7B6**
Biologie, die **L1C1**

Bio-Produkt, das ,-e **L12A1**
Birne, die ,-n **L9B3**
bis **L3A8**
bis *(Subjunktor)* **L13C1**
bis bald **L9B1**
bisher **L7B1**
bißchen: ein ~ **L1D1**
bitte **L1A2**
bitten* **L14A3**
bitten* um **L12A7**
Blatt, das ,-̈er **L9D9**
blau **L6A4**
 ins Blaue **L10F3**
blauweiß **L6C1**
Bleibe, die **L8E1**
bleiben* **L7B5**
Bleistift, der ,-e **L1B8**
Blick, der ,-e **L4C1**
blicken (= verstehen) **L15D5**
blind **L8E1**
Blinde, der/die ,-n **L10B1**
Blindheit, die **L10B2**
blitzen **L7B1**
blond **L6A1**
bloß (= nur) **L15D2**
bloß (kein …) **L9C1**
bloß nicht! **L11A1**
Blume, die ,-n **L8E1**
Blumenbild, das ,-er **L11B1**
Bluse, die ,-n **L6A1**
Boden, der ,-̈ **L6F3**
Bogen, der ,-̈ **L10F3**
Bohne, die ,-̈n **L9B3**
Boot, das ,-e **L4**♩1
böse **L8**♩3
Brasilien **L5A3**
braten* **L9B3**
Braten, der ,- **L9AS**
brauchen **L4D1**
braun **L6A4**
BRD, die **L1F2**
brechen* **L11**♩5
breit **L8E1**
 weit und breit **L8E1**
Brief, der ,-e **L4C1**
Brieffreund, der ,-e/in f **L3A1**
Briefträger, der ,-/in f **L12C1**
Brille, die ,-n **L6C3**
bringen* (= senden) **L3A4**
bringen* **L6F1**
 Gedanken bringen in …
 L10F3
 Unglück bringen **L2B6**
 Vorteile bringen **L7A2**
Brite, der ,-n/Britin f **L12D5**
britisch **L12D3**
Brot, das ,-e **L9B3**
Brötchen, das ,- **L9B3**
Brücke, die ,-n **L5E1**
Bruder, der ,-̈ **L4A1**
Brunnen, der ,- **L15B2**
brutto **L12C1**
Buch, das ,-̈er **L1B1**
Buchstabe, der ,-n **L6**♩3
buchstabieren **L1B1**

Bühnenbild, das ,-er **L13B1**
Bulgarien **L12D3**
bulgarisch **L12D1**
Bundesbahn, die **L11A3**
Bundesbürger, der ,-/in f **L8A2**
Bundesrepublik Deutschland,
 die **L1F2**
bunt **L6A4**
Burg, die ,-en **L8C1**
Büro, das ,-s **L8B1**
Bursche, der ,-n **L8E1**
Bus, der ,-se **L11A3**
Butter, die **L9B3**

°C (= Grad Celsius) **L9C1**
Café, das ,-s **L3A1**
Cafeteria, die ,-s **L2A1**
Cartoon, der ,-s **L14C4**
Cassette, die ,-n **L2C1**
Cassettenrecorder, der ,- **L2C1**
Ceylon **L10F2**
Chef, der ,-s **L8B7**
Chemie, die **L8**♩2
Chemikalie, die ,-n **L12A1**
Chemiker, der ,-/in f **L10A4**
China **L5A3**
Chinesisch **L5A3**
Chor, der ,-̈e **L3A1**
circa **L9C1**
Clubhaus, das ,-̈er **L6**♩1
Co. (= Compagnie) **L15D5**
Collage, die ,-n **L4D1**
Computer, der ,- **L4B6**
Corn-flakes, die *(Plural)* **L9B3**
Cousin, der ,-s/e f **L4A3**

da **L1C1**
da *(Subjunktor)* **L15A1**
dabei haben **L11A3**
Dach, das ,-̈er **L4A1**
dafür sein **L6F6**
dagegen sein **L4D1**
damals **L4C1**
Dame, die ,-n **L6C1**
Damenkleidung, die **L6A2**
Damentoilette, die ,-n **L2A1**
danach **L8A1**
Däne, der ,-n/Dänin f **L12D5**
daneben **L11C2**
Dänemark **L7B7**
dänisch **L12D1**
Dank, der **L2C4**
 vielen Dank **L2C4**
danke **L1A2**
dann **L1C1**
darauf **L11C2**
darüber **L4A1**
darum **L7B1**
darunter **L11C1**
das *(Artikel)* **L1A2**
das *(Relativpronomen)* **L12D2**
daß **L7D1**
Dat. (= Dativ) **L1B4**
Dativ, der ,-e **L1B3**
Dativergänzung, die ,-en **L6E1**

Dativpräposition, die ,-en **L12A4**
Dattel, die ,-n **L15B1**
Datum, das ,Daten **L3B4**
Dauer, die **L3B1**
dauern **L3B3**
davon **L8A1**
davor **L11C2**
dazu **L8A1**
dazugeben* **L9C1**
dazuverdienen **L13A2**
dazwischen **L11C2**
DDR, die **L1F2**
Decke, die (Bett) ,-n **L11B1**
Decke, die (Zimmer) ,-n **L2C2**
dein, deine **L4B1**
deins **L7C1**
Deklination, die ,-en **L1E**
deklinieren **L6C3**
demokratisch **L9D2**
denken* **L5C1**
denken* an **L6D2**
denn *(Partikel)* **L1A3**
denn *(Konjunktor)* **L5A2**
der *(Artikel)* **L1B3**
der *(Demonstrativpronomen)*
  L6C1
der *(Relativpronomen)* **L12D2**
derselbe **L14E**
deshalb **L2B6**
Detail, das ,-s **L8B1**
deutlich **L11C1**
  etwas deutlich machen **L11C1**
Deutsch **L1A3**
  auf deutsch **L1B1**
Deutsche, der/die ,-n **L2B6**
Deutsche Demokratische
  Republik, die **L1F2**
Deutsches Reich **L9D2**
Deutschkenntnis, die ,-se
  L11A1
Deutschkurs, der ,-e **L10A1**
Deutschland **L1C1**
Deutschlandaufenthalt, der ,-e
  L11A1
Deutschlehrer, der ,-/in f
  L14D1
Deutschlehrbuch, das ,-¨er
  L15D2
Deutschlernen, das **L5C1**
deutschsprachig **L7E7**
Deutschstunde, die ,-n **L3B4**
Deutschunterricht, der **L12C3**
Devisen, die *(Plural)* **L7A2**
Dezember, der **L3C1**
d.h. (= das heißt) **L6F3**
Dia, das ,-s **L7B1**
Dialekt, der ,-e **L5A4**
Dialog, der ,-e **L3A9**
dich (→du) **L6E1**
Dichter, der ,-/in f **L7E1**
die *(Artikel)* **L1B1**
die *(Demonstrativpronomen)*
  L6A3
die *(Relativpronomen)* **L12D2**

Dienstag, der ,-e **L3A1**
dienstags **L3A1**
diese **L6A4**
dieselben **L14E**
diktieren **L8B1**
Dingsbums, das **L13D5**
Diphthong, der ,-e **L5♩1**
Diplomchemiker, der ,-/in f
  L14D1
dir (→du) **L6E1**
direkt **L4B4**
direkter Fragesatz **L8B1**
Direktivergänzung, die ,-en
  L5A2
Direktor, der ,-en/in f **L1C1**
Diskothek, die ,-en **L8B1**
Diskussion, die ,-en **L9A4**
diskutieren **L5E1**
DM (= Deutsche Mark) **L7B7**
doch *(Antwort)* **L1D1**
doch *(Partikel)* **L3A8**
doch *(Konjunktion)* **L5E1**
Doktor, der ,-en/in f **L1C1**
Doktorand, der ,-en/in f **L10A2**
Donnerstag, der ,-e **L3A8**
donnern **L7B1**
doppeldeutig **L10F1**
doppelt **L7A1**
Dorf, das ,-¨er **L14D1**
dort **L4B1**
Dozent, der ,-en/in f **L1C1**
Drache, der ,-n **L8C1**
Drachenburg, die ,-en **L8E1**
Drachengeschichte, die ,-n
  L8F5
drauflosreden **L10C2**
drei **L2B1**
dreimal **L6C6**
dreißig **L2B1**
Dreiviertelstunde, die ,-n **L3B3**
dreizehn **L2B1**
dritte …, der/das/die **L2B3**
  im dritten Stock **L2A3**
  zu dritt **L2B7**
drohen **L14C1**
du **L2E1**
dumm **L3A8**
Dummheit, die ,-en **L10B2**
dunkel **L6A4**
Dunkelheit, die **L10B2**
dünn **L11B1**
durch **L6C3**
durcharbeiten **L10A1**
durchfahren* **L13C1**
Durchschnitt, der ,-e **L9D1**
durchschnittlich **L8A1**
Durchschnittsfamilie, die ,-n
  L4A1
Durchschnittsgröße, die ,-n
  L12A1
dürfen* **L9A1**

eben **L6A1**
echt **L8F1**
echt stark! **L15D2**

Ecke, die ,-n **L2C1**
eckig **L15A4**
eckige Klammer **L15A4**
Ehe, die ,-n **L14D1**
Ehefrau, die ,-en **L4A3**
Ehemann, der ,-¨er **L4A3**
Ehepaar, das ,-e **L11D1**
Ehepartner, der ,-/in f **L14D1**
eher **L13A1**
ehrlich **L14B1**
  also ehrlich **L9D3**
Ei, das ,-er **L9B3**
Eigelb, das **L9C1**
eigen **L7E1**
Eigenschaft, die ,-en **L14B4**
eigentlich **L3A4**
ein, eine *(Artikel)* **L1B4**
ein Uhr **L3A7**
eineinhalb **L3B3**
einer **L7C1**
einerlei sein **L7C1**
einfach (= leicht) **L4C9**
einfach *(Partikel)* **L5B1**
einfetten **L9C1**
Einfluß, der ,Einflüsse **L15A2**
einführen **L12A1**
einfüllen **L9C1**
Eingang, der ,-¨e **L2A1**
Einheimische, der/die ,-n
  L13C1
einheitlich **L15A1**
einige **L5A1**
einigermaßen- **L5A4**
Einkauf, der ,-¨e **L11A1**
einkaufen **L10F1**
einladen* **L8C5**
Einladung, die ,-en **L9A1**
einleiten **L7D1**
einmal **L9A1**
einmal (= 1 x) **L14D3**
  auf einmal **L12E1**
  noch einmal **L9A1**
einrichten **L11C1**
eins **L2B1**
eins *(Artikel pronominal)*
  L7C1
einsam **L15A1**
einschlafen* **L8B1**
Einschränkung, die ,-en **L14C4**
Einstellung, die ,-en **L8A1**
eintönig **L7B1**
eintragen* **L2A8**
Einwanderer, der ,-/
  Einwanderin f **L10F1**
einzige, der/das/die **L8A1**
Eis, das **L9B3**
Eisenbahn, die ,-en **L13C1**
Eisenbahnzug, der ,-¨e **L13C1**
Eiweiß, das **L9C1**
Elefant, der ,-en **L14B3**
elf **L2B1**
Eltern, die *(Plural)* **L1F1**
Elternhaus, das ,-¨er **L14D1**
Emigrant, der ,-en/in f **L15A2**
Emigration, die ,-en **L15A2**

Empfang, der **L15D4**
Empfangsdame, die ,-en **L15D4**
empfehlen* **L9D3**
Endbuchstabe, der ,-n **L9♪1**
Ende, das **L3A2**
  zu Ende sein **L3A2**
endlich **L3A8**
Endung, die ,-en **L1C8**
eng **L11D2**
engagieren **L14D1**
England **L7B7**
Engländer, der ,-/in f **L14A6**
Englisch **L5A3**
Enkel, der ,-/in f **L4A3**
entdecken **L15A1**
Ente, die ,-n **L7F1**
entfernt **L14D1**
Entfernung, die ,-en **L11A1**
entgegenkommen* **L10F3**
enthalten* **L15C2**
entscheiden*: sich ~ für **L12A1**
Entscheidung, die ,-en **L14C4**
Entscheidungsfrage, die ,-n
  L1D1
entschuldigen **L1E**
Entschuldigung, die ,-en **L2E1**
entwerfen* **L7E7**
Entwicklungsland, das ,-¨er
  L12E1
Entwicklungspolitik, die **L12C4**
er **L1C4**
Erbse, die ,-n **L9B3**
Erdgeschoß, das ,Erdgeschosse
  L2A1
Erdteil, der ,-e **L14A6**
erfolgreich **L6F5**
erfreuen **L12B1**
ergänzen **L1C4**
Ergänzung, die ,-en **L10D1**
Erholung, die **L13A1**
erinnern: jemanden an etwas ~
  L6C5
sich erinnern an **L14A5**
erkennen* **L10A1**
erklären **L1D1**
  sich etwas erklären **L12B1**
Erklärung, die ,-en **L8A3**
Erklärungsschritt, der ,-e
  L10B1
erlauben **L9A1**
Erlaubnis, die **L5B2**
erleben **L7A1**
Erlebnis, das ,-se **L9B1**
erleuchten **L8E1**
Eröffnung, die ,-en **L11A3**
Ersatzkrieg, der ,-e **L13D1**
erscheinen* **L8D1**
Ersparnis, die ,-se **L12E6**
erst (temporal) **L3A7**
erst (= zuerst) **L8AS**
erst **L15D2**
erstaunlich **L7F1**
erstaunt sein **L13D1**
erste ..., der/das/die **L2B3**
  im ersten Stock **L2A3**

erwachen **L8E1**
erwachsen **L5E1**
Erwachsene, der/die ,-n **L15D2**
erwähnen **L7B1**
erwarten **L8D5**
erweitert **L12♪1**
erzählen **L4B1**
erzählen von **L12A7**
Erzählung, die ,-en **L15A2**
es **L1C4**
Esel, der ,- **L14B3**
Eseltreiber, der ,- **L7E1**
Espresso, der ,-s **L9D3**
essen* **L9A1**
Essen, das **L9B1**
Eßlöffel, der ,- **L9C2**
Eßtheater, das ,- **L13B4**
etwa **L13A1**
etwas **L5B2**
etwas (= ein bißchen) **L9A1**
euch (→ihr) **L6C1**
euer, eure **L4B1**
Europa **L5AS**
Europäer, der ,-/in f **L6F4**
europäisch **L12D5**
Europäische Gemeinschaft, die
  L12D5
eventuell **L11A3**
ewig **L14D1**
Existenz, die, -en **L15A2**
extra **L14B1**

f (= femininum) **L1B1**
Fach, das ,-¨er **L10A1**
Fachbuch, das ,-¨er **L5B1**
Fachsprachenkurs, der ,-e
  L10A1
Fachtext, der ,-e **L10A1**
Fähigkeit, die ,-en **L5B2**
fahren* **L5B1**
Fahrer, der ,-/in f **L13B1**
Fahrrad, das ,-¨er **L7E4**
Fahrstuhl, der ,-¨e **L2A1**
Faktor, der ,-en **L15C1**
Fall, der ,-¨e **L7F2**
  auf jeden Fall **L7F2**
  auf keinen Fall **L11A1**
fallen* **L3D1**
falsch **L1C2**
Familie, die ,-n **L4A1**
Familienfoto, das ,-s **L4B1**
Familiengeschichte, die ,-n
  L4C1
Familienname, der ,-n **L1A2**
Familienstand, der **L4A2**
fangen* **L10F2**
Farbassoziation, die ,-en **L6D2**
Farbe, die ,-n **L6A4**
Farbe annehmen* **L15B2**
Farbensymbolik, die **L6D1**
farbig **L6D2**
fast **L6E1**
faszinierend **L13D1**
fauchen **L8E1**
faul **L3A9**

Februar, der **L3C1**
Fechten, das **L6D4**
Feder, die ,-n **L10B1**
fehlen **L10C2**
Fehler, der ,- **L10C1**
Feier, die ,-n **L9A5**
feiern **L3C4**
Feiertag, der ,-e **L8A1**
fein **L9C1**
Feld, das ,-er **L10F2**
femininum **L1B1**
Fenster, das ,- **L1B1**
Ferien, die (Plural) **L7E4**
Ferienkurs, der ,-e **L7E3**
Ferienstipendium, das
  ,-stipendien **L11A5**
Fernsehen, das **L13A1**
Fernweh, das **L3A1**
fertig **L10A3**
fest **L9C1**
Fest, das ,-e **L3A1**
feststellen **L10F1**
Fett, das ,-e **L9C2**
Fieber, das **L7B1**
Figur, die ,-en **L11C2**
Film, der ,-e **L3A1**
Filmclub, der ,-s **L3A1**
Filmraum, der ,-¨e **L2A1**
finden* (≠ suchen) **L2C4**
finden* (= meinen) **L3A8**
finden* an **L10C1**
  den Tod finden **L8D1**
Firma, die , Firmen **L5B1**
Firmenchef, der ,-s/in f **L11D5**
Fisch, der ,-e **L9B3**
fischen **L12♪3**
fit **L13D1**
Flasche, die ,-n **L9A1**
Fleisch, das **L9B3**
fleißig **L15A2**
fliegen* **L7B5**
fließend **L15A2**
Flüchtling, der ,-e **L15A2**
Flugticket, das ,-s **L11A1**
Flugzeug, das ,-e **L6A1**
flüssig **L10B2**
  flüssig sprechen* **L10C1**
Flüssigkeit, die ,-en **L9C2**
flüstern **L8E1**
folgend **L8E3**
fordern **L8A1**
fördern **L13D1**
Form, die ,-en **L7C1**
formell **L9A1**
fortfahren* **L7B1**
Foto, das ,-s **L4B1**
Fotoalbum, das ,-alben **L4B1**
Fotoapparat, der ,-e **L4D1**
Fotograf, der ,-en/in f **L1C5**
fotografieren **L4B4**
Frage, die ,-n **L1D1**
  Fragen stellen **L4A1**
  in Frage kommen* **L6A1**
fragen **L1B1**
  fragen nach **L12A3**

sich fragen **L11**B1
Fragepronomen, das ,- **L6**B4
Fragesatz, der ,-¨e **L8**B1
Frankreich **L4**B1
Franzose, der ,-n/Französin f **L12**D5
Französisch **L5**A1
Frau, die ,-en **L1**A5
frauenfeindlich **L14**C4
Fräulein, das ,- **L1**A5
frei **L2**C7
  im Freien **L13**A1
  unter freiem Himmel **L11**D1
frei haben **L8**B7
frei sprechen* **L10**C1
frei übersetzen **L7**F1
Freiheit, die **L10**B2
Freitag, der ,-e **L2**B6
Freizeit, die **L8**B1
Freizeitaktivität, die ,-en **L13**A1
Freizeitgestaltung, die **L8**A2
Freizeitpassivität, die **L13**A1
fremd **L5**♪2
Fremde, die **L13**C1
Fremde, der/die ,-n **L8**D1
Fremdsprache, die ,-n **L5**A6
Fremdwort, das ,-¨er **L6**A2
fressen* **L14**C1
Freude, die **L8**E1
freuen, sich **L7**A1
Freund, der ,-e/in f **L9**B2
freundlich **L6**F6
Freundlichkeit, die ,-en **L10**B2
Freundschaft, die ,-en **L7**A1
Freundschaftsspiel, das ,-e **L13**D1
Frieden, der **L10**F1
frieren* **L11**B1
frisch **L7**A1
früher **L8**A3
Frühling, der **L3**C1
Frühsport, der **L8**B1
Frühstück, das **L9**B3
Frühstückskaffee, der **L9**D3
Fuchs, der ,-¨e **L14**B3
fühlen, sich **L11**B1
fünf **L2**B1
fünfzig **L2**B1
Funktion, die ,-en **L11**C1
funktional **L11**D1
führen zu **L12**E6
Führerschein, der ,-e **L11**A3
für **L1**C1
für etwas sein **L7**A2
fürchten **L7**A1
Fuß, der ,-¨e **L10**F3
  zu Fuß **L10**F3
Fußball, der ,-¨e **L13**D2
Fußballspiel, das ,-e **L13**D2
Fußboden, der ,-¨ **L2**C1

g (= das Gramm) **L9**C1
Gabel, die ,-n **L9**B3
ganz *(Adverb)* **L4**B4

ganz *(Adjektiv)* **L4**C1
gar nicht **L6**C1
Garderobe, die ,-n **L2**A1
Garten, der ,-¨ **L13**A2
Gast, der ,-¨e **L9**D2
Gastfreundschaft, die **L7**A1
gastlich **L15**B1
Gaststätte, die ,-n **L9**B7
geb. (= geboren) **L4**B1
geben* **L1**C1
  es gibt **L2**A4
  sich die Hand geben **L6**F3
Gebetsraum, der ,-¨e **L2**A1
Gebiet, das ,-e **L13**B9
gebogen **L10**B1
geboren *(Adjektiv)* **L4**C1
geboren sein am **L3**C4
Gebrauch, der **L8**F2
Gebrauchsregel, die ,-n **L5**B2
Geburt, die ,-en **L14**D1
Geburtsdatum, das ,-daten **L3**C4
Geburtshaus, das ,-¨er **L7**E2
Geburtstag, der ,-e **L3**C4
Gedanke, der ,-n **L5**E1
Gedicht, das ,-e **L2**E3
Geduld, die **L10**B1
  die Geduld verlieren* **L10**B1
geduldig **L14**B3
geehrt **L12**C3
  sehr geehrte Damen und Herren **L12**C3
geeignet sein **L13**D1
gefallen* **L7**A1
Gefallen, der **L14**A1
  jemandem einen Gefallen tun* **L14**A1
Gefühl, das ,-e **L9**B1
gegen **L4**D1
Gegenteil, das ,-e **L5**C1
  im Gegenteil **L5**C1
Gegenwart, die **L14**D3
Gegner, der ,-/in f **L6**F6
Gehalt, das ,-¨er **L12**C1
gehen* **L3**A8
gehen* (Strophe) **L7**F1
  das geht nicht **L3**A8
  es geht um **L10**A3
  wie geht es Ihnen? **L9**B1
gehören, sich **L9**B1
gekleidet sein **L6**C1
gelb **L6**A4
Geld, das **L5**B1
gelten* als **L11**C1
gelten* für **L11**A1
Gemeinschaft, die ,-en **L12**D5
Gemüse, das **L9**B1
gemütlich **L11**D1
Gen. (= Genitiv) **L1**B4
genau *(Adjektiv)* **L3**C1
genau *(Adverb)* **L3**C4
genau *(Partikel)* **L7**A1
genau wie **L11**D4
genauso **L6**A1

Genitiv, der ,-e **L1**B3
genug **L10**C1
geöffnet sein **L3**B1
gerade *(temporal)* **L4**A1
gerade (≠ gebogen) **L10**B1
gerade *(Partikel)* **L11**D4
Gerechtigkeit, die **L10**F1
gereizt **L6**A1
gering **L12**E6
gern **L3**B5
gesamt **L15**B1
Geschäft, das ,-e **L8**B1
Geschäftsfreund, der ,-e **L4**C1
Geschäftsleute, die *(Plural)* **L12**B1
Geschäftsmann, der /-frau f **L1**C5
Geschäftspartner, der ,-/in f **L12**B1
Geschäftsreise, die ,-n **L7**E4
geschehen* **L8**D1
Geschenk, das ,-e **L14**B1
Geschichte, die ,-n **L4**C9
geschieden **L4**A1
geschlossen **L4**♪1
Geschmack, der **L9**D3
Geschmacksfrage, die ,-n **L9**B4
Geschwister, die *(Plural)* **L4**A1
gesetzlich **L8**A1
Gespräch, das ,-e **L11**C1
Gesprächspartner, der ,-/in f **L14**C5
Gesprächsthema, das ,-themen **L11**C1
Gestalt, die ,-en **L7**E1
gestatten **L15**D4
gestern **L4**C7
Getränk, das ,-e **L9**B3
Gettoexistenz, die ,-en **L15**A2
Gewerkschaft, die ,-en **L8**A1
gewinnen* **L13**D1
  Zeit gewinnen **L8**B3
gewiß **L11**A6
Gewitter, das ,- **L7**B1
Gewitterwolke, die ,-n **L7**B1
Gewürz, das ,-e **L9**C1
gießen* **L9**B1
Glas, das ,-¨er **L9**B3
Glas, das **L11**D2
glauben **L1**D1
gleich **L6**F1
gleiche ..., der/das/die **L7**B1
Gleiche, das **L7**E1
Glossar, das ,-e **L2**C6
Glück, das **L2**B6
  viel Glück! **L3**C6
glücklich **L3**A8
Glückstag, der ,-e **L4**C8
Glückszahl, die ,-en **L2**B6
Glückwunsch, der ,-¨e **L3**C6
Gott, der ,-¨er **L14**B1
Gott sei Dank! **L14**B1
Grad, das ,-e **L9**C1
Gramm, das **L9**C2

Grammatik, die ,-en **L1D1**
Grammatikfehler, der ,- **L5E1**
Grammatiklehrer, der ,-/in f
  L1B1
Grammatikregel, die ,-n **L5B2**
Grammatikregister, das ,- **L2C5**
Grammatikübung, die ,-en
  L10C1
Graphik, die ,-en **L8A3**
grau **L6A4**
graublau **L6C1**
Grieche, der ,-n/Griechin f
  L5A2
Griechenland **L5A2**
Griechisch **L5A2**
Grog, der ,-s **L15B1**
groß **L1A6**
Großbritannien **L5A3**
Großeltern, die *(Plural)* **L4B7**
Großmutter, die ,-¨ **L4A1**
Großonkel, der ,- **L4B1**
Großtante, die ,-n **L4B1**
Großvater, der ,-¨ **L4A3**
grün **L6A4**
Grund, der ,-¨e **L5B1**
  ein Grund sein für **L12E6**
Grund, der (Meer) ,-¨e **L7F1**
Grundfolge, die ,-n **L15C5**
Grundfrage, die ,-n **L10A1**
Grundkurs, der ,-e **L10A2**
gründlich **L10A1**
Grundwort, das ,-¨er **L11D8**
Gruppe, die ,-n **L7E3**
Gruß, der ,-¨e **L9A1**
gucken **L9B1**
Gugelhupf-Form, die ,-en **L9C1**
Gulasch, das **L15B1**
gut **L1D1**
  alles Gute! **L3C6**
gute Stube, die **L11D1**
guten Abend! **L1A1**
guten Appetit! **L10D2**
guten Morgen! **L1A1**
guten Tag! **L1A1**

ha (= Hektar) **L12A1**
Haar, das ,-e **L6A1**
Haarfarbe, die ,-n **L11A7**
Habe, die **L8E1**
haben* **L2B5**
  dabei haben **L11A3**
  etwas zu tun haben mit
  L13D1
Hacke, die ,-n **L12E4**
Hahn, der ,-¨e **L8C1**
Hähnchen, das ,- **L12D1**
Haiti **L15B3**
halb *(temporal)* **L3A4**
halb *(Adjektiv)* **L3B3**
Halbdrachen, der ,- **L15A1**
Hallo, das **L9♪2**
Hals, der ,-¨e **L7F1**
halten* **L8A5**
  einen Kurs halten **L10A1**
  einen Vortrag halten **L8A5**

halten* *(+ Direktivergänzung)*
  L10AS
halten* **L14D1**
  die Ehe hält **L14D1**
halten* für **L8A2**
halten* von **L13D1**
Hand, die ,-¨e **L6F3**
  sich die Hand geben* **L6F3**
handarbeiten **L13A2**
handeln: sich ~ um **L14A1**
Händeschütteln, das **L6F6**
Handschuh, der ,-e **L6A2**
Hängematte, die ,-n **L15B3**
hängen* *(+ Lokalergänzung)*
  L2C1
hängen (+ Direktivergänzung)
  L11B1
hängen* an **L11B1**
Harmonie, die ,-n **L14B1**
häßlich **L9D8**
Hauptakzent, der ,-e **L2♪3**
Hauptakzentsilbe, die ,-n **L13♪1**
Hauptinformation, die ,-en
  L2A8
Hauptmahlzeit, die ,-en **L9B3**
Hauptmarkt, der ,-¨e **L7B1**
Hauptsache, die ,-n **L5C1**
Hauptsatz, der ,-¨e **L5D1**
Haus, das ,-¨er **L6B3**
Hausfrau, die ,-en/mann m
  L11D5
Hausmeister, der ,-/in f **L1C1**
Hausnummer, die ,-n **L2B2**
Hausordnung, die ,-en **L11AS**
Heft, das ,-e **L1B5**
Heimat, die **L8E1**
Heimatgeschichte, die **L8D7**
Heimatland, das ,-¨er **L11A1**
Heimatmuseum, das ,-museen
  L8C1
Heimweh, das **L11B1**
Heirat, die ,-en **L14D1**
heiraten **L4B1**
Heiratsanzeige, die ,-n **L14D1**
Heiratsvermittler, der ,-/in f
  L14D1
heiß **L10B1**
heißen* **L1A2**
heißen* *(unpersönlich)* **L8C1**
  das heißt **L13A1**
Hektar, das ,-e **L12A1**
helfen* **L2C4**
hell **L6A4**
Hemd, das ,-en **L6A1**
heraussuchen **L8C2**
Herbst, der **L3C1**
hereinkommen* **L14A1**
Hering, der ,-e **L15B1**
Herr, der *(Anrede)* ,-en **L1A5**
Herr, der ,-en **L6C6**
Herrenkleidung, die **L6A2**
Herrentoilette, die ,-n **L2A1**
herrlich **L4C1**
herrschen **L11D2**
herstellen **L10E1**

herum: um … herum **L11C2**
herumliegen* **L11D2**
Herz, das ,-en **L6E1**
Herzinfarkt, der ,-e **L8D4**
herzlich **L3C6**
herzlich willkommen! **L6C1**
herzliche Glückwünsche!
  L3C6
Herzlichkeit, die ,-en **L10B2**
herzlichst **L9B1**
Hessisch **L5A4**
heute **L3A2**
heute abend **L3A8**
heute morgen **L3A9**
hier **L1A3**
Hilfe, die ,-en **L8D1**
  mit Hilfe **L10A1**
  um Hilfe rufen* **L8D1**
Himmel, der ,- **L7B1**
  unter freiem Himmel **L11D1**
hinaufführen **L10F3**
hinausziehen* **L7B1**
Hindi **L5A3**
hinten **L4B1**
hinter **L2C1**
Hinweis, der ,-e **L6B1**
Historiker, der ,-/in f **L8D1**
historisch **L8C1**
Hitze, die **L10B3**
hm! **L3A8**
Hobby, das ,-s **L5E1**
hoch **L7A1**
Hochdeutsch **L5A4**
Höchstleistung, die ,-en **L13D1**
Hochzeit, die ,-en **L4B1**
Hochzeitsfoto, das ,-s **L4C1**
hoffen **L9B1**
hoffentlich **L9B1**
Hoffnung, die ,-en **L6D1**
hoffnungslos **L14D1**
höflich **L5B2**
Höflichkeit, die ,-en **L14A1**
Höflichkeitsformel, die ,-n
  L15D2
holländisch **L15B1**
Honig, der **L12D1**
Hölle, die **L9D3**
hoppla! **L10D1**
hören **L1A2**
Hose, die ,-n **L6A2**
Hotel, das ,-s **L6F1**
Hotelangestellte, der/die ,-n
  L10A1
Hotelzimmer, das ,- **L7C2**
Hund, der ,-e **L7F1**
hundert **L2B1**
Hunger, der **L9AS**
hungern **L12E1**
Hut, der ,-¨e **L6A2**

ich **L1A2**
ideal **L7A1**
Idee, die ,-n **L4D1**
igitt! **L9D3**
ihm (→er, →es) **L6E1**

ihn (→er) **L6**E1
ihnen (→sie) **L6**E1
Ihnen (→Sie) **L6**E1
ihr **L2**E1
ihr (→sie) **L6**E1
ihr, ihre **L4**B1
Ihr, Ihre **L4**B1
illustrieren **L10**F3
im = in dem *(lokal)* **L1**A2
im = in dem *(temporal)* **L3**C3
immer **L3**A8
immer mehr **L8**A1
immerzu **L12**A4
Imperativ, der ,-e **L3**E1
Imperativsatz, der ,-¨e **L2**D1
Impfpaß, der ,-pässe **L11**A1
importieren **L5**B1
improvisieren **L9**C4
in *(lokal)* **L2**C1
in *(temporal)* **L3**A9
in Blau **L6**C1
indianisch **L15**B1
Indien **L5**A3
indisch **L7**E4
indirekt **L8**B1
individuell **L11**D1
Indonesien **L5**B1
Industrie, die ,-n **L8**A2
Industrieanlage, die ,-n **L12**B1
Industriearbeiter, der ,-/in f **L8**A2
Industrieland, das ,-¨er **L12**E2
Industrieprodukt, das ,-e **L12**E4
ineinander **L14**D1
Infinitiv, der ,-e **L1**C8
Infinitivsatz, der ,-¨e **L14**A4
Inflation, die ,-en **L10**F1
Information, die ,-en **L2**A4
Informationsbrett, das ,-er **L2**A1
informell **L14**C2
informieren über **L12**A1
Ingenieur, der ,-e/in f **L12.**♩4
Inhalt, der ,-e **L10**A2
inhaltlich **L10**E1
Inhaltsverzeichnis, das ,-se **L2**C5
Inschrift, die ,-en **L8**C1
insgesamt **L5**A1
Institut, das ,-e **L1**A3
Institutsbibliothek, die ,-en **L8**D6
Institutsleitung, die ,-en **L2**A1
intellektuell **L9**D2
Intensivkurs, der ,-e **L10**A1
interessant **L4**A1
Interesse, das ,-n **L5.**♩2
interessieren **L10**C2
  sich interessieren für **L12**A1
international **L6**F4
Interview, das ,-s **L1**C1
interviewen **L8**A1

Interviewer, der ,-/in f **L4**A1
Intonation, die ,-en **L1.**♩1
intuitiv **L5**C1
Investition, die ,-en **L12**E6
Ire, der ,-n/Irin f **L12**D5
irgend etwas **L12**B1
irgendwo **L7**F1
irisch **L9**D3
Irland **L9**D3
ironisch **L9**D3
irre **L15**D2
Italien **L5**A1
Italiener, der ,-/in f **L5**A2
Italienisch **L5**A1
ja **L1**A2
ja *(Partikel)* **L3**A2
Jacke, die ,-n **L6**A2
jagen **L8.**♩3
Jahr, das ,-e **L3**C1
jahrelang **L11**C1
Jahres-Sollarbeitszeit, die ,-en **L8**A2
Jahresurlaub, der **L8**A2
Jahreszahl, die ,-en **L3**C3
Jahreszeit, die ,-en **L3**C1
Jahrgang, der ,-¨e **L14**D1
Jahrhundert, das ,-e **L8**C1
Jahrhundertwende, die ,-n **L9**D2
Januar, der **L3**C1
Japan **L5**A3
Japanisch **L5**A3
jawohl **L13**C1
Jazz, der **L3**A1
Jeans, die *(Plural)* **L9**A1
jede **L3**A1
jedenfalls **L11**A1
jeder **L5**C1
jedesmal **L14**B1
jemand **L7**F1
jetzt **L1**D1
Joghurt, der/das **L15**B1
Journalist, der ,-en/in f **L6**B1
juchhe! **L8.**♩3
juchhei! **L8.**♩3
juchheirassa! **L8.**♩3
Judo, das **L6**D4
Jugend, die **L13**D5
Jugendliche, der/die ,-n **L15**D2
Jugendsprache, die ,-n **L15**D2
Jugoslawe, der ,-n/Jugoslawin f **L5**A2
Jugoslawien **L5**A2
jugoslawisch **L7**E4
Juli, der **L3**C1
jung **L4**C1
Junge, der ,-n **L1**F2
Jüngling, der ,-e **L8**E1
jüngste (→jung) **L9**A1
Juni, der **L3**A1

Kabarettist, der ,-en/in f **L13**C1
Kabel, das ,- **L9.**♩1
Kaffee, der **L9**B3
Kaffeehaus, das ,-¨er **L9**D2

Kaffeelöffel, der ,- **L9**C2
Kaffeesatz, der **L9**D3
Kaffeetasse, die ,-n **L9**C2
Kaffeetrinken, das **L9**D3
Kaftan, der ,-e **L6**A2
Kakao, der **L9**B3
  jemanden durch den Kakao ziehen* **L9**D3
Kalbsbraten, der ,- **L9**B3
Kalender, der ,- **L3**C7
kalt **L7**B1
Kälte, die **L7**B2
Kamel, das ,-e **L14**B3
Kampf, der ,-¨e **L13**D1
Kanada **L5**A3
Känguruh, das ,-s **L15**B1
Kaper, die ,-n **L15**B1
kaputt **L7**A2
kaputtgehen* **L13**B1
kaputtmachen **L7**A2
Kardinalzahl, die ,-en **L2**B1
Karikatur, die ,-en **L4**D1
Karriere, die ,-n **L5**B1
Karte, die ,-n **L9**D2
Karten spielen* **L9**D2
Kartenverkauf, der ,-¨e **L13**B1
Kartoffel, die ,-n **L9**B3
Käse, der **L9**B3
  das ist Käse **L10**F1
Käsekuchen, der ,- **L9**B5
Kasse, die ,-n **L2**A1
Kasus, der ,- **L12**A4
Kategorie, die ,-n **L12**E3
Kauderwelsch, das **L15**A2
kaufen **L6**A1
Kaufmann, der , Kaufleute/ Kauffrau f **L4**C1
kaum **L11**B1
kein, keine **L2**A4
keiner **L7**C1
keinesfalls **L7**F1
keins **L7**C1
Keller, der ,- **L2**A1
kennen* **L7**E1
kennenlernen **L4**C1
Kenntnis, die ,-se **L10**A1
Kennziffer, die ,-n **L11**A1
kg (= Kilogramm) **L9**C2
Kilo, das ,- **L12**C2
Kilogramm, das **L9**C2
Kilometer, der ,- **L7**B1
Kimono, der ,-s **L6**A2
Kind, das ,-er **L1**F1
Kinderarzt, der ,-¨e/-ärztin f **L9**C4
Kindheit, die ,-en **L15**A2
kindlich **L15**A2
Kino, das ,-s **L8**B1
Kirsche, die ,-n **L15**B1
Kissen, das ,- **L12.**♩3
kitschig **L11**B1
Kiwi, die ,-s **L12**D1
klagen **L8**C1
Klammer, die ,-n **L15**A4
klappen **L11**A1

W

klar **L3D1**
　dann ist ja alles klar **L3D1**
klar **L11C1**
klären **L14A4**
Klasse, die ,-n **L2A9**
　große Klasse sein **L9B1**
Klassenraum, der ,-¨e **L2A1**
klassisch **L11C3**
Klebstoff, der ,-e **L4D1**
Kleid, das ,-er **L6A2**
kleiden **L6C1**
Kleidung, die **L6A1**
Kleidungsstück, das ,-e **L6A2**
klein **L1A6**
Kleinkind, das ,-er **L10F1**
Klima, das ,-s **L7A2**
klingen* **L7F1**
　gut klingen **L12A1**
Klub, der ,-s **L9D2**
klug **L9D8**
Klugheit, die **L10B2**
Knacklaut, der ,-e **L6♪2**
Koch, der ,-¨e/Köchin f **L6D4**
kochen **L9B3**
Koffer, der ,- **L11B1**
Kognak, der ,-s **L15B1**
Kohl, der **L9B3**
Kollege, der ,-n/Kollegin f
　L1C1
Kolumbien **L15E1**
Kombination, die ,-en **L13♪3**
Komiker, der ,-/in f **L13C1**
komisch **L1A6**
kommen* **L8E1**
　das Ende kommt **L3B4**
　ein Kind kommt **L14D1**
　in Frage kommen **L6A1**
　zu Wort kommen **L10C2**
kommen* aus **L4B1**
kommen* über **L11A6**
Kommentar, der ,-e **L3B5**
Kommode, die ,-n **L11C2**
Kommunikation, die **L5C1**
Kommunikationsproblem, das
　,-e **L12B1**
Kommunion, die ,-en **L6D4**
Komparation, die ,-en **L9D5**
Komparativ, der ,-e **L9D5**
Kompliment, das ,-e **L7F1**
kompliziert **L1D1**
komponieren **L9D1**
Konflikt, der ,-e **L7A2**
Kongo, der **L15B1**
Kongosprache, die ,-n **L15B1**
Kongreßbüro, das ,-s **L6F2**
Kongreßzentrum, das ,-zentren
　L6F2
Kongruenz, die ,-en **L9B6**
König, der ,-e/in f **L7F1**
Königreich, das ,-e **L7F1**
konjugieren **L8C4**
Konjunktiv, der **L11D3**
Konjunktor, der ,-en **L5D1**
Konkurrenz, die **L13D1**
können* **L2B7**

konservativ **L14D1**
Konsonant, der ,-en **L6♪1**
Konsonantenwechsel, der ,-
　L4C5
Konsum, der **L12E6**
Kontakt, der ,-e **L7A2**
Kontext, der ,-e **L11♪2**
Konto, das ,Konten **L11A3**
Kontonummer, die ,-n **L2B2**
Kontrolle, die ,-n **L6C1**
kontrollieren **L6C3**
Konvention, die ,-en **L14A7**
Konversation, die ,-en **L10F1**
Konversationskurs, der ,-e
　L1C1
Konzentration, die **L3B4**
Konzert, das ,-e **L3A1**
Kopf, der ,-¨e **L6C1**
Kopfsalat, der **L12D1**
korrekt **L8F4**
Korrespondent, der ,-en/in f
　L15A2
korrespondieren **L5B1**
korrigieren **L10C1**
kosten **L11A1**
Kosten, die *(Plural)* **L11AS**
krähen **L8C1**
krank **L9D1**
Krankheit, die ,-en **L12E6**
Krawall, der ,-e **L13D1**
Krawatte, die ,-n **L6A2**
Kreis, der ,-e **L12E6**
Krieg, der ,-e **L5E1**
kristallen **L10F3**
Krokodilschwanz, der ,-¨e
　L15A1
Küche, die ,-n **L9C1**
Kuchen, der ,- **L9C1**
Kuchenrezept, das ,-e **L14B7**
Kugel, die ,-n **L11B3**
Kuh, die ,-¨e **L14B3**
kühl **L7B1**
Kultur, die ,-en **L3B5**
Kulturangebot, das ,-e **L13B8**
Kulturaustausch, der **L13B9**
Kulturspiegel, der **L3B5**
Kunde, der ,-n/Kundin f **L11C1**
Kundenbesuch, der ,-e **L8B1**
Kunst, die **L11A3**
Kunst, die ,-¨e **L13B1**
Kunstdünger, der ,- **L12A1**
künstlerisch **L9D2**
Kurs, der ,-e **L1A2**
Kursberatung, die ,-en **L10A3**
Kursende, das **L3C1**
Kursfoto, das ,-s **L4D1**
Kursnummer, die ,-n **L2B2**
Kursporträt, das ,-s **L4D1**
Kurszeitung, die ,-en **L4D1**
kurz (Vokal) **L2♪2**
kurz **L7B1**
Kurzinformation, die ,-en
　L10F1
küssen **L6F3**
　sich küssen **L6F3**

l (= Liter) **L9C2**
lachen **L2E4**
lachen über **L12A7**
Laden, der ,-¨ **L10F1**
Lamm, das ,-¨er **L14B3**
Lampe, die ,-n **L2C1**
Land, das ,-¨er **L3C4**
Landbrot, das ,-e **L12D1**
Landeskunde, die **L8A1**
Landkarte, die ,-n **L2C1**
Landschaft, die ,-en **L7A1**
Landwirt, der ,-e/in f **L1C5**
Landwirtschaft, die **L12A1**
landwirtschaftlich **L12E3**
Landwirtschaftsmesse, die ,-n
　L12A1
Landwirtschaftsministerium,
　das ,-ministerien **L12A1**
lang (Vokal) **L2♪1**
lang *(temporal)* **L7B1**
lang (Hals) **L7F1**
lange **L3A7**
langsam **L1B1**
langweilen, sich **L10A2**
langweilig **L3B5**
lassen* **L9A1**
Lateinamerika **L5A3**
Lateinisch **L15B1**
laufen* **L8B1**
laut **L2B4**
Laut, der ,-e **L2♪1**
leben **L4A1**
Leben, das **L8A1**
lebendig **L8AS**
Lebensjahr, das ,-e **L15A2**
Lebensmittel, das ,- **L12A1**
lecker **L9C1**
ledig **L4A1**
leer **L11D2**
legen **L11B1**
Lehrbuch, das ,-¨er **L14C5**
Lehrer, der ,-/in f **L1B4**
Lehrerehepaar, das ,-e **L11D1**
Lehrerzimmer, das ,- **L2A1**
Lehrling, der ,-e **L11D5**
Lehrwerk, das ,-e **L14C5**
leicht **L1A3**
leicht (=etwas) **L6F3**
leichtfallen* **L14A1**
Leichtigkeit, die **L10B2**
leider **L2A4**
leid tun **L14B1**
leihen* **L14A1**
leise **L8E1**
Leistung, die ,-en **L12E6**
leiten **L1C1**
leitend **L12C1**
Leiter, der ,-/in f **L6F2**
Leitung, die ,-en **L6B2**
Lektion, die ,-en **L2B5**
lernen **L1C1**
Lesebrille, die ,-n **L10D1**
Lesekurs, der ,-e **L10A3**
lesen* **L1A6**
Leser, der ,-/in f **L11C1**

organisieren **L13**D1
organisiert **L11**D1
Orient, der **L15**B4
  der Vordere Orient **L15**B4
orientiert sein **L9**D2
Orientierung, die ,-en **L9**D2
Original, das ,-e **L5**B1
Ornament, das ,-e **L11**C1
Ort, der ,-e **L8**D7
örtlich **L6**B1
Ortsveränderung, die ,-en **L8**B4
Osten, der **L7**B5
Österreich **L5**A1
Österreicher, der ,-/in f **L5**A2
österreichisch **L9**B7
Ozean, der ,-e **L10**F3

Paar, das ,-e **L12**C2
  ein Paar werden* **L13**B7
paar **L4**A1
Päckchen, das ,- **L9**C1
Pakistan **L5**A3
Palast, der ,-¨e **L10**F3
Pampelmuse, die ,-n **L9**♪2
Pampelmusengebabbel, das **L9**♪2
Pampelmusensalat, der ,-e **L9**♪2
Papa, der ,-s **L6**A1
Papier, das **L4**D1
Papiere, die *(Plural)* **L11**A1
Papierkorb, der ,-¨e **L11**C2
Pappel, die ,-n **L9**♪2
Park, der ,-s **L8**B1
Parkbank, die ,-¨e **L14**D7
Partei, die ,-en **L13**A2
Partikel, die ,-n **L14**C1
Partikeljagd, die ,-en **L14**C7
Partizip, das ,-ien **L4**C4
Partner, der ,-/in f **L12**B1
Paß, der , Pässe **L3**C4
passen **L3**D1
Paßfoto, das ,-s **L11**A3
passieren **L8**B1
Passiv, das **L5**A1
Passivform, die ,-en **L13**B3
Passivsatz, der ,-¨e **L13**B4
Paßkontrolle, die ,-n **L6**C1
Paßnummer, die ,-n **L2**B2
Pause, die ,-n **L2**A1
Pausenraum, der ,-¨e **L2**A1
peinlich **L14**A1
perfekt **L15**E1
Perfekt, das **L4**C2
Perfektform, die ,-en **L8**B4
Persisch **L15**B1
Person, die ,-en **L1**C6
Person, die *(grammatisch)* **L1**C8
Personalnummer, die ,-n **L2**B2
Personalpronomen, das ,- **L1**C4
persönlich **L5**C1
persönliche Note **L11**D2

Perspektive, die ,-n **L4**A3
Pfd. (= das Pfund) **L12**D1
Pfeiler, der ,- **L10**F3
Pfennig, der ,-e **L12**D1
Pflaume, die ,-n **L15**B1
Pflicht, die ,-en **L5**B2
Pflichtfach, das ,-¨er **L5**B1
Pflug, der ,-¨e **L12**E4
pfui! **L14**B5
Pfund, das ,-e **L12**D1
phantastisch **L7**A1
Philosoph, der ,-en/in f **L10**♪4
Phonetik, die **L10**♪2
Physik, die **L10**A1
physikalisch **L10**A1
Physiker, der ,-/in f **L10**A1
Picknick, das ,-s **L9**♪2
Picknickpause, die ,-n **L9**♪2
Picknickplatte, die ,-n **L9**♪2
Pilgergruppe, die ,-n **L7**E4
Pilgerreise, die ,-n **L7**E4
Pl. (= Plural) **L2**A4
Plakat, das ,-e **L12**E5
Plan, der ,-¨e **L2**A1
planen **L9**C4
Plattdeutsch **L5**A4
Platte, die ,-n **L9**♪2
Platz, der ,-¨e **L2**C7
plötzlich **L9**♪2
Plural, der , Pluralformen **L1**B3
Po, der ,-s **L9**♪2
Poesie, die **L9**D1
Polen **L10**F2
Politik, die **L10**F1
Polnisch **L15**B1
Poncho, der ,-s **L6**A2
Popo, der ,-s **L9**♪2
Portugal **L5**A2
Portugiese, der ,-/Portugiesin f **L5**A2
Portugiesisch **L5**A2
Porzellanladen, der ,-¨ **L14**B3
Position, die ,-en **L2**D1
positiv **L5**C1
Positiv, der , Positivformen **L9**D5
Possessivpronomen, das ,- **L4**B1
Post, die **L11**A3
Posten, der ,- **L14**D1
prächtig **L8**E1
praktisch **L10**B2
Präposition, die ,-en **L2**C1
Präpositionalergänzung, die ,-en **L12**A4
Präsens, das **L1**C8
Präsensform, die ,-en **L8**D3
Präteritum, das **L4**C2
Präteritumform, die ,-en **L8**D3
präzisieren **L12**A7
Preis, der ,-e **L12**C2
preiswert **L12**D1
Presse, die **L3**B5
Presseschau, die **L3**B5
prima **L3**A2

privat **L15**A7
Privattheater, das ,- **L13**B1
probieren **L9**C1
Problem, das ,-e **L7**A1
problematisch **L14**B5
Produkt, das ,-e **L12**A1
Produktion, die ,-en **L12**E6
Produktivität, die **L12**E6
produzieren **L12**A1
Professor, der ,-en/in f **L10**A2
profitieren **L7**A2
Programm, das ,-e **L3**A1
Programmvorschau, die ,-en **L3**B6
Projekt, das ,-e **L1**F3
pronominal **L7**C1
Pronominaladverb, das ,-ien **L11**C2
Prospekt, der ,-e **L11**C1
Prozentzahl, die ,-en **L6**F6
Prüfung, die ,-en **L13**C5
Psychologe, der ,-n/ Pyschologin f **L5**B1
Pudding, der , e/-s **L9**B3
Puderzucker, der **L9**C1
puh! **L9**D3
Pullover, der ,- **L6**A2
Pulverkaffee, der **L9**C2
pünktlich **L8**B1
purzeln **L9**♪2
Pyramide, die ,-n **L11**B3

Quadratkilometer, der ,- **L7**B1
Qualität, die ,-en **L12**D1
Quark, der **L15**B1
Quatsch, der **L7**F1
Quatsch! **L7**F1

Radierung, die ,-en **L10**B1
Radio, das ,-s **L3**B5
Radio hören **L13**A2
Radiosendung, die ,-en **L3**B5
Rangskala, die ,-skalen **L11**D1
Rat, der **L10**A2
raten* **L10**B4
ratlos **L8**D1
Rätoromanisch **L5**A1
Ratschlag, der ,-¨e **L11**A3
Rätsel, das ,- **L8**C1
Rätselspiel, das ,-e **L10**B4
Rätselwort, das ,-¨er **L10**B4
rauben **L8**C1
rauchen **L8**B1
Raum, der ,-¨e **L2**B6
Raumplan, der ,-¨e **L2**A1
Realität, die ,-en **L10**F1
Rebe, die ,-n **L9**D1
Rebhuhn, das ,-¨er **L15**B1
rechnen **L9**AS
Recht, das **L9**AS
  mit Recht **L9**AS
recht haben **L6**A1
rechts **L2**A1
Rechtstendenz, die ,-en **L15**C1
Rede, die ,-n **L14**B1

Schüssel, die ,-n **L9B3**
schütteln (Kopf) **L6C1**
Schwäbisch **L5A4**
schwach **L9D3**
Schwager, der ,-¨/Schwägerin f **L4A3**
Schwan, der ,-¨e **L7F1**
Schwanenfeder, die ,-n **L10B1**
Schwanenhals, der ,-¨e **L7F1**
schwarz **L6A4**
schwarz sehen* **L6C3**
Schweden **L8A2**
Schwein, das ,-e **L14B5**
Schweinebraten, der ,- **L9B3**
Schweinefleisch, das **L14A7**
Schweinerei, die ,-en **L14B5**
Schweiz, die **L5A1**
Schweizer Käse, der **L12D4**
schwer (= schwierig) **L5C1**
schwer **L11D2**
Schwester, die ,-n **L4A1**
Schwiegermutter, die ,-¨ **L4A3**
Schwiegersohn, der ,-¨e **L4A3**
Schwiegertochter, die ,-¨ **L4A3**
Schwiegervater, der ,-¨ **L4A3**
schwierig **L7F1**
Schwierigkeit, die ,-en **L10B2**
sechs **L2B1**
sechzig **L2B1**
sehen* **L3A2**
  etwas anders sehen **L8A1**
  schwarz sehen **L6C3**
sehr **L4C1**
sein* **L1C8**
  etwas jemandem neu sein **L13A1**
  für/gegen etwas sein **L7A2**
  unter sich sein **L15A7**
sein, seine **L4B1**
seins **L7C1**
seit **L8A1**
seit (Subjunktor) **L9C2**
seitdem **L13D1**
Seite, die (Buch) ,-n **L2B5**
Seite, die ,-n **L13D1**
Sekretariat, das ,-e **L2A1**
Sekretärin, die ,-nen **L1C1**
Sekt, der **L15B1**
selbst **L4A1**
selbst (= sogar) **L8E1**
selbstverständlich **L3F1**
Selbstverständlichkeit, die ,-en **L10B2**
selten **L11A1**
seltsam **L13A1**
Semester, das ,- **L10A1**
senden **L3A5**
Sendung, die ,-en **L3B5**
Sendung über **L4A1**
September, der **L3C1**
setzen **L15♪2**
  in Klammern setzen **L15♪2**
  sich setzen **L11B1**
Serbokroatisch **L5A2**
Sg. (= Singular) **L2E1**

sich **L6F3**
sicher (= bestimmt) **L6A1**
sicher **L9D8**
sicher sein **L9D3**
Sicherheit, die ,-en **L10B2**
sicherlich **L11A1**
sie (Sg.) **L1C1**
sie (Pl.) **L1C1**
Sie **L1A2**
sieben **L2B1**
siebzig **L2B1**
Signalendung, die ,-en **L6C2**
Silbe, die ,-n **L1♪2**
Silberhochzeit, die ,-en **L14D1**
singen* **L9D5**
Singular, der , Singularformen **L1B3**
Sinn, der **L8A1**
sinnvoll **L10A2**
Sitte, die ,-n **L3C4**
Situation, die ,-en **L14B9**
sitzen* **L2C1**
sitzenbleiben* **L14D5**
Skelett, das ,-e **L5C1**
skeptisch **L7A2**
Skythisch **L15B1**
so **L1D1**
  das ist so **L1B1**
so ... daß **L8E1**
so ein/e ... **L6A3**
so um **L8B1**
Sofa, das ,-s **L11D2**
sogar **L7B1**
sogleich **L8♪1**
Sohn, der ,-¨e **L4A1**
sollen* **L9A1**
Sommer, der ,- **L3C1**
Sommerfest, das ,-e **L3C3**
sondern **L9D2**
Sonett, das ,-e **L2B3**
Sonnabend, der ,-e **L3A1**
sonnabends **L3A9**
Sonne, die ,-n **L7A1**
Sonnenbrille, die ,-n **L7D4**
Sonnenlicht, das **L8♪1**
Sonnenuhr, die ,-en **L3AS**
sonnig **L7B2**
Sonntag, der ,-e **L3A8**
sonntags **L3A8**
sonst **L8B1**
Sorte, die ,-n **L9B1**
soso **L6A1**
Soße, die ,-n **L9B3**
soviel **L7B1**
Sowieso: Herr/Frau ~ **L7F1**
sozial **L7A2**
Sozialabgabe, die ,-n **L12C1**
Spanien **L5A2**
Spanier, der ,-/in f **L5A2**
Spanisch **L5A2**
spannend **L5C1**
Spannung, die **L13D1**
Spaß, der ,-¨e **L5E1**
  das macht Spaß **L5E1**
Spaßmacher, der ,-/in f **L14C2**

spät **L3A4**
später **L4C6**
Spaziergang, der ,-¨e **L7E3**
spazierengehen* **L10B1**
spezialisieren: sich ~ auf **L12A1**
Spezialist, der ,-en/in f **L10A2**
Spezialität, die ,-en **L9D3**
Spiegel, der ,- **L11C2**
Spiel, das ,-e **L6A5**
spielen **L1A3**
Sport, der **L3A1**
Sport treiben* **L13A1**
Sportart, die ,-en **L13D1**
Sportreport, der **L3B5**
Sportveranstaltung, die ,-en **L13A1**
Sprachaustausch, der **L15B3**
Sprachbarriere, die ,-n **L10F3**
Sprachbiographie, die ,-n **L15A7**
Sprachbrücke, die **L1B1**
Sprache, die ,-n **L2♪2**
Sprachenlernen, das **L5E1**
Sprachferien, die (Plural) **L7E3**
Sprachführer, der ,- **L11A3**
Sprachgebiet, das ,-e **L13B9**
Sprachinstitut, das ,-e **L1A2**
Sprachkurs, der ,-e **L3C2**
Sprachlabor, das ,-s **L1C1**
Sprachlehrer, der ,-/in f **L10F1**
sprachlich **L10F1**
Sprachlosigkeit, die **L10F1**
Sprachspiel, das ,-e **L13C4**
Sprachunterricht, der **L10C1**
sprechen* **L1A5**
sprechen* über **L4A1**
sprechen* von **L12A1**
Sprecher, der ,-/in f **L5A3**
Sprechmelodie, die ,-n **L12♪1**
Sprichwort, das ,-¨er **L14E**
springen* **L14A1**
  über den eigenen Schatten springen* **L14A1**
Spruch, der ,-¨e **L14B1**
Staat, der ,-en **L13B1**
staatlich **L14D1**
Staatstheater, das ,- **L13B1**
Stäbchen, das ,- **L9B3**
Stadion, das , Stadien **L6F2**
Stadt, die ,-¨e **L8E1**
Stadttheater, das ,- **L13B8**
stammen **L15B3**
Stammtisch, der ,-e **L3A1**
Stand, der **L12C1**
Standesamt, das ,-¨er **L14D1**
ständig **L8A1**
stark **L7B1**
  echt stark **L15D2**
Statistik, die ,-en **L7B7**
stattdessen **L15D2**
stattfinden* **L3A1**
staunen **L14C1**
Steak, das ,-s **L15B1**

Steckdose, die ,-n **L2C1**
Stecker, der ,- **L1B1**
stehen* **L2C1**
  im Buch stehen **L1E1**
steif **L9C1**
steigen* **L8D1**
  das Reisefieber steigt **L7B1**
Stein, der ,-e **L8C1**
Stelle, die ,-n **L13A1**
stellen **L11B1**
  Fragen stellen **L4A1**
Stellung, die ,-en **L15C1**
sterben* **L8E1**
Steuer, die ,-n **L12C1**
Steuergeld, das ,-er **L13B1**
Steuernummer, die ,-n **L2B2**
Stichwort, das ,-¨er **L9C4**
Stil, der ,-e **L11D2**
stimmen **L5A4**
Stimmung, die ,-en **L11B1**
Stipendiat, der ,-en/in f **L11A1**
Stipendienzusage, die ,-n **L11A3**
Stipendium, das ,Stipendien **L11A1**
Stirnwand, die ,-¨e **L11C2**
Stock, der **L2A1**
stolz **L11C1**
stören **L10C2**
Störung, die ,-en **L14A1**
Strafe, die ,-n **L9D3**
strafen **L8C1**
Strand, der ,-¨e **L7A1**
Straße, die ,-n **L7A2**
Straßenbahn, die ,-en **L11A3**
strecken **L10B1**
Streik, der ,-s **L10F1**
streiten* über **L9D3**
streng **L12A1**
Strophe, die ,-n **L2B3**
Struktur, die ,-en **L10A1**
Strumpf, der ,-¨e **L6A2**
Stube, die ,-n **L11D1**
  gute Stube **L11D1**
Stück, das ,-e **L12D1**
Student, der ,-en/in f **L1C1**
studieren **L1C1**
Studium, das ,Studien **L5B1**
Stuhl, der ,-¨e **L2C1**
Stunde, die ,-n **L3B3**
stundenlang **L9D1**
Stundenplan, der ,-¨e **L3A1**
stürzen **L9C1**
Subjekt, das ,-e **L9B6**
Subjunktor, der ,-en **L7D1**
Substantiv, das ,-e **L1B8**
substantiviert **L13C3**
subventionieren **L12A1**
suchen **L1F3**
Südamerika **L14A6**
Süden, der **L7B1**
Superlativ, der ,-e **L9D5**
Supermarkt, der ,-¨e **L12D1**
Suppe, die ,-n **L9B3**
süß **L9D1**
Süßigkeit, die ,-en **L10B2**

sympathisch **L7A1**
Syrisch **L15B1**
System, das ,-e **L10F1**
systematisch **L5C1**
Szene, die ,-n **L7B1**

Tabak, der **L12E3**
Tabelle, die ,-n **L1E**
Tafel, die ,-n **L2C1**
Tag, der ,-e **L1A1**
  guten Tag! **L1A1**
Tagebuch, das ,-¨er **L11A3**
Tagesablauf, der ,-¨e **L8B1**
Tageszeit, die ,-en **L3A9**
täglich **L3A1**
Tante, die ,-n **L4A3**
Tanz, der ,-¨e **L15D4**
tanzen **L4C1**
tariflich **L8A2**
Tasche, die ,-n **L1B5**
Tasse, die ,-n **L9C1**
Tat, die ,-en **L9AS**
Tätigkeit, die ,-en **L10A1**
tatsächlich **L12D1**
Taufe, die ,-n **L6D4**
tausend **L2B1**
Taxi, das ,-s **L8D4**
  ein Taxi nehmen* **L8D4**
Taxifahrer, der ,-/in f **L13B1**
Technik, die ,-en **L1C3**
Techniker, der ,-/in f **L1C1**
technisch **L10A1**
Tee, der **L9B3**
Teehaus, das ,-¨er **L9D9**
Teig, der ,-e **L9C1**
Teil, der ,-e **L5A1**
teilnehmen* **L11♩6**
Teilnehmer, der ,-/in f **L10A2**
teils-teils **L8A1**
Telefon, das ,-e **L2A1**
telefonieren **L1C1**
Telefonnummer, die ,-n **L2B2**
Teller, der ,- **L9B3**
Tempel, der ,- **L7A1**
temporal **L3C3**
Temporalangabe, die ,-n **L3A9**
tendieren **L15C2**
Termin, der ,-e **L3B4**
teuer **L11C1**
Teufel, der ,- **L9C1**
Teufelskreis, der ,-e **L12E6**
Text, der ,-e **L4C8**
Textabschnitt, der ,-e **L11A3**
Textteil, der ,-e **L8E4**
Thailand **L6F5**
Theater, das ,- **L3A1**
Theateranzeige, die ,-n **L13B2**
Theatergruppe, die ,-n **L13B9**
Theaterstück, das ,-e **L13B2**
Theatervorstellung, die ,-en **L8F1**
Thema, das ,Themen **L3B5**
theoretisch **L14A1**

Theorie, die ,-n **L10B1**
Ticket, das ,-s **L11A1**
tief **L6F3**
Tier, das ,-e **L7F1**
Tip, der ,-s **L11A1**
Tisch, der ,-e **L1B4**
tja, ... **L6A1**
Tochter, die ,-¨ **L4A1**
Tod, der **L8D1**
  den Tod finden* **L8D1**
todmüde **L11B1**
Toilette, die ,-n **L2A1**
toll **L4D1**
Tomate, die ,-n **L4♩4**
Ton, der ,-¨e **L14A3**
Tor, das ,-e **L13D5**
tot **L4A1**
töten **L8C1**
Tourismus, der **L6B1**
Tourismusbüro, das ,-s **L6F1**
Tourist, der ,-en/in f **L6B1**
Touristikeinkäufer, der ,-/in f **L6B1**
Touristikprogramm, das ,-e **L7A1**
Tradition, die ,-en **L14D1**
tragen* **L6A1**
  Trauer tragen **L8E1**
Traktor, der ,-en **L12E4**
Träne, die ,-n **L8E1**
Transistorradio, das ,-s **L12C2**
Trauer, die **L6D1**
  Trauer tragen* **L8E1**
Traum, der ,-¨e **L5E1**
träumen **L15A2**
traurig **L15A1**
Trauschein, der ,-e **L14D1**
treffen*: sich ~ mit **L8B1**
treiben* **L13A1**
  Sport treiben **L13A1**
trennbar **L3D1**
trennen: sich ~ von **L14D1**
Treue, die **L6D1**
trinken* **L8B1**
trocken **L7B1**
Trockenheit, die **L7B2**
Tropfen, der ,- **L7B1**
trotzdem **L3F1**
trügen* **L15B3**
  der Schein trügt **L15B3**
tschüß **L9B1**
tun* **L11D3**
  etwas zu tun haben mit **L13D1**
Tür, die ,-en **L1B1**
Türke, der ,-n/Türkin f **L5A2**
Türkei, die **L5A2**
Türkisch **L5A2**
Turmuhr, die ,-en **L8E1**
Tussi, die ,-s **L15D5**
Typ, der ,-en **L4♩1**
Typ, der (= Mann) ,-en **L15D2**
typisch **L7B1**
Tyrann, der ,-en **L8C1**

U-Bahn, die ,-en **L13D5**
Übel, das ,- **L14B1**
  von Übel sein **L14B1**
üben **L3A4**
über **L2C1**
überall **L5A4**
übereinstimmen **L9B6**
Übereinstimmung, die ,-en **L14C1**
überflüssig **L5C1**
Übergang, der ,-¨e **L15A2**
überhaupt **L1D1**
überlegen **L14B5**
übermorgen **L3A8**
überprüfen **L10F1**
Überschrift, die ,-en **L15A8**
übersetzen **L4A3**
Übersetzer, der ,-/in f **L15A7**
üblich **L9A1**
übrig **L8B7**
  im übrigen **L10C1**
übrigens **L4B1**
Übung, die ,-en **L1B3**
UdSSR, die **L5A3**
Uhr (ein Uhr) **L3A1**
Uhr, die ,-en **L3B3**
Uhrzeit, die ,-en **L3A5**
um **L3A2**
um … herum **L11C2**
um … zu **L13D3**
umarmen, sich **L6F3**
umformen **L12D5**
Umgangssprache, die **L10A1**
umhergehen* **L13A1**
Umlaut, der ,-e **L1B7**
umrechnen **L9C2**
Umrechnungstabelle, die ,-n **L9C1**
umschreiben* **L14E**
Umschreibung, die ,-en **L10C1**
umtreiben* **L15B2**
Umzäunung, die ,-en **L13♪3**
unangenehm **L6F6**
unbedingt **L9B1**
unbekannt **L2C6**
unbestimmt **L1B4**
unbestimmter Artikel **L1B4**
unbetont **L15C5**
und **L1A2**
und so weiter **L3B5**
unehrlich **L14B7**
unfreundlich **L14B7**
Ungar, der ,-n/in f **L15A2**
Ungarisch **L15A2**
Ungarn **L15A2**
Ungeduld, die **L3A7**
ungeduldig **L12B1**
ungemütlich **L11B1**
ungeschickt **L14A1**
ungewiß **L14E**
ungewöhnlich **L4C1**
Unglück, das **L2B6**
unglücklich **L10D2**
Unglückszahl, die ,-en **L2B6**
unhöflich **L9A1**

unhygienisch **L6F6**
Uniform, die ,-en **L6C1**
Universität, die ,-en **L11AS**
unklar **L9A1**
unmodern **L11C1**
unmöglich **L14A1**
unmoralisch **L9C4**
unnötig **L5C1**
unordentlich **L11D1**
Unordnung, die **L2D2**
unpersönlich **L14A4**
unregelmäßig **L1C8**
unrichtig **L13C1**
uns (→wir) **L2A6**
Unschuld, die **L6D1**
unser, unsere **L4B1**
unsicher **L5E1**
Unsinn, der **L10F1**
unsterblich **L8C1**
unten **L2A7**
unter **L2C1**
unter sich sein **L15A7**
unterhalten*: sich ~ über **L10A1**
unterheben* **L9C1**
Unterricht, der **L2B7**
unterrichten **L1C1**
Unterrichtsstunde, die ,-n **L13C1**
unterrühren **L9C1**
Unterschied, der ,-e **L5B2**
unterstreichen* **L1A4**
unterstützen **L13B1**
Unterstützung, die ,-en **L13B1**
Untersuchung, die ,-en **L12A1**
unterwegs **L6F1**
untypisch **L8F4**
unvollständig **L7E1**
Urgroßmutter, die ,-¨ **L4B7**
Urgroßvater, der ,-¨ **L4B7**
Urlaub, der **L5B1**
Urlaubsland, das ,-¨er **L7A3**
Urlaubsparadies, das ,-e **L7A1**
Urlaubstag, der ,-e **L8A2**
USA, die *(Plural)* **L5A3**

Vanille-Essenz, die ,-en **L9C1**
Vanillegeschmack, der **L9C1**
Vanillezucker, der **L9C1**
Variation, die ,-en **L10A3**
variieren **L3A9**
Vater, der ,-¨ **L1F1**
Vaterland, das ,-¨er **L5A1**
Vaterstadt, die ,-¨e **L13C1**
Verabredung, die ,-en **L3A8**
veraltet **L15D2**
verändern, sich **L8A1**
  etwas verändern **L13♪2**
Veränderung, die ,-en **L13♪2**
verankern **L10F3**
Veranstaltung, die ,-en **L3A1**
Verb, das ,-en **L1C8**
Verbalgruppe, die ,-n **L13♪1**
verbeugen, sich **L6F3**
Verbform, die ,-en **L8E4**

verbieten* **L9A1**
Verbot, das ,-e **L9A3**
verboten sein **L14A7**
Verbrahmen, der ,- **L3G**
Verbrauchsgut, das ,-güter **L12C2**
verbreitet sein **L13D1**
Verbstellung, die ,-en **L15C1**
verdächtig **L9C4**
verdienen **L5B1**
Verdienst, der ,-e **L12C1**
Verein, der ,-e **L13A2**
Vergangenheit, die **L4C2**
vergessen* **L5C1**
vergiften **L12A1**
Vergleich, der ,-e **L8A1**
vergleichen* **L1C4**
Vergnügen, das **L5B1**
Verhalten, das **L12B1**
verhalten*, sich **L14A1**
Verhaltensregel, die ,-n **L9A5**
Verhandlung, die ,-en **L12B1**
verheiratet **L4A1**
Verkauf, der ,-¨e **L13B1**
verkaufen **L12B1**
Verkäufer, der ,-/in f **L1C5**
verknüpfen **L12A4**
Verknüpfung, die ,-en **L10E1**
verkürzt **L15A6**
Verkürzung, die ,-en **L8A2**
Verlag, der ,-e **L2C5**
verlaufen* **L8B1**
verlieben, sich **L14D1**
verlieren* **L9B1**
Verlobung, die ,-en **L4C1**
vermeiden* **L10C1**
vermissen **L9B3**
vermitteln **L6B1**
Vermittlung, die ,-en **L11AS**
Vermögen, das ,- **L11A1**
Verneinung, die ,-en **L10A4**
vernichten **L12E2**
vernünftig **L8D1**
verpassen **L8F1**
verreisen **L13A2**
verschieden **L5C1**
Verschiedenheit, die ,-en **L10B2**
verschwinden* **L8D1**
versorgen, sich **L12A1**
versprechen* **L8D1**
Verständigung, die **L11A1**
verständlich **L7E1**
Verständlichkeit, die **L15E1**
verstehen* **L1D1**
Versuch, der ,-e **L15A2**
versuchen **L14C5**
Vertreter, der ,-/in f **L12A1**
verwandt **L14D1**
Verwandte, der/die ,-n **L10B4**
Verwandschaftsbezeichnung, die ,-en **L4A3**
verwechseln **L11B2**
Verwendung, die ,-en **L12A1**
verwitwet **L4A2**

Seite 9: Herr Groß und Herr Klein. Stark gekürzt nach: Franz, Kurt: Verrückte Namenwelt. Praxis Deutsch, Sonderheft 1981, S. 32. Erhard Friedrich Verlag, Seelze.
Seite 12: Behal-Thomsen, Heinke: Ein Baum ist ein Baum …
Seite 20: Vornamen in Deutschland. Stark gekürzt und vereinfacht nach: dpa 1992.
Seite 21: oben – unten: Nach einer Idee von Heinz Gappmayr, Graz.
Seite 26: Nach: Werf, Fritz: Auskunft zur Person. Aus: Gauke's Jahrbuch. Hann-Münden 1982, S. 100. © Fritz Werf/Rühm, Gerhard: sonett. Aus: Ders.: Gesammelte Gedichte und visuelle Texte. Reinbek, Rowohlt 1970, S. 174. © Gerhard Rühm.
Seite 33: Hannawald, Jean: Versteckte Lüge. Aus: Gauke's Jahrbuch. Hann-Münden 1982, S. 47. © Jean Hannawald/Bremer, Claus: Wir. Aus: Ders.: Anlässe. Luchterhand Verlag, Darmstadt. © Claus Bremer.
Seite 34: Fröhlich, Roswitha: Frage. Aus: Das achte Weltwunder. Fünftes Jahrbuch der Kinderliteratur. Hrsg.: Hans-Joachim Gelberg. Beltz Verlag, Weinheim und Basel, 1979. Programm Beltz & Gelberg/ Szkutnik, Leon Leszek: Komisch. Aus: Ders.: In Deutsch erlebt. Pánstowe Wydawnictuo Naukowe, Warschau.
Seite 36: Deutsche Welle: Deutsches Programm. Deutsche Welle, Köln.
Seite 40: Siebenmal in der Woche. Melodie der Welt. J. Michel KG, Frankfurt/M.
Seite 43: Deutschstunde. Nach: Deutscher, A.: Schulstunde. Aus: päd extra 10 (1979). Pädex Verlags GmbH, Frankfurt/M./Lobe, Mira: Die Sanduhr. Aus: Das Sprachbastelbuch. Verlag Jugend und Volk, Wien. © Mira Lobe.
Seite 44: Deutsche Welle: Programm. Deutsche Welle, Köln (gekürzt).
Seite 58: Manz, Hans: Kinder. Aus: Hanz Manz: Worte kann man drehen. Sprachbuch für Kinder. Beltz Verlag, Weinheim und Basel, 1985². Programm Beltz & Gelberg.
Seite 66: Ausländer in der Bundesrepublik Deutschland 1983. Nach: Der Fischer Weltalmanach '85. S. Fischer Verlag, Frankfurt/M.
Seite 67: Sprachen in der Welt. Nach: Der Fischer Weltalmanach '85. S. Fischer Verlag, Frankfurt/M.
Seite 69: *oben:* Aus: Lexis-dictionaire de la langue française. Larousse, Paris/*Mitte:* Aus: Moliner, María: Diccionario de uso del español. Editorial Gredos, S.A. Madrid/ *unten:* Aus: Oxford Advanced Learner's Dictionary of Current English. Oxford University Press,

Oxford.
Seite 74: Welsh, Renate: Die Brükke. Die Wand. Aus: Das Sprachbastelbuch. Jugend und Volk Verlag, Wien/München 1975. © Renate Welsh.
Seite 75: lila: Aus: Gerhard Wahrig: Deutsches Wörterbuch. © 1980 Mosaik Verlag GmbH, München.
Seite 76: Im Flugzeug. Sehr frei nach: Papa, Charly hat gesagt … Rowohlt Verlag, Reinbek.
Seite 78: Kiesewetter, Knut: Fahr mit mir den Fluß hinunter. © 1972 Peer Musikverlag GmbH, Hamburg.
Seite 82: Tucholsky, Kurt: Nichts anzuziehen (1. Strophe). Aus: Kurt Tucholsky: Gesammelte Werke. Copyright © 1960 by Rowohlt Verlag GmbH, Reinbek.
Seite 83: Farbensymbolik. Nach: dtv-Lexikon. Deutscher Taschenbuch Verlag, München.
Seite 87: Händeschütteln kommt aus der Mode. Nach: Stuttgarter Zeitung 4.8.1984 (AP).
Seite 89: Jandl, Ernst: reise. Aus: Sprechblasen, 1968. In: Jandl, Ernst: Gesammelte Werke 1, Gedichte 1. © 1985 Hermann Luchterhand Verlag, Darmstadt und Neuwied/Ringelnatz, Joachim: Die Ameisen. Aus: Ringelnatz, Joachim: Das Gesamtwerk Band 1. © Henssel, Berlin.
Seite 92: Guggenmos, Josef: Der Regenbogen (1. Strophe). Aus: Guggenmos: Was denkt die Maus am Donnerstag. © 1967, ¹⁰1985. Georg Bitter-Verlag, Recklinghausen.
Seite 93: Gomringer, Eugen: Wind. Aus: eugen gomringer: konstellationen ideogramme stundenbuch. Philipp Reclam jun. Verlag, Stuttgart. © Eugen Gomringer/Gebert, Helga: Regen. Aus: Das achte Weltwunder. 5. Jahrbuch der Kinderliteratur. Hrsg.: Hans-Joachim Gelberg. Beltz Verlag, Weinheim und Basel, 1979. Programm Beltz & Gelberg.
Seite 98: Wilhelm v. Humboldt an Johann Wolfgang v. Goethe, August 1800. Stark vereinfacht und gekürzt. Aus: Humboldt, Wilhelm von: Werke. Band V. Darmstadt 1981.
Seite 102: Krüss, James: Das Königreich von Nirgendwo. Aus: So viele Tage, wie das Jahr hat. Hrsg.: James Krüss. C. Bertelsmann Verlag, München. © James Krüss.
Seite 104: Feiertage. Nach: Die Zeit 29.6.1984.
Seite 105: Arbeit – nicht mehr Sinn des Lebens. Überschrift aus: Stuttgarter Zeitung 7.7.1982.
Seite 125: Anzeigen: Stuttgarter Restaurants/Text: Zahlen nach Auskunft des Statistischen Amtes der Stadt Stuttgart.
Seite 127: Tümpel, Astrid: ein Küchengedicht. Aus: Rheinsberg, An-

na und Seifert, Barbara (Hrsg.): Unbeschreiblich weiblich. Rowohlt Verlag, Reinbek. © Astrid Tümpel/ Nach: Mahtani, Shakuntala: Ihr Deutschen braucht für alles einen Meßbecher! In: Brigitte Nr. 11 (1984), S. 127 (vereinfacht und gekürzt).
Seite 128: Picander: Kaffee-Kantate/Krause, Johann Gottfried: Lob des Kaffees. Zitiert nach: Schulze, Hans-Joachim: Ey! wie schmeckt der Coffee süße. Johann Sebastian Bachs Kaffee-Kantate in ihrer Zeit. Verlag für die Frau, Leipzig 1985/ Wer trinkt seinen Kaffee wie? Nach: Schleibote 4.1.1986. © Kontar/Kaffee – liebstes Getränk. Nach: Stuttgarter Anzeiger 10.8.1983 (AID).
Seite 129: Zweig, Stefan: Die Welt von gestern. S. Fischer Verlag, Frankfurt/M. (leicht vereinfacht).
Seite 132: Erhardt, Volker: Links ist linker als rechts. Aus: Rudolf Otto Wiemer (Hrsg.): bundesdeutsch. Peter Hammer Verlag, Wuppertal 1974/Halbey, Hans Adolf: Pampelmusensalat (gekürzt). © Prof. Dr. Hans A. Halbey, Mainz.
Seite 136: Einstein, Albert: Die Grundlage der allgemeinen Relativitätstheorie. In: Annalen der Physik Bd. 49 (1916). Aus: Specker, Hans Eugen (Hrsg.): Einstein und Ulm. Stadtarchiv Ulm, Ulm 1979/ Einstein Anekdote. Zitiert nach: Görlitz, Axel: Kannitverstan nimmt Ärgernis. In: Stuttgarter Zeitung 25.9.1982.
Seite 139: Bienek, Horst: Wörter. Aus: Horst Bienek: Gleiwitzer Kindheit. © 1976 Carl Hanser Verlag, München und Wien.
Seite 142: Aus: Fleischmann, Lea: Ich bin Israelin. © Hoffmann und Campe Verlag, Hamburg 1982 (gekürzt und leicht vereinfacht).
Seite 143: Kleberger, Ilse: Wirf mir den Ball zurück, Mitura! Aus: Wirf mir den Ball zurück, Mitura! Hrsg.: Ilse Kleberger. Hermann Schaffstein Verlag, Dortmund 1978 (gekürzt)/Rasp, Renate: Deutsch lernen – ein Vergnügen. Aus: Renate Rasp: Junges Deutschland. © 1978 Carl Hanser Verlag, München und Wien/Papastamatelos, Tryphon: Sprach-barriere. Aus: Im neuen Land. Hrsg.: Franco Biondi u. a. Edition Con, Bremen 1980.
Seite 145: Universität Trier: Internationaler Ferienkurs. Trier 1985/ Aus: Ratschläge für den Deutschlandaufenthalt. Alexander von Humboldt-Stiftung, Bonn 1980/ Kim Lan Thai: Begegnung. Aus: Als Fremder in Deutschland. Hrsg.: Irmgard Ackermann. Deutscher Taschenbuch Verlag, München 1982. © Kim Lan Thai, München.
Seite 146: Stipendienzusage. Deut-

scher Akademischer Austausch-dienst, Bonn.
Seite 147: Inhaltsverzeichnis: Ratschläge für den Deutschlandaufenthalt. Alexander von Humboldt-Stiftung, Bonn.
Seite 149: Heut kommt der Hans nach Haus. Aus: Liederreise. Hrsg.: Oss Kröher. Ernst Klett Verlag, Stuttgart 1984.
Seite 152: Eberl, Dieter G.: schöner wohnen. Aus: bundesdeutsch. Hrsg.: Rudolf Otto Wiemer. Peter Hammer Verlag, Wuppertal 1974.
Seite 160: Zahlen nach: Hübner/ Rohlfs: Jahrbuch der Bundesrepublik Deutschland (1985/86). Beck und dtv, München 1985, S. 262.
Seite 161: Anzeigen aus: Hamburger Rundschau 6.12.1984.
Seite 166: Zwölf Minuten für ein Brot. Gekürzt und vereinfacht nach: Hamburger Abendblatt 28.12.1983.
Seite 170: Jumbo und Chelonia. Leicht vereinfacht aus: Jumbo und Chelonia. Claudius Verlag, München, Kapitel 14, Eckart Kroneberg.
Seite 173: Teufelskreis der Armut. Nach: Informationen zur Politischen Bildung Nr. 196 (1982), S. 6. Hrsg.: Bundeszentrale für politische Bildung, Bonn.
Seite 177: Statistik nach: heute und morgen 8. Ernst Klett Verlag, Stuttgart 1982, S. 123.
Seite 178: Anzeigen aus: Stuttgarter Zeitung 25.10.1985: Staatstheater Stuttgart, Theater „tri-bühne", Stuttgart, Stuttgarter Puppen und

Figuren Theater/Spielplan: Theater im Westen, Stuttgart.
Seite 184: Valentin, Karl: Die Fremden. Aus: Gesammelte Werke. R. Piper & Co. Verlag, München 1961.
Seite 188: Astel, Arnfried: Nationalismus. Aus: Netzer kam aus der Tiefe des Raumes. Hrsg.: Ludwig Harig u. Dieter Kühn. © 1974 Carl Hanser Verlag, München, Wien/ Schneyder, Werner: Gelächter vor dem Aus. Die besten Aphorismen und Epigramme. © 1980 Kindler Verlag, München/Sport spricht ... Stuttgarter Zeitung 25.10.1983/ Fußball: Ein Ersatzkrieg ... Neue Presse, Hannover 5.10.1983/ Einladung: Hamburger Sportbund.
Seite 193: Tucholsky, Kurt: Worauf man in Europa stolz ist. Aus: Kurt Tucholsky: Gesammelte Werke Band III, S. 1095. Copyright © 1960 by Rowohlt Verlag GmbH, Reinbek.
Seite 194: Matsubara, Hisako: Blick aus Mandelaugen. West-östliche Miniaturen. © 1980 Albrecht Knaus Verlag GmbH, München/ Busch, Wilhelm: Wer möchte diesen Erdenball ... (letzte Strophe). Aus: Ders.: Kritik des Herzens.
Seite 196: Alverdes, Paul: Armes Schwein. Aus: Alverdes, Paul: Rabe, Fuchs und Löwe. Franz Ehrenwirth Verlag GmbH & Co. KG, München/Kaléko, Mascha: Das Kamel. Aus: Kaléko, Mascha: Papagei und Mamagei. © 1982 by arani-Verlag GmbH, Berlin.

Seite 205: Fried, Erich: Ungewiß. Aus: Ders.: Liebesgedichte. Verlag Klaus Wagenbach, Berlin 1979/ Bertolt Brecht: Ich will mit dem gehen, den ich liebe. Aus: Bertolt Brecht: Gesammelte Werke, S. 1203. © Suhrkamp Verlag, Frankfurt/M. 1967.
Seite 207: Türkin. Aus: informationen bildung wissenschaft. Bonn Nr. 4 (1983)/Heinrich Maiworm und Wolfgang Menzel: Unser Wortschatz. Westermann Schulbuchverlag GmbH, Braunschweig 1985.
Seite 208: Ma, Nai-Li: Die Geschichte eines Halbdrachen. Vereinfacht und gekürzt. Aus: In zwei Sprachen leben. Hrsg.: Irmgard Akkermann. Deutscher Taschenbuch Verlag, München 1983. © Nai-Li Ma, München.
Seite 209: Aus: Arthur Koestler: Als Zeuge der Zeit. Das Abenteuer meines Lebens. Scherz Verlag, Bern (gekürzt und vereinfacht).
Seite 211: Gonçalves, Elisabeth: Der ewige Auswanderer. Aus: In zwei Sprachen leben. Hrsg.: Irmgard Ackermann. Deutscher Taschenbuch Verlag, München 1983. © Elisabeth Gonçalves, Münster.
Seite 212: Aus: Fühmann, Franz: Die Dampfenden Hälse der Pferde im Turm von Babel. Der Kinderbuchverlag Berlin, S. 143 (gekürzt und leicht vereinfacht)/Grimm, Jacob: Vorrede zur deutschen Grammatik Bd. I.
Seite 216: Aus: Hassey, Oloardo: Método práctico para aprender el idioma alemán. Mexico [4]1872.

Quellennachweis: Abbildungen

Seite 7: Goldmanns Großes Vornamenbuch. Wilhelm Goldmann Verlag, München 1982/Namen von A–Z. Commerzbank AG/Herbert Maas: Von Abel bis Zwicknagel. Deutscher Taschenbuch Verlag, München 1964/Briefmarke: Bundesminister für das Post- und Fernmeldewesen, Bonn, Prof. Ernst Jünger, München/Alfons Schweiggert: Das Berufe-Alphabet (A, B und C). Aus: Der fliegende Robert. Viertes Jahrbuch der Kinderbuchliteratur. Hrsg.: Hans-Joachim Gelberg. Beltz-Verlag, Weinheim und Basel 1977. Programm Beltz & Gelberg.
Seite 8: Cartoon: Manfred v. Papen, München.
Seite 13: 2 Cartoons: Jupp Wolter, Lohmar.
Seite 16: Fotos: Ärztin. Christa Dierig, Berlin/Landwirt. Gebr. Tigges GmbH & Co. KG, Oelde/Fotografin. Portraitstudio Ingrid Handel, Tübingen/Geschäftsmann. Eric Bach, Incolor, Zürich/Verkäuferin. Presseagentur Merjan, Weddel-

brook/Architekt. Bernhard Kürscher, Bavaria, Gauting.
Seite 21: Cartoons: oben: Erik Liebermann. Aus: Baufluchten – Karikaturen vom Bau. Rosenheimer Verlagshaus, Rosenheim/unten rechts: „Wo bin ich". Sepp Buchegger, Tübingen.
Seite 23: Foto: Fotoarchiv Goethe-Institut, Brüssel.
Seite 35: Cartoon: Peter Schimmel, München/Glückwunschkarte: Aus: Regine Falkenberg: Kindergeburtstag. Museum für Deutsche Volkskunde, Berlin 1984/Foto: Frieda Blickle. Aus: Zeit-Magazin Nr. 47/1985.
Seite 36: Programm: Deutsche Welle, Köln.
Seite 37: Kuckucksuhr, Süddeutsche Bodenstanduhr, Sanduhr: Aus: Richard Mühe u. Helmut Kahlert: Die Geschichte der Uhr. Hrsg.: Deutsches Uhrenmuseum, Furtwangen 1979/Sonnenuhr: Aus: Heiner Sadler: Sonne, Zeit und Ewigkeit. Die bibliophilen Taschen-

bücher Nr. 376, S. 86. Harenberg Kommunikation, Dortmund 1983/ Jugendstiluhr: Aus: Jugend Nr. 47, 1900/Taschenuhr: Aus: Jürgen Abeler: Zeitzeichen. Die bibliophilen Taschenbücher Nr. 362, S. 129. Harenberg Kommunikation, Dortmund 1983/Armbanduhr: Hattori Deutschland GmbH, Düsseldorf.
Seite 39: Cartoons: „5 vor 12." Jürgen Müller. Aus: ZITTY Illustrierte Stadtzeitung, Berlin/Jan Schniebel: Die große Fuchs-Parade – rororo rotfuchs 147. Coyright © 1976 by Rowohlt Taschenbuch Verlag GmbH, Reinbek bei Hamburg.
Seite 40: Postkarte: Privatbesitz.
Seite 43: Cartoon: Erich Rauschenbach. Aus: ZITTY Illustrierte Stadtzeitung, Berlin.
Seite 44: Programm: Deutsche Welle, Köln.
Seite 45: Monate: Münchner Jahrbuch 1921. Carl Gerber Verlag GmbH, München.
Seite 47: Scherenschnitt Nr. 2/54: Ernest Potuczek-Lindenthal, Kiel/

Glückwunschkarten: Heico/Horn.
Seite 51: *Fotos: oben links:* Paolo Koch, Photo Research Inc., New York/*oben rechts:* Bilderdienst Süddeutscher Verlag, München/ *Mitte links u. rechts:* Bundeszentrale für gesundheitliche Aufklärung, Köln/*Mitte mitte:* Ellen Maas, Frankfurt/M./*unten links:* Elisabeth Desphande, Stuttgart/*unten rechts:* Gerhard Dilschneider, Ulm.
Seite 52: Deutsche Welle, Köln.
Seite 53: *Schaubild:* dtv-Atlas zur deutschen Sprache, dtv 3025, Deutscher Taschenbuch Verlag, München.
Seite 55: *Cartoon:* Joseph Farris, autopress, Neckarsulm.
Seite 56: *Foto:* Jürgen Genuneit, Stuttgart/*Bildmotiv in der Anzeige:* Schwäbisches Tagblatt, Tübingen.
Seite 58: *Fotos: links:* Täglich eine Reise von der Türkei nach Deutschland. Hrsg.: Förderzentrum Jugend Schreibt e. V. Atelier im Bauernhaus, Fischerhude/ *rechts:* Elisabetta Nöldeke, Fellbach.
Seite 59: *Hochzeitsbild:* Alfred Wegner.
Seite 63: *1. Reihe links: Cartoon:* Eike Fuhrmann, Starnberg/*2. Reihe links:* Foto: Heinke Behal-Thomsen, Tübingen/*alle anderen Fotos:* Goethe-Institut, München.
Seite 65: *Karten:* Ernst Klett Verlag, Stuttgart.
Seite 66: Vaterland – Muttersprache. Verlag Klaus Wagenbach GmbH, Berlin/*Foto:* Henning Christoph, Essen/*Schild:* Arbeiterwohlfahrt Nordwürttemberg e. V., Stuttgart.
Seite 67: „Wege zum Beruf in Deutschland." Hrsg.: Bundesanstalt für Arbeit, Nürnberg und Universum Verlagsanstalt GmbH KG, Wiesbaden/*Foto:* Informationsdienst Bildungsarbeit mit ausländischen Arbeitern. Hrsg.: Pädagogische Arbeitsstelle des Deutschen Volkshochschul-Verbandes, Frankfurt, Nr. 2/79, S. 23.
Seite 69: *Fotos: Mitte links:* Ausländerkinder in Schule und Kindergarten, 3/82. Georg Westermann Verlag, Braunschweig/*Mitte rechts:* Elisabeth Görg, Esslingen/*unten:* Deutsche Lufthansa AG.
Seite 75: *Fotos: oben links:* Associated Press, Frankfurt/M./*oben rechts:* Heinke Behal-Thomsen, Tübingen/*Mitte links:* Heinz G. Schmidt, Kerpen-Buir/*Mitte rechts:* Freundin 1/86/*unten:* China verstehen. Studienkreis für Tourismus, Starnberg.
Seite 77: *Trachtenbild:* Kunstbibliothek Staatliche Museen Preußischer Kulturbesitz Berlin.
Seite 78: *Cartoon:* Rainer Hachfeld. Aus: Christian Sorge: Papadakis. Elefanten Press Verlag, Berlin 1982.

Seite 82: *Abendkleid:* Aus: James Laver: Die Mode. Edition Molden, München.
Seite 83: *Fotos: links:* Bildarchiv Touristik-Marketing GmbH, Hannover/*Mitte:* Heidi Engelmann, Stuttgart/*rechts:* Dieter Baumann, Ludwigsburg.
Seite 86: *Foto:* Heinke Behal-Thomsen, Tübingen.
Seite 87: *Anzeige:* Norddeutsche Landesbank, Hannover.
Seite 89: *Fotos: oben:* Bildarchiv Huber, Garmisch/*Mitte links:* Harald Stetzer, Schwäbisch Gmünd/ *Mitte rechts:* Zentrale Farbbild Agentur GmbH, Düsseldorf/*unten:* Bavaria Bildagentur, Gauting.
Seite 93: *Cartoon:* Werner Lüning, Lübeck/*Fotos:* Manfred Grohe, Kirchentellinsfurt/*Wetterkarte:* SÜDWEST PRESSE Ulm.
Seite 94: *Mitte rechts:* Kreativ Service Köhnen GmbH, Sprockhövel.
Seite 95: *Grafik:* Globus Kartendienst, Hamburg.
Seite 98: *Briefmarke:* Bundesminister für Post- und Fernmeldewesen, Bonn/El Ingenioso Hidalgo Don Quijote de la Mancha, S. 41. Editorial Ramòn Sopena S.A., Barcelona.
Seite 99: *Fotos oben:* Franziska Kutschera, Frankfurt/M./*Briefmarke:* Bundesminister für Post- und Fernmeldewesen, Bonn/*Foto Mitte:* Andreas Pauldrach, Gebsattel.
Seite 101: *Canada:* Konsell & Partner Werbeagentur, Frankfurt/M./ *Finnland:* Finnisches Fremdenverkehrsamt, Hamburg/*Spanien:* Staatliches Spanisches Fremdenverkehrsamt, Frankfurt/M./*Sri Lanka:* Ceylonesisches Fremdenverkehrsamt, Frankfurt/M./*Indien:* Staatliches Indisches Verkehrsbüro, Frankfurt/M./*Tunesien:* Fremdenverkehrsamt Tunesien, Düsseldorf/*Foto unten links:* Heinke Behal-Thomsen, Tübingen.
Seite 103: *Fotos oben:* Verkehrsverein Hameln e. V., Hameln/*unten links:* dpa, Hamburg/*unten rechts:* Manfred Grohe, Kirchentellinsfurt.
Seite 104: *3 Grafiken:* Globus Bilderdienst, Hamburg.
Seite 108: *Cartoon:* Schleibote 20.10.1984, Schleswig.
Seite 114: *Drachen:* Aus: Drachen. Ausstellungskatalog. Staatliche Kunsthalle, Karlsruhe, 1980.
Seite 117: *links:* Oskar Pletsch: Der gehörnte Siegfried, 1859, abgedr. in: Fundevogel 29 (1986)/*rechts:* P. M. Nr. 1 (1978). Gruner & Jahr AG, München.
Seite 119: *Fotos: oben links:* China verstehen. Studienkreis für Tourismus, Starnberg/*oben rechts:* WMF Stil-Besteck, Modell „Classica". Württembergische Metallwarenfabrik AG, Geislingen/Steige/*Mitte links:* Hengstenberg, Esslingen/ *Mitte rechts:* Brauerei Beck & Co., Bremen/*unten:* Syed Abdullah: Indische Küche; Boris Wittich: Die

mexikanische Küche; Rose-Madeleine Emmery: Chinesische Küche; Marianne Piepenstock: Italienische Küche. Alle: Heyne Taschenbücher, Wilhelm Heyne Verlag, München.
Seite 123: *3 Fotos:* Uwe Neumann, Stuttgart.
Seite 126: *5 Fotos:* Aus: Das große Kochbuch unserer Zeit. Hrsg.: Deutsche Maizena Werke GmbH, Hamburg. Goverts im S. Fischer Verlag GmbH, Frankfurt/M.
Seite 128: *oben rechts:* Aus: Philippe, Joseph: Woher kommt … Der Kaffee. Bibliographisches Institut AG, Mannheim 1977/ *Mitte links:* Deutsche Gesellschaft für Kaffeewerbung mbH, Hamburg.
Seite 129: *Fotos: oben:* Bild-Archiv der Österreichischen Nationalbibliothek, Wien/*rechts:* S. Fischer Verlag, Frankfurt/M.
Seite 133: *Mitte links:* Bezirksamt Tempelhof, Berlin/*unten:* Schwäbisches Tagblatt 25.10.1985, Tübingen.
Seite 136: *oben links:* Aus: Hans Eugen Specker (Hrsg.): Einstein und Ulm. Ulm 1979, S. 127, Stadtarchiv Ulm, F4: Bildnisse, Nr. 563.
Seite 137: *Foto:* Heinke Behal-Thomsen, Tübingen.
Seite 145: *oben links:* Goethe-Institut, München/*Foto unten:* Karl Hofer AG, Zürich.
Seite 152: *oben:* Hammonia-Verlag GmbH, Hamburg/*Mitte:* Gruner & Jahr AG & Co., Hamburg/*unten:* Möbel Kost, Leinfelden.
Seite 153: *Foto:* Nationale Forschungs- und Gedenkstätten der klassischen deutschen Literatur in Weimar.
Seite 154: *Fotos: oben links:* Jugendscala, Frankfurt, Nr. 1 (1984)/ *oben rechts:* Bildarchiv Sammer, Neuenkirchen/*unten links:* IKEA Deutschland Verkaufs-GmbH, Hofheim-Wallau/*unten rechts:* Windsor Castle Official Guide. Oxley & Son (Windsor) Ltd., Windsor.
Seite 155: *Fotos: oben links:* V. Englebert, Zentrale Farbbild Agentur GmbH, Düsseldorf/*oben rechts:* Wie wohnen. Leipzig ca. 1930/*unten links:* Schöner Wohnen 9/1983, Gruner & Jahr AG, Hamburg/*unten rechts:* Agentur Thomas Mayer, Essen.
Seite 159: Presse- und Informationsamt der Bundesregierung, Bonn.
Seite 160: *Fotos: oben links:* Deutz-Fahr, Gottmadingen/*oben rechts und Mitte:* Jens Töwe, Husum/*unten links:* J.-Eicke Verlag, Barkelsby.
Seite 165: *Cartoon:* Aktion Gemeinsinn e. V., Bonn.
Seite 166: *Grafik:* Globus Kartendienst, Hamburg.
Seite 170: *oben:* Jumbo und Chelonia. Claudius Verlag, München. Titelbild: Grafik Inge Pape.
Seite 171: *Satellitenfoto:* dpa, Hamburg.

Seite 172: *Fotos 1. Reihe:* Deutz-Fahr, Gottmadingen*/unten:* Anthony Verlag, Starnberg.
Seite 175: *Cartoon:* Verlag Horst Deike KG, Konstanz*/Fotos: oben:* Ronald Simoneit, Berlin. Aus: Scala 5/85*/Mitte:* Ulrich Baatz, Düsseldorf*/unten links:* Gerold Jung, Ottobrunn. Aus: Scala 6 (1984)*/unten rechts:* August Macke: „Die Frau des Künstlers". Galerie des 20. Jahrhunderts, Berlin.
Seite 176: *Cartoon:* Wolfgang Mierendorf, dpa, Hamburg*/Foto:* Verlag Gebr. Metz, Tübingen.
Seite 178: *Foto:* Theaterhaus, Stuttgart.
Seite 180: *Mitte:* Deutsches Theater, München.
Seite 182: *3 Fotos oben:* Hannes Kilian, Wäschenbeuren*/unten:* Ausstellungskatalog Berlin Brüssel. Goethe-Institut, Brüssel, Gent 1984.
Seite 183: *Zwergziegen:* Das Sprachbastelbuch, Verlag Jugend und Volk, Wien-München.
Seite 184: *Valentin:* Franziska Bilek, München.
Seite 186: *Fotos: links:* Associated Press, Frankfurt/M.*/rechts:* Dieter Baumann, Ludwigsburg.
Seite 188: *Cartoons: links:* Edition Staeck, Heidelberg*/rechts:* Gertrude Degenhart.
Seite 189: *Collage:* Grandville: Das gesamte Werk 2, Verlag Rogner & Bernhard, München.
Seite 193: *Postkarte:* Michael Granger: „La grande lessive." Nouvelles Images, Villemandeur et M. Granger.
Seite 196: *oben rechts:* Jan Luyken: 28 Menschen und Tierköpfe. Aus: W. Goerre: Naturlyk an Schilderkonstig Ontwerp der Menschenkunde, Amsterdam 1682, Rijksmuseum Amsterdam*/unten rechts:* Grandville: Das gesamte Werk 1, Verlag Rogner & Bernhard, München.
Seite 197: *Cartoon:* Wilhelm Wendling: Oh, diese Jugend. Hansischer Gildenverlag, Hamburg 1939.
Seite 198: *Mitte:* Johann Michael Voltz: Kranioskopie, 1819. Aus: Otto Bauer: Bestiarium Humanum. Heinz Moos Verlag, München*/unten:* Francisco de Goya: El espejo discreto. Aus: Otto Bauer: Bestiarium Humanum. Heinz Moos Verlag, München 1974.
Seite 199: *Cartoon links:* Alfred Brodmann, Lous Lewitan: Ich hab' geträumt, daß du mich liebst. © by Mahnert-Lueg Verlag, München.
Seite 202: *Fotos: oben:* Japan Graphic Inc., Tokyo*/Mitte unten:* Rautenstrauch-Joest-Museum, Köln.
Seite 203: Maria Müssig, Ulm.
Seite 204: *Cartoon:* Bulls Pressedienst, Frankfurt/M.
Seite 205: *Cartoon:* F. K. Waechter: Wahrscheinlich guckt wieder kein Schwein. Diogenes Verlag, Zürich.
Seite 207: *Titelseite:* In zwei Sprachen leben. Deutscher Taschenbuch Verlag, München*/Cartoon:* Von wo kommst'n du? Interkulturelle Erziehung im Kindergarten. Hrsg.: Akpinal Ünar und Jürgen Zimmer. Kösel Verlag, München 1984*/Karte:* Herbert Maas: Wörter erzählen Geschichten. Deutscher Taschenbuch Verlag, München und Herbert Maas, Nürnberg.
Seite 208: In zwei Sprachen leben. Deutscher Taschenbuch Verlag, München*/Foto:* Scherz Verlag, München.
Seite 213: *Karte:* Herbert Maas: Wörter erzählen Geschichten. Deutscher Taschenbuch Verlag, München und Herbert Maas, Nürnberg.
Seite 218: *Cartoon:* Marie Marcks, Heidelberg.

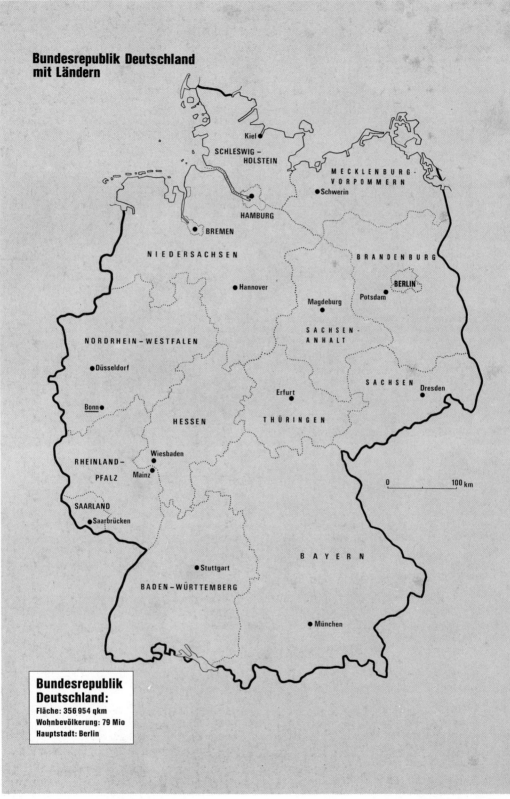

Bundesrepublik Deutschland mit Ländern

SCHLESWIG-HOLSTEIN

Kiel

MECKLENBURG-VORPOMMERN

Schwerin

HAMBURG

BREMEN

NIEDERSACHSEN

BRANDENBURG

Hannover

BERLIN

Magdeburg

Potsdam

NORDRHEIN-WESTFALEN

SACHSEN-ANHALT

Düsseldorf

SACHSEN

Dresden

Bonn

Erfurt

HESSEN

THÜRINGEN

Wiesbaden

RHEINLAND-PFALZ

Mainz

SAARLAND

Saarbrücken

0   100 km

BAYERN

Stuttgart

BADEN-WÜRTTEMBERG

München

Bundesrepublik Deutschland:
Fläche: 356 954 qkm
Wohnbevölkerung: 79 Mio
Hauptstadt: Berlin